中国历史心得

刘建军　著

五洲传播出版社

图书在版编目（CIP）数据

中国历史心得 / 刘建军著. -- 北京 : 五洲传播出版社，2017.1

ISBN 978-7-5085-3611-8

Ⅰ. ①中… Ⅱ. ①刘… Ⅲ. ①中国历史－通俗读物 Ⅳ. ①K209

中国版本图书馆 CIP 数据核字 (2017) 第 017673 号

中国历史心得

著　　者：刘建军
出 版 人：荆孝敏
特约编审：王　杰
书名题字：王　杰
封面设计：任　敏
版式设计：朱　祯
责任编辑：宋博雅
出版发行：五洲传播出版社
地　　址：北京市海淀区北三环中路 31 号生产力大楼 B 座 6 层
邮　　编：100088
网　　址：http://www.cicc.org.cn　http://www.thatsbooks.com
发行电话：010-82005927，010-82007837
印　　刷：深圳市恒达利印刷有限公司
版　　次：2017 年 2 月第 1 版第 1 次印刷
开　　本：710 毫米×1000 毫米　1/16
印　　张：16.5
字　　数：220 千字
定　　价：39.80 元

历史的天空下（代序）

唐太宗李世民说过，"以史为镜，可以知兴替"。历史，的确是一面镜子，照得见过去，看得见现在，还可以映射到未来。毛泽东就特别钟爱历史，他老人家读史，一是涉猎广泛、学富五车，二是勤于批注、妙语连珠，三是思想深邃、独具匠心，而且对历史的研究和运用，上升到理论联系实际的高度，时时处处闪烁着马列主义、毛泽东思想的光芒。读过毛泽东对历史事件和历史人物的评价批注，才能真正领悟到，什么是唯物史观，什么是辩证法。

尽信书，不如无书。曾几何时，不太注重读史学史，既不知其然，更无心究其所以然，大致止步于人云亦云、书云亦云。那个时候的历史，权且当作故事来听、来讲、来说笑，从而在心目中，正史亦为历史，野史亦为历史，演义亦为历史，分不出良莠真伪，对历史人物的描黑捧红，仅限于一文所述、一家之言。正如学生时代，把《三国演义》当作三国正史来读的应该有不少。在尊刘贬曹思想影响下，就连唱大戏的化妆，也会把曹操涂抹成一副奸相。如果不把当时人物放在时代背景下作出对比分析，这种印象恐怕一辈子都不会抹煞掉。毛泽东对曹操这个人物有过批注："对曹操不能'欲加之罪，何患无词'。"这说明，很多人脑海里的曹操形象，都是被演义过的抹黑版。真实的曹操，是一位时代伟人，他在政治、军事、文学上的综合实力，汉末至三国时期无人能出其右。

兴趣是最好的老师。当年毛泽东就强调指出：全党都要"学点历史"。学历史，归根结底还是要取决于兴趣。对历史产生兴趣，相当于找到一位辅导老师，从而把历史感观从"故事会"提升到"读者"。上小学时，同学们最喜欢的课外读物非《故事会》《童话大王》莫属；升到中学后，《读者文摘》《读者》成为书包里的新宠，有时走在路上，也会贪婪地阅读几页。兴趣的转移，显示志向的升华。读历史就这样，当人们在历史故事中找出点读者的感觉时，那说明真的看懂了、钻进去了，就像扯着老师教鞭的另一头，被一把拽进历史长河之中。人掉在河里，必须学会游泳，从"狗刨"到"蛙泳"，再学会"仰泳"和"自由泳"。那条教鞭不再是严厉督促的目光，而是性命危急时的稻草，更是顺流激荡的竹筏，让我们迷茫时不会懈怠，失望时不会放弃，得意时不会自满，成功时不会傲气。

寂寞读史，孤独作批。寂寞是一个人的恋爱，孤独是一个人的旅行。阅读历史就像单相思，你爱慕她，她未必让你看透真相；评价历史就像独自漫步，你写的她，擦肩而过的人未必承认她对应的是你。世界太大了，用目光扫射都来不及看完；历史太远了，用时光穿梭机也不可能一天天、一页页翻遍。因此，爱上历史，注定是没有完美结局的婚姻，注定是没有标准答案的考试，注定是没有预定目标的长征，历史和真相永远都在路上。

1. 历史有个大"坑"。学历史，就是想无限地接近真相。离真相越近，离一个大坑就越近，只有跳进去再爬出来，才可能触摸到真相的边缘。如果有人想绕道而行，就会发现南辕北辙，反而距离真相越来越遥远，挖掘真相的希望越来越渺茫。

(1)史书的局限性。中国最早一部记载历史的书是《尚书》，由孔夫子编纂并作序。该书按朝代编排，从尧舜禹写到夏商周，可谓上古史书。第一部叙事详尽的编年体史书是《左氏春秋》，记载了春秋时期鲁隐公元年（公元前722年）到鲁哀公十四年（公元前481年）的历史。第一部纪传体通史《史记》，由西汉著名史学家司马迁所创作，记载了上起黄帝时代，下至汉武帝时期共三千多年的历史。这三部史书，均属于后世追述，对史实没有直观感受，受流传典籍、自身条件和个人喜好的制约非常大，所叙内容的可靠性值得商榷。

第一，关于流传典籍。西汉以前流传典籍少，主要取决于三个因素：一是文字。记载历史，首要工具就是文字。中国最早成熟的文字是甲骨文，虽然起源时间早于商朝，但在商朝和西周时期才广泛运用，原先是由负责占卜的卜官用来记事刻辞，得以隐现了当时生活情形和发展状况。这就是说，商朝以前的历史，因文字未发展成熟而鲜有记载，而商朝到西周时期的甲骨文时代，又受卜官的职能限制，对历史的记载忽隐忽现，缺乏系统详实的描述。二是载体。甲骨文顾名思义，是把文字记录在龟壳和兽骨等载体上，排列很不规整，使用很不方便，难以成卷成册。西周末年至春秋战国时期，发明了"简"书，把文字写在削成片状的木简或竹简上，再穿孔用细绳连接，就成为"简牍"。这东西虽然体积仍然庞大，但解决了龟壳兽骨不规则的重大弊端，因此，春秋时期开始有人"出书"，有人撰史。汉朝发明造纸术后，对书写和记载历史是一场划时代的革命，所以继司马迁以后，《汉书》《后汉书》《三国志》等史书相继问世，史学方始传承不息。三是焚毁。秦始皇统一全国后，曾经下达《焚书令》，将六国杂派学说典籍尽数销毁，导致很多历史文献失传。其中《尚书》遭到毁灭性打击，原来的100篇巨著，流传到后世只有几十篇，有些文章的真实性还需要考究。没了典籍，就缺少参照物，光凭口口相传的历史故事来修史，很容易以讹传讹，可是那时的史学家没有更好的办法，只能是连估计带统计，尽可能还原部分历史原貌。

第二，关于自身条件。《尚书》和《左氏春秋》分别由鲁国人孔子、左丘明所创作。孔子写的是上古史，左丘明写的是春秋史。鲁国是奉行周礼唯一的诸侯国，保留了周朝完整的礼乐文化和大量历史文献。从这个层面看，鲁国最为尊重历史，其修史也最为可信。这个可信度，是横向对比其他诸侯国而言的。纵向还原历史，光凭"信誉"还不够，更重要的是实力，能够具备修史的条件。首先，说说孔子。孔子生于公元前551年，逝于公元前479年，生活在春秋中后期的鲁国，公元前499年担任鲁国大司寇（相当于丞相），两年后离开鲁国周游列国14年，回国后兴办私学教育，得门生三千。从当官、游历、办学这三个条件看，孔子非常具备修史的实力。而且，孔子的治史观主张"直"，要求实事求是、重视依据。这么看来，孔子修《尚书》，一定是以历史文献为重要依据，再用自己的观点表达出来。只是，殷商文化以前的尧舜禹和夏朝历史，夫子以什么为参考，现在仍然不得而知。其次，说说左丘明。或许因为孔子修过《春秋》，曾经有人把孔子当成《左氏春秋》的作者，经反复考究，认定为鲁国史学家左丘明所创作。左丘明生于公元前556年，逝于公元前451年，盛年与孔子基本同一时代，也受到孔子的推崇，被视为"君子"。左丘明是齐国始封君王姜太公的21世孙，历代世袭史官。他修了两部史书，一部是《国语》，记载西周末年至春秋时期约五百年（公元前967年—公元前453年）历史，是第一部国别体史书；一部是《左氏春秋》，具有非常高的文学、科技和军事价值。相对而言，《国语》《左氏春秋》取材于王室档案、诸侯国史，修史条件更加成熟，可信度更高。

第三，关于个人喜好。史书都是由人创作而成，叙述过程中难免掺杂个人政治主张和思想情感。孔子厚仁，左丘明重礼，他们在叙说历史时，将仁、礼融入其中实属正常。尤其是《左氏春秋》，以第三人称撰写，左丘明以旁观者的身份，一边叙述事件，一边发表评论，个人思想情感代入比较多，从而把一部史书，造就成为兵书和文学著作。还有第一部纪传体史书的作者司马迁，也是一位喜欢发表个人意见的史学家，在公元前98年，因为帮兵败投降的李陵辩护，被汉武帝处以宫刑。司马迁修史，前有古人后有来者，他所撰写的《史记》，其最高史学价值，是为人物立传。既然是写传记，就会留有散文和小说的影子。一是感情流露更加真切。传记既是评价历史，更是评价人物。司马迁对历史人物的评价，没有更多受朝廷约束，基本上是怎样就怎样写，想怎样就怎样写，写得酣畅淋漓。比如《项羽本纪》，司马迁就用悲情色调塑造了一个豪杰霸王，不管是否完全尊重史实，至少与汉廷官方思想是对立的。在两汉时期，《史记》被列为离经叛道的禁书，可能正出于这个原因，《史记》中的项羽形象似乎更值得后世认同。二是遴选素材更加灵活。春秋战国时期的史书，参考文献主要是王室档案，取材比较封闭单一，而司马迁创作选材十分广泛，既有官方又有民间，甄别取舍既严谨又灵活，只要作者认可都能录为己用。三是内容更加丰富。汉代以前的史书，以记录君王言行为主，而《史记》不同，包括十二本纪、三十世家、七十列传和十表八书，写人臣远多于君王，涉及的内容很丰富，历史著名人物罗列比较齐全，看似囊括历史人物的文集画册，对了解时代人物一览无遗。"贪"多就未必专，这么多的历史风云人物，在世时就会有争议，死后更容易褒贬不一，司马迁为一百余人作传记，很难完全一碗水端平。

(2)真相的可辩性。既然史书存在局限性，就有了不可尽信的理由。况且，前面所述的局限性，本来就属于冰山一角，还有诸多因素可以影响历史真相，所以，现在有那么多的公案谜案争论不休。历朝修史，多会站在统治者的立场上，对前朝灭亡原因作一些描黑，对本朝开国作一些吹捧，像司马迁这样不怕死的永远只占少数。所以，像秦始皇、隋炀帝这样的角色，很容易被史家篡改本来面目。比如宋朝第一谜案"斧声烛影"，宋朝的正史用"金匮之盟"解释了宋太宗赵光义继承大统的合法性，认定宋太祖赵匡胤属于自然死亡。但后世很多人不这么看，认为"斧声"和"烛影"都有问题，毛泽东在评点宋太宗时也曾有批注："不择手段，急于登台"。这说明，历史真相因书而异、因人而异，难有铁案和定数，对历史真相的争论，只有开头，没有结尾。

第一，真相不容真理。真相或好或坏，不因评价而偏移本来面目，而真理只体现于时代优越性。真相与真理本不应有矛盾冲突，由于人为的干预，把真理渗透于真相当中，真相就会变质失实。比方说秦始皇修长城，真相是屯边戍边抵御匈奴需要，这个决策本无可厚非。在秦朝修筑长城前，北方各诸侯国陆续已经修建过一段，秦始皇只是把各自为政的城墙串联修缮，码出一条万里长城。由于修长城的过程中，因暴政引发百姓强烈不满，还编出孟姜女哭倒长城这样的故事，于是有了真相与真理水火不容的争议，从而长城也就成为秦始皇残暴和秦朝灭亡的铁证。在"苛政猛于虎也"的真理面前，秦始皇修长城的功绩和真相被抹煞得灰飞烟灭。

第二，真相不容真情。写史和读史的套路一样，无论是史学家，还是普通历史粉丝，看待历史人物和事件都会有个人好恶和立场，尤其对一些轰轰烈烈的史实，更容易激发、流露出内在情感。英年误国的隋炀帝，历来被批判得血肉模糊，说他是昏君淫君暴君，但真相果真是这样吗？首先，隋炀帝从不昏庸。他对中国历史有两大贡献：一是开创科举制度，为普通百姓出将入相创造了条件，结束了望族世家垄断官场的历史；二是开凿京杭大运河，为南水北调和南北经济文化交流创造了条件，这是一项功在千秋的水利工程。对老百姓来讲，从科举制度和水利工程中受益良多，不能只记得"挖井"的艰辛，而忘了"饮水思源"。其次，隋炀帝并没有穷奢极欲。杨广于604年即位，618年在江都兵变被杀，在位14年间，有一半时间在亲征路上，609 年平吐谷浑，612 年至 614 年三征高句丽，615 年征东突厥。如果他真是个享乐皇帝，就不会喜欢过刀头舐血的日子。历朝皇帝中，沉迷在三宫六院石榴裙底的不胜枚举，杨广跟这些皇帝比，前 50 名未必排得上，依然被扣上穷奢极欲的帽子，明显情感因素多于历史真相。

第三，真相不容真空。"二十四史"是中国古代历朝史书的总称，加上民国时期列入的《新元史》《清史稿》就是二十六史。仔细分析二十四史的创作年代，会有一个发现，自西汉司马迁撰写《史记》之后，修史的年代存在几个真空期。一是后朝不修前史，比如《晋书》，是由唐朝房玄龄编修，中间间隔了南北朝和隋朝，由此西晋和东晋的立史年代滞后二百多年。二是当朝不重视修史。从春秋出现史书以来，有秦、东晋、隋朝、五代四个时期没有出过有影响力的史书，既没有写前史，也没有写当朝历史。历史不是普洱茶，越发酵越醇厚清香，年代隔久了，可以直接引证的文献就会越来越少。这些个真空时期，虽然经后世逐渐弥补，但参考价值和可信度大大降低，很多历史真相，就是被真空所抛弃。人们应该有感觉，越是历史模糊的年代，越是不被世人重视和知晓，影视剧涉及也会比较少，因为对真相不清不楚，人们只好维持思想真空，少碰为妙。

(3)历史的诡异性。中国历史上下五千年，这个大"坑"像《西游记》里的无底洞一样，深不可测诡异神秘。史书毕竟不是科普读物，凡事讲论据，一切以科学和真理为出发点。从写三皇五帝开始，史书就掺杂了一些神幻的描述和推测，比如开国皇帝出生，要么是祖坟冒有青烟，要么是孕者梦见真龙绕梁，要么是满堂红光异彩，说得跟《封神演义》差不多。

第一，灵异事件的源头。《封神演义》和《西游记》这样的神话小说产于明朝，肯定不是灵异之事的起源。中国的神话故事，是远古时期图腾的产物，在《山海经》《楚辞》和《国语》《左氏春秋》等书籍中都有记载。在特定历史条件下，这些书记载的灵异事件，让人们笃信不疑，并以口传笔耕而发扬光大。有一点需要说明，这些灵异和神话故事，与后来的佛教、道教没有任何关联。首先，时间有差异。佛教为距今三千多年的尼泊尔王子乔达摩悉达多所创，秦朝开始传入中国，盛行于南北朝时期；道教是本土宗教，一千八百多年前由张道陵所创，也是盛于南北朝时期。而《山海经》记载的"女娲补天""精卫填海"等神话故事，距今至少五千多年。其次，指向有差异。古代神话故事，是人们对已经发生的历史事件作出一种解释和猜测，而宗教是对没有或已经发生的事件进行解释和预测。前者是向往，后者是赋予向往；前者是祝愿，后者是期待。再次，受众有差异。神话故事只是传说，没有硬性宣传机制，既可奉若神明，也可以作为茶余饭后的谈资。宗教对受众有一定的约束力，信则有不信则无在这里行不通。

第二，灵异事件的生命力。所有的灵异事件，现在看来匪夷所思，但在特殊历史条件下，存在要么因为合理，要么因为需求。左丘明在《国语》和《左氏春秋》中记载神话故事，恐怕两者兼而有之。一来，春秋时期的科学水平不算发达，人们的认知能力本身就有局限性，对于无法解释的事情，委以灵异就可以迎刃而解；二来，左丘明作为鲁国人，必然奉行周礼，对于周朝遗传下来的历史文献一般采取信任态度；三来，在左丘明作史之前，没有任何史家遗著，孔子的《尚书》也是同时代作品，他能够找到的参考依据非常有限，与其用自己的推测，不如引用物证；四来，鲁国在春秋后期国力衰弱，从君王到臣民，把振兴鲁国和周室的期望，只能寄托于上天，这就为灵异事件和神话故事的传播提供了更多空间。在战国以后，史学家们参考的文献，又是以春秋时期的著作为基本依据，代代相传下来，时间越长久就会越真实，越有可信度。

第三，灵异事件的影响。著说者无意，阅读者有心。这种灵异之事被广泛借鉴和利用，以致谋朝篡位的皇帝们，一个个披上了合法的外衣。比如汉高祖刘邦，本是一个小小的亭长，又是个混混性格，登基当皇帝后，担心别人笑话或是不服气，就编出一个母亲刘媪因龙受孕的神话故事。这个故事，司马迁写进了《史记》，在他这本史书中，还记录了殷商的先祖契和周的先祖弃的神奇身世。契的母亲叫简狄，在野外洗澡时吞食玄鸟蛋生了契；弃的母亲叫姜嫄，因为踏了野人的足迹而受孕生了弃。上面三个故事如出一辙，能够被司马迁写进史书，说明至少司马迁本人深信不疑。司马迁在西汉算是大知识分子，他都能相信，普通民众更加不会怀疑，从而让神奇的事情变得合情合理。后世的开国皇帝自然当仁不让，只要有自己修史的机会，就会如法炮制。比如东汉开国皇帝刘秀，出生时赤光照屋，好像夜空升起太阳；明太祖朱元璋出生的故事，与契有点类似，他母亲陈氏因为吃了道士的白色丹药丸而生下这个皇帝坯子。朱元璋出生时，还从东南飘来一股白气，导致整个产房香味弥漫。这些故事看似荒诞，但只要有人信，就能成为典故。林林总总的灵异迹象，给历史蒙上一层神秘的面纱，既增添了故事性、趣味性，也让更多的真相沉淀于水面之下。因此，不跳进历史的大"坑"里，很多真相从此就会积淀更厚重的尘埃，直到永远不见天日。

2. 历史喜欢打结。 今天的存在，到了明天就成了历史，再往后就是历史的历史。历史就像被装上了车轱辘，自己会走，时而向前，时而倒退，时而打个结。人类的时光无法倒流，但历史可以做到，它就是那么任性，当人们拿它没办法时，它就拿人们有办法，你想消停时，它就给你打个结。

(1)进步的车轮。总体上，历史对人类是公平的，在一个又一个王朝的驱使下坎坷前进，刚开始忐忑不安地迈个小步，然后又肆无忌惮地前行一大步，需要保养辖辕时，谁也别想把它推动。

第一，一百年一小步。历史的进步性并没有线性规则，所谓的一百年一小步只是概略的计算公式。为了让大家对规律有直观的印象，我们可以从相对熟悉的唐朝开始，推算到大清灭亡。①唐朝（公元 618 年—907 年）。大唐的国祚近三百年，可以划分三个一百年。第一个百年，有个"贞观之治"（公元 627 年—649 年），在唐太宗李世民领导下，政治清明、经济发展、社会安定，边疆也比较稳定，基本上都是唐朝在打别人；第二个百年，有个"开元盛世"（公元 713 年—741 年），在唐玄宗李隆基领导下，唐朝进入全盛时期，而中国封建社会达到顶峰，外国人纷沓而至，大唐成为欧亚经济、文化交流的中心，到现在，很多外国华侨仍然自称"唐人"；第三个百年，有个"元和中兴"（公元 805 年—820 年），在唐宪宗李纯领导下，唐朝大力改革弊政、平定藩镇，岌岌可危的大唐王朝一度出现复苏的势头。②五代十国（公元 907 年—960 年）。五代十国是中国又一次分裂期，先后出现后梁、后唐、后晋、后汉、后周为主的中原政权，其中后唐（公元 923 年—936 年）是版图最大的王朝，由"生子当如李亚子"的李存勖所创立。作为李唐后裔，李存勖也被当作李唐的合法继承人。只可惜，李存勖是个武夫，上马打天下是个能手，下马治天下水平一般，最后没能挽救和复兴唐朝。③宋朝（公元 960 年—1279 年）。大宋虽有北宋、南宋之分，因为江山传承是嫡系子孙，又没有断代，可以合并计算，分为三个一百年。第一个百年，宋朝有个"咸平之治"（公元 998 年—1003 年），由第三任皇帝宋真宗赵恒开创，虽然时间比较短，但农业、工商业得到蓬勃发展，贸易量达到空前水平，为几百年的富庶局面奠定基础；第二个百年，在宋神宗赵顼和宰相王安石领导下，开创了长达

16 年的"熙宁变法"（公元 1069 年－1085 年），对于发展生产、富国强兵起到积极推动作用，这次变法，也是继"商鞅变法"以来，又一次规模巨大的社会变革运动，一定程度上改变了北宋积贫积弱的被动局面；第三个百年，有个"乾淳之治"（公元 1162 年－1194 年），由南宋第二位皇帝宋孝宗赵昚开创，其间平反岳飞冤案，大力起用主战派以图恢复中原，积极整顿吏治、发展生产，百姓生活富裕安康。④元朝（公元 1271 年－1368 年）。元朝的典型特点，上马都是好汉，下马仍是武夫，立国一百年，只出了一个稍微"懂事"的皇帝，他就是元朝第四任皇帝元仁宗爱育黎拔力八达（公元 1311 年－1320 年在位），是他恢复了中断几十年的科举制度，并推行"以儒治国"的政策。他在主政期间，大量使用汉族文臣，革新弊政，改变了元成宗、元武宗两人造成的衰败局面，使蒙汉的民族矛盾相对缓和。虽然元仁宗没有开创一个响当当的盛世，但对于稳定元朝江山，作出了历史贡献。⑤明朝（公元 1368 年－1644 年）。大明王朝国祚 276 年，也可以划分为三个一百年。第一个百年好事连连，接连出现洪武之治、永乐盛世、仁宣之治，分别由明太祖朱元璋、明成祖朱棣和明仁宗朱高炽、明宣宗朱瞻基开创，祖孙四代联手将明朝开国以来的盛世维系六十多年，尤其是"仁宣之治"期间，明朝国泰民安，堪比唐朝"贞观之治"，直到公元 1435 年朱瞻基驾崩，第一个百年盛世宣告结束；第二个百年，有了"弘治中兴"（公元 1488 年－1505 年），在明孝宗朱祐樘领导下开创，其间整肃吏治，罢免"纸糊三阁老"，重用"弘治三杰"，限制宦官弄权，使得君臣关系达到最好时期，奸臣当道的颓废局面彻底根除，百姓的生活安定富足，军事力量也得到较大巩固提高，多次出兵平定边疆叛乱和侵扰；第三个百年，有了"万历中兴"（公元 1573 年－1582 年），由首辅张居正辅佐明神宗朱翊钧所创，在经济上推行"一条鞭法"，在吏治上实施"考成法"，在军事上痛击倭寇，使暮气沉沉的大明王朝出现了回光返照的辉煌，国库的存银存粮足以应付十个灾年，其繁荣程度可谓空前绝后。⑥清朝（公元1644年—1912年）。大清是中国历史上最后一个封建王朝，国祚268年。由于清朝出现一个跨度133年的盛世，占了清朝一半历史，只能将清朝划为两个一百年。第一个百年，就是"康雍乾盛世"（公元1662年—1795年），由康熙、雍正、乾隆祖孙三人联手所创，其间综合国力仍在世界保持领先，人口迅速增长，疆域辽阔，是中国版图最大的时期。第二个百年，有个"同治中兴"（公元1862年—1874年）。太平天国被清朝镇压后，清廷开始推行"洋务运动"，以期"师夷长技以制夷"，创建了"北洋水师"这样的新式军队，创办了新式学校和工厂，促进了资本主义的萌芽和工商业的迅猛发展。那个时候的大清王朝，仍然具备较强的经济和军事实力。

第二，五百年一大步。孟子说过，"五百年必有王者兴，其间必有名世者"。孟子生活的东周（公元前770年—公元前256年），国祚514年，基本可以算五百年，可谓一语中的。我们就从东周灭亡开始推算，看看每个五百年，出了什么样的"王者""名世者"。①皇帝起始：秦朝和嬴政。东周的终结者是秦始皇的父亲秦昭襄王，在位时间是公元前306年至前251年，死后传位给儿子嬴政。秦国在嬴政（公元前259年—前210年）的领导下，于公元前221年吞并六国，开创中国历史第一个中央集权的封建王朝"秦"。虽然秦朝的国祚只有14年，但为后世奠定了皇帝制的思想基础和组织基础，一直沿用至清朝灭亡，开国皇帝秦始皇也被誉为"千古一帝"。②法治鼻祖：西晋和司马炎。在西晋（公元266年—316年）之前，中国经历了东汉末年的军阀混战和三国鼎立三分天下的分裂时期，直到司马炎（公元236年—290年）篡魏立晋，才回归一统。除了统一全国，西晋在历史上最大的贡献，是制定了儒化法典《晋律》（亦称《泰始律》）。这部《泰始律》对于将封建王朝纳入法制化轨道，具有里程碑意义，直到东晋和南朝还在沿用，而隋唐的律法，也被打上了《晋律》的烙印。③女性天下：大周和武则天。中国历史上唯一称帝的女皇是武则天（公元624年－705年），她在67岁高龄时创建"周"朝（公元690年－705年），将李唐国祚中止15年。正因为武则天是女人，她把女性的地位提高到前所未有的境地。在大周时期，有了太平公主、上官婉儿这样能左右朝廷大局的"女官"，从而让女性占有"半边天"。④一场"黄祸"：蒙元和铁木真。成吉思汗铁木真（公元1162年－1227年）是中国古代最杰出的帝王军事家，没有之一。他热衷于对外扩张，多次发动对外征服战争，所占地盘往西到达中亚和东欧黑海地域，64岁高龄还骑在征服西夏的马背上。由于成吉思汗奉行屠城政策，蒙古骑兵在横扫中亚和欧洲时，马蹄所至几乎荒无人烟，因此蒙古人的西征被称为一场"黄祸"。元朝对中国历史的最大贡献，就是扩张了版图，最强盛时期达到二千多万平方公里。⑤永不加赋：清朝和爱新觉罗·玄烨。康熙皇帝玄烨（公元1654年－1722年）是中国封建皇帝中最后一位"千古一帝"，由他开创的康熙盛世，将封建王朝政治、经济、文化和军事实力推向顶峰，而他在位61年，也成为历史上在位时间最长的皇帝。康熙朝对历史最大的贡献有两条：一是永不加赋，二是将新疆、西藏和台湾纳入版图。

第三，七百年一个全盛轮回。除了清朝因闭关锁国导致坐井观天外，中国历史上的科技水平始终在世界上处于领先地位，基本上每七百年，就会出现一次划时代的科技革命，极大促进生产力发展。按照中国上下五千年文明史，我们从公元前3000年开始看。①公元前30世纪（前后）：以神农氏伏羲为代表，发明了二进制和发现了五谷，现在用的计算机和吃的粮食，均来自这两项伟大发明和发现。这一时期，中国的科技水平远远领先于世界各国，是中国历史上第一个科技发达的时代。②公元前23世纪（前后）：这一时期，中国发明了人工养鱼法和赤道式天文仪，在解决民生问题上又向前迈进一大步，也为研究天文学奠定了基础。③公元前16世纪（前后）：以发明十进制和雕刻印刷术、漆、传送带为代表，中国开启了手工业模式。④公元前9世纪（前后）：发明了雨伞、风筝、米酒和弓箭等，雨伞和弓箭的使用，早于欧洲近两千年。⑤公元前2世纪（前后）：秦汉时期，是中国科技高度发展的全盛阶段，发明了立体地图、焰火、指南车、炼钢法等军事科技，还有吊桥、记谱法、造纸术、降落伞、微型热气球、墨水、耧（播种机）、旋转式扬谷扇车、豆腐、独轮车等多项民生科技，很多发明创造领先世界水平一两千年。⑥公元5世纪（前后）：南北朝时期的中国四分五裂，但并不影响科技的蓬勃发展，这个时期内发明了桨轮船、油印技术、水力磨面机、火柴、指针式标度盘、弓形拱桥等，广泛运用于军事和民生。⑦公元12世纪（前后）：宋朝中后期，因抵御外侮需要，大部分发明创造主要倾向于发展军事科技，发明了炸药、照明弹、大炮、火箭等军用武器，对于抗击金、元起到重要作用。

(2)歇脚的乱世。中国古代史有个明显特征，就是要经历"分久必合、合久必分"的乱世，才会迎来政治、经济和社会的一次跨越式发展。而在乱世中大浪淘沙剩下的枭雄，一般很快会被一个全盛的王朝所取代。中国历史的三大乱世，分别是春秋战国、南北朝和五代十国，它们的终结者秦、隋、后周，国祚不过几十年，就被全盛的汉、唐、宋取而代之。

第一个乱世，春秋战国（公元前770年—公元前221年）。这是中国历史上第一个大分裂时期，春秋和战国的分水岭是公元前

453 年，以韩魏赵三家分晋（公元前 403 年正式被周王承认）为标志。①春秋：那个时期的战乱和分裂，源于齐桓公、晋文公、宋襄公、秦穆公和楚庄王、吴王阖闾、越王勾践相继称霸（所谓的"春秋五霸"说法不一，一并列举），以大欺小。最先称霸的是齐国，霸业的创始人是齐桓公小白（公元前 685 年一前 643 年在位），齐国的第 15 位国君，姜太公的第 12 代孙。他在管仲的辅佐下，于公元前 681 年召集宋、陈、蔡、邾等诸侯会盟，并打出"尊王攘夷"的旗号，受到周朝天子的嘉奖。第二个称霸的是宋国，创始人是宋襄公（公元前 650 年一前 637 年在位），宋国的第 20 任国君。他借齐桓公死后齐国内乱时机，约起齐国的盟国卫、曹、邾一起打进齐国，又拥立齐孝公而声名鹊起，代替齐国成为名义上的盟主。第三个称霸的是晋国，创始人是晋文公重耳（公元前 636 年一前 628 年在位）。他通过伐曹攻卫、救宋服郑，平定周室子带之乱而饮誉群雄，并于公元前 632 年在城濮大战重创楚军，召集齐、宋等国举行了"践土会盟"，开创了晋国百年霸业。第四个称霸的是秦国，创始人是秦穆公（公元前 659 年一前 621 年在位）。在晋文公死后，秦穆公三次攻晋而得以称霸西戎，但是在他死后用大量人才来殉葬，导致秦国在春秋后期再无建树。第五个称霸的是楚国，创始人是"三年不鸣，一鸣惊人"的楚庄王（公元前 613 年一前 591 年在位），他在公元前 605 年就在洛阳郊外举行阅兵仪式，并"问鼎中原"。公元前 597 年，楚国在邲之战中重创霸主晋国，不但洗刷了城濮之战的耻辱，也奠定了霸业地位。第六个霸主是吴国，创始人是阖闾（公元前 514 年一前 496 年在位），因重用楚国的伍子胥和齐国的孙武而国力大增，公元前 506 年攻克楚国都城郢都，开创了小国攻占大国都城的先例，从而成为新一代的霸主。第七个霸主是越国，创始人是"卧薪尝胆"的勾践（公元前 496 年一前 465 年在位）。越国原本被吴王夫差打残，经重用范蠡和文种恢复国力，于公元前473年灭吴称霸。②战国：相对春秋时期而言，战国的二百多年战争次数减少，主要原因是小的诸侯国大部分在春秋时期被消灭，只剩下以齐楚秦燕赵魏韩为首的二十余个诸侯国。齐国，主要占据山东、河北、山西部分地域；楚国，主要占据湖北全境和河南、安徽、湖南、江苏、浙江部分地域；秦国，主要占据陕西、甘肃、四川部分地域；燕国，主要占据河北、辽宁、吉林部分地域；赵国，主要占据山西、河北、内蒙古部分地域；魏国，主要占据山西、河南部分地域；韩国，主要占据河南、山西部分地域。战国时期最先称霸和开启战端的是魏国，始于开国之君魏文侯（公元前445年—前396年在位）。他在七雄中最先变法改革，在名将吴起的率领下，打败秦国，将秦国压制在洛水以西长达80年；又在乐羊指挥下，攻灭中山国，联合韩赵大败齐国，攻占卫国部分领土，与郑国、宋国、楚国多次交战，占领中原大片土地。魏国的霸业维系近百年，直到公元前342年马陵之战失利于齐国，才元气大伤退出霸主争夺。战国第二个也是最后一个霸主是秦国，始于秦孝公（公元前362年—前338年在位）时期开展的商鞅变法，秦国实力逐渐增强。公元前341年，秦国趁魏国马陵兵败元气大伤，联合齐、赵攻打魏国，吹响了谋图霸业的号角。从此，战国的诸侯争斗，大多跟秦国有关，从而出了一位合纵天才苏秦，挂有除秦以外的六国相印，让秦国连续多年不敢出兵函谷关，直到公元前284年苏秦被刺身亡。在经历几十年的攻伐摩擦后，秦王嬴政正式开启吞并天下的战争，公元前230年灭韩，前229年灭赵，前225年灭魏，前222年灭楚、燕，前221年灭齐，从而结束了诸侯称雄的时代，开创了大秦帝国。不过，秦朝只存续14年，就被项羽、刘邦等人所灭，短暂分裂5年后，被西汉（公元前202年—公元8年）取代。

第二个乱世，南北朝（公元420年—589年）。南北朝之前的东晋（公元317年—420年）、五胡十六国（公元301年—460年），也经历长达一百多年的分裂时期。由于东晋政权源于西晋正统，又保持了类似南宋一样相对稳定，因此，这段时间不算作大分裂时代。东晋被南朝取代后，正式进入南北朝对峙分裂状态，直到隋朝取代北周灭南陈而终止。①南朝：南朝的轨迹比较清晰，属于东晋变种的四个朝代，历经刘宋、南齐、南梁、南陈四朝。第一朝，刘宋，是南朝存在最久的一朝，公元420年刘裕所建，公元479年被南齐取代；第二朝，南齐，是南朝存在最短的一朝，公元479年萧道成所建，502年被萧衍篡位取代；第三朝，南梁，公元502年由萧衍所建，公元557年被陈霸先篡位；第四朝，南陈，公元557年陈霸先所建，589年亡于隋朝。②北朝：始于公元439年北魏（公元386年—534年）统一北方，后来，北魏于534年分裂为东魏（公元534年—550年）和西魏（公元535年—556年），东魏被北齐（公元550年—577年）取代，西魏被北周（公元557年—581年）取代，北周联合南陈灭北齐，又被隋朝取代。南北朝最鲜明的特征，就是继承了魏晋的权臣篡位习惯。除了北齐亡于北周，南陈亡于取代北周的隋朝，其他政权更迭，全都来自宫廷政变。因此，南北朝是历史上伦理纲常最为混乱的时期，宗室相残、奴杀主人的事例屡见不鲜，在相互攻伐中，人口数量急剧下降。隋朝（公元581年—618年）作为摘果子的王朝，在消灭南陈后不到30年就被唐朝灭亡，没能摆脱螳螂捕蝉黄雀在后的命运。

第三个乱世，五代十国（公元907年—979年）。公元907年，唐朝灭亡后，中原地区相继出现后梁、后唐、后晋、后汉和后周五个政权，同时，在中原以外地区还有许多割据政权，以前蜀、后蜀、吴、南唐、吴越、闽、楚、南汉、南平、北汉等十国为主。①五代

（公元907年—960年）。五代是代表中原王朝的五个短命王朝，总共立国才53年。第一代，后梁，公元907年，唐朝掌权军阀朱温接受唐哀帝李柷禅让，改国号大梁；912年，朱温的第三子朱友圭杀父篡位，当了第二任皇帝；913年，朱温第四子朱友贞兵变成功，朱友圭自杀，朱友贞继位；923年，后梁被后唐攻灭，朱友贞自杀。第二代，后唐，923年晋王（唐朝所封）李存勖在魏州称帝，仍然沿用李氏祖宗的国号"唐"，同年灭梁后，迁都洛阳；926年，李存勖灭前蜀后，死于"兴教门之变"，被郭从谦所杀；李存勖死后，李嗣源（李存勖父亲李克用的养子）继位，因次子李从荣兵变夺位受了惊吓病逝，在位7年；933年，李嗣源第三子李从厚继位，在位仅五个月，就被李嗣源的养子李从珂兵变杀害；936年，李从珂在契丹军破城时自焚，后唐灭亡。第三代，后晋，公元936年，后唐将领石敬瑭借契丹之手灭了后唐，建立后晋政权，在契丹人面前自称"儿皇帝"，在位6年病逝；942年，石敬瑭死后，养子石重贵继位，因不肯向契丹称臣，947年后晋被契丹所灭。第四代，后汉，公元947年由后晋节度使刘知远所建，国号为汉，起初称帝太原，攻取开封后迁都；948年刘知远病逝，其子刘承祐继位，951年被郭威所杀，后汉灭亡。第五代，后周，公元951年，郭威被后汉哗变的军队黄袍加身，建立后周，定都开封。由于郭威的后代在起兵时被后汉杀害于开封，954年周太祖病逝，由养子柴荣继位，先后征服后蜀、南唐，959年在北伐契丹时病逝，年仅7岁的柴宗训继位，次年在"陈桥兵变"后禅位于赵匡胤。②十国（公元902年—979年）。十国是指与五代同时并存的割据政权，分别是南吴、南唐、前蜀、后蜀、南汉、南楚、吴越、南平、北汉。南吴，公元902年由杨行密所创，937年被南唐所灭；南唐，由徐知诰（后改名李昪）所创，945年灭闽，951年灭南楚，957年南唐败于后周称臣，975 年亡于北宋；前蜀，公元 907 年由王建所创，925 年亡于后唐；后蜀，934 年由后唐节度使孟知祥所创，965 年亡于北宋；南汉，917 年由刘龑所创，971 年亡于北宋；南楚，927 年由马殷所创，951 年亡于南唐；吴越，907 年由钱镠所创，978 年钱弘俶主动投降北宋，吴越灭亡；闽国，909 年由王审知所创，945 年亡于南唐；南平，924 年由荆南节度使高季兴所创，963 年降于北宋；北汉，951 年由后汉皇帝刘知远的弟弟刘崇所创，奉契丹为"叔皇帝"，979 年亡于北宋。可以看出，后周全盛时期，十国之中的南吴、闽、南楚、前蜀已经灭亡，而最强大的割据政权南唐、后蜀、吴越已经臣服后周，在北伐契丹过程中，后汉都城太原一度被后周包围，只有南汉、南平占据两广、闽北地域没有被后周统一。可以说，后周时期已经基本完成了统一大业，并且有能力向强敌契丹寻战。令人惋惜的是，柴荣英年病逝，而他刚摘下的果子还没来得及咽下，就被北宋取代，同样没有逃脱历史怪圈。而北宋统一剩下的几个割据政权，基本上都是不战而降，可谓得来全不费工夫。

(3)重演的悲剧。唐朝诗人杜牧在《阿房宫赋》中有一句经典的话："灭六国者六国也，非秦也；族秦者秦也，非天下也。"这段话虽然写于唐朝，但对唐朝以前乃至以后的王朝兴亡，都作出高度总结概括。认真反思，每个朝代的覆灭，都可以从自身查找到主要原因。然而，历史悲剧反复上演，只能不断感叹"秦人不暇自哀，而后人哀之；后人哀之而不鉴之，亦使后人而复哀后人也"。我们以杜牧生活的唐朝之前朝代为例，验证杜牧的判断所言非虚。

第一，西汉（公元前 202 年—公元 8 年）。西汉传至汉元帝刘奭（公元前 49 年—前 33 年在位）时，力量仍然十分强大，元帝更是发出"明犯强汉者，虽远必诛"的时代强音，将匈奴人彻底制服。这样的帝国，怎么会在元帝逝世后二十几年就覆灭呢？跟秦朝灭亡的直接原因一样，是权臣当道、威高震主。秦朝亡于权臣赵高之手，而西汉亡于权臣家族王氏之手，在汉元帝执政时，已经埋下伏笔。刘奭的皇后叫王政君，到了儿子刘骜继位当上太后，从而王氏一门先后八人封侯，兄长王凤当了汉朝的大司马大将军，后由侄子王莽继任大司马。汉哀帝刘欣继位后，王政君成为太皇太后，但权力一度受到哀帝削弱打压，七年后哀帝暴毙，王政君拥立刘衎为帝，将朝政交于王莽之手。从此王莽一手遮天，还竟然将五岁的太子刘婴囚禁，导致这个孺子长大后话都说不清，六畜也不认识，成了地地道道的傻子，这等狠毒心肠，比赵高有过而之无不及。公元9年，王莽篡汉后创建新朝，西汉灭亡。

第二，东汉（公元25年—220年）。东汉权臣当道，始于汉少帝刘辩，何太后的兄长何进以大将军名位掌控朝廷，尔后历经董卓和李傕、郭汜等军阀当道，最终被曹操控制。曹操有代汉之心，也具备这个能力，但他没有这么做，始终奉行"挟天子以令诸侯"的原则，直到公元220年曹操死后，其长子曹丕逼汉献帝禅让，开创魏朝。很明显，东汉的皇权旁落，与西汉的路径基本一致，所不同在于过程更为复杂，时间延续得比较长。

第三，魏（公元220年—266年）。曹魏政权在曹丕和曹叡父子手里时，还能把控局势，从曹芳继位开始就被司马家族牢牢控制，对皇帝任意废立。司马昭虽有"路人皆知之心"，在世时还能向曹操学习，不敢忤逆，但他的儿子司马炎学的曹丕，逼曹奂禅让而开创晋朝。

第四，晋（公元266年—420年）。西晋灭亡后，东晋政权属于典型的门阀政治，依靠王、谢、庾、桓四大家族而建立，从一开始就为权臣当道提供平台，皇帝们基本没有执掌过实权。公元420年，新军阀刘裕废黜晋恭帝自立门户，开创刘宋。

第五，隋（公元581年—618年）。隋朝得天下，就是从取代北周而得，失天下，同样是被内部攻破堡垒。公元618年，宇文化及、司马德戡和裴虔通发动兵变，弑杀隋炀帝杨广，隋朝实际已经灭亡。至于李渊废立隋恭帝杨侑，王世充废立隋哀帝杨侗，宇文化及废立杨浩，都是为和平接班作个法律程序的铺垫。

上述五个朝代的灭亡有两个共同点，一是全都亡于旧部权臣，二是都是采取禅让制合法接班。这足以证明，这些朝代都是皇权旁落自己"作"亡的，与大秦的迅速崩溃的直接原因没有两样。区别在于，秦朝与宋、元、明、清有另一个交集，就是受到外敌攻伐。

3. 历史是面镜子。 当历史作为镜子存在时，它的价值不仅仅是正衣冠，还会不经意间赋予更多时代内涵。这个时代，可以是历史存在时，也可以是历史成为历史之后。镜中的历史，不是水中月，它既可以睹视，又可以触摸，清晰地感受到棱角分明，还有血液流淌般的脉搏。历史不会老去，更不会逝去，人们看得见时，它在，看不见时，仍然在，就像一个顽皮的孩子，喜欢捉迷藏，找不找得着，就看我们有没有这个心。

(1)历史的寓言。寓言，是假以故事来说明道理的，总体套路是以小见大。历史本身就是读不完的故事，这些故事中，蕴含了无穷无尽的哲理，每一段历史，都是无数个寓言的组合。任取一段脍炙人口的历史，我们都可以从中找到寓言，比如勾践复国的故事，就蕴藏了丰富的寓言哲理。

第一，不自量力。春秋时期，吴、越两国是世仇，勾践的父亲允常与吴王阖闾争斗了一辈子，终在公元前496年去世。阖闾听说后，就乘人之危出兵袭越，结果一不小心被越军砍掉大脚趾，后因伤重病殁。按理说，越国占了便宜就不要卖乖，但越王勾践少年得志，非要先发制人主动伐吴，结果大败媾和。要知道，吴国称霸春秋是在公元前506年，就连楚国的都城也曾被吴国攻占，而且，当时伍子胥和孙武仍然健在，这个时候越国攻打吴国，纯属鸡蛋碰石头，岂有不败的道理。

第二，亡羊补牢。勾践被夫差围困在会稽，已经到了山穷水尽的地步，几乎失去求生欲望。在这个关键时候，文种站了出来，用周文王、晋文公、齐桓公的坎坷经历激励勾践，告诫他留得青山在、不怕没柴烧，从而君臣定下决心，由勾践带着范蠡去吴国谢罪受苦，文种回越国堵窟窿，以图东山再起。

第三，负重致远。勾践在吴国待了两年，给夫差当了马夫，给阖闾当了守墓人。那段时间，是勾践一生最残酷的屈辱，肉体和精神饱受摧残和折磨。据说，为了讨好夫差，勾践还主动帮着尝夫差的粪便。回到越国后，勾践不忘前耻，与老百姓一起劳作耕种，吃的是糟糠食物，卧薪尝胆十年，终于让越国焕发生机。没有那次受辱经历，没有强烈的复仇欲望，这样的日子，勾践恐怕一天都过不下去。有时负担越重，越是能够唤醒坚持不懈的动力。

第四，一意孤行。对于夫差而言，当年兵围会稽时同意和解就是个天大的错误，已经足够把伍子胥气得吐血，两年后释放勾践更是错上加错，让伍子胥陷入抓狂境地。前面这两次，只是让夫差放走一个敌人。到了公元前484年，夫差又听信奸臣伯嚭谗言，让伍子胥自尽，导致伍子胥的死党孙武心灰意冷淡出人们视线，从而吴国少了两位最强有力的朋友。夫差的一意孤行远不止于此，公元前482年，他完全不顾越国陈兵边境虎视眈眈，率全部主力部队参加黄池会盟，结果被越国不费吹灰之力端了老窝。

第五，同病相怜。夫差每次犯错，背后都有奸臣伯嚭的影子。这个伯嚭的经历跟伍子胥差不多，先辈皆为楚国冤杀的忠臣，他听说伍子胥在吴国受到重用，就跑来投奔伍子胥。当时，吴国大夫被离看出伯嚭居心不良，提醒伍子胥不要轻信他，但伍子胥以同病相怜、同忧相救回应被离，并将伯嚭推荐给阖闾，用为大夫。在阖闾死后，伯嚭以托孤重臣当上太宰，从此与伍子胥渐行渐远，贪婪本色暴露无遗。勾践能够死里逃生，大部分功劳归结于他。伯嚭的结局也很惨，虽然多次帮勾践的忙，但勾践灭吴后毫不犹豫杀了他。

第六，鸟尽弓藏。勾践灭吴后，范蠡马上辞官归隐，并劝说文种不要贪恋权力，一起去过闲云野鹤的日子。为了让文种看清形势，范蠡给文种写了一封信，直言不讳："蜚鸟尽，良弓藏；狡兔死，走狗烹。越王为人长颈鸟喙，可与共患难，不可与共乐。子何不去？"文种相信老朋友范蠡的判断，但还是抱着侥幸心理，觉得功成身退未免可惜。他没有立即逃离越国，而是称病不朝，静观其变，这恰恰给了勾践借口，直接送去一把剑让文种自尽。

(2)寓言的启示。在先秦散文中，就有很多寓言故事，《揠苗助长》《自相矛盾》《守株待兔》等，我们孩提时代就倒背如流。在这些寓言中，我们悟到"不能急于求成""要实事求是""不能侥幸"等道理，故事简洁，但寓意深邃记忆深刻。

第一，启示思想。历史寓言是古人智慧的结晶，每个寓言故事都能概括成一个或数个成语，这些成语闪烁的思想光芒，横贯古今，因积淀愈加醇厚。就拿《揠苗助长》来说，一个看似简单的寓言故事，放进不同的历史空间，其思想性也会有所升华。我们任取秦、西汉、新莽三个连续的朝代作比较：首先是秦朝。秦朝急于求成，表现在三个方面。一是不待休养生息，一边大军征伐，一边大兴土木，把全国百姓逼向崩溃边缘；二是不待缓和矛盾、站稳脚跟，强行推动思想和文化统一，把原来的六国士族逼出反抗斗志；三是不待国泰民安，大行封禅巡游，把秦人调教出骄奢淫逸。灭六国时，秦军所向披靡何等强大，秦始皇死后才三年就被消灭，只能说非战之过。其次是西汉。刘邦开创西汉后，一定程度上吸取了秦朝灭亡的教训，没有表现出太多急躁情绪，他犯了最大的错误就是立朝未稳就急于杀功臣，导致用人之际捉襟见肘，并出现三个后果。一是弃用名将，导致白登之围，给了匈奴做大做强的70年黄金机遇期；二是滥杀功臣，分封刘氏诸侯，给景帝时期诸王叛乱埋下隐患；三是采取和亲政策纵容匈奴，为后代百年汉匈战争种下苦果，极大消耗了西汉国力。与其对韩信、英布、彭越等开国名将莫名其妙诛杀攻伐，还不如派往匈奴战场，让他们要么成就一世英名，要么马革裹尸。再次是新莽。王莽号称跨世纪的改革家，但他太急了，什么都想改，完全没有考虑实际和后果，结果从朝廷到士族再到百姓，基本上没有一个人支持他。百姓活不下去了只能起义，士族混不下去了只好割据，朝廷大员们睁一眼闭一眼，等着新莽政权覆灭。王莽曾经团结一大帮人，最后落得个孤家寡人。

第二，启发自觉。思想是行动的先导，历史的启示，是自觉行为的指南针。先秦时期，诸子百家早已总结归纳了很多历史寓言，所有人都看得懂、想得明白，但自觉践行的似乎不占多数。秦始皇作为雄才大略的千古一帝，难道揠苗助长的道理也不明白？不是不明白，而是揣着明白装糊涂。人都有弱点，这就是秦始皇的命门。不仅如此，秦始皇为了万寿无疆，派了方士徐福去寻找仙药。且不说"仙药"是否存在，如果有，首先长生不老的，一定是寻药的方士，而不是秦始皇本人，这个道理是显而易见的，秦始皇也不可能想不明白。但是，秦始皇仍然大张旗鼓地做了，不惜一切代价也要把仙药找到，这用愚昧、固执都无法解释，顶多能说这只是秦始皇内心的一种图腾。然而，秦始皇的教训，并没有成为后世诸多皇帝的警示，向往仙丹亲自炼丹的皇帝大有人在，即便到了科技相对发达的明清时期，仍然有不少皇帝在祈求长生不老。这就是说，思想是思想，自觉是自觉，思想可以启发自觉，但自觉并不依赖于思想，因为光有思想还不够，历史的寓意归根结底要走进内心世界，才可能真正管用。

第三，启迪心灵。心灵是人们的心思和情感，也是外部思想与内心世界有机融合的思维状态。有种道德要求叫"心灵美"，是从出发点到落脚点透出美感和善良的思维，简而言之从头到脚没有"坏心眼"。历史本身没有美感，它只能给人们制造美感，让人们在一个个鲜活的故事中，在深刻的教训中，在幽静的启示中，能够拨云见雾，找出那份美丽。比如前面所说勾践复仇的故事，不但本身没有多少美感，还能找出至少六个教训，它的美丽又在哪里呢？当然在范蠡的结局，他是整个故事中最美丽动人的角色。首先，勾践自不量力时，范蠡给予了劝谏；其次，勾践落难时，范蠡始终追随；再次，勾践奋发图强时，范蠡给予了大力支持；最后，勾践灭吴称霸时，范蠡功成身退。可以说，作为越国臣子，范蠡做得仁至义尽无可挑剔，最闪光的地方是他不居功、不图名、不贪恋富贵。卧薪尝胆的确比较励志，但由于沾染浓厚的血腥味，丝毫不具备美感，使它永远无法成为这段故事的亮点。西汉的张良一定读出了美感，所以在功成之后，他也选择了隐退，从而成为"西汉三杰"中唯一善终的人。将心比心、以心换心，开国皇帝们最怕功臣骄纵，你不让他安心，他就不会死心。范蠡和张良能够生存下来，不是因为他们比别人聪明，而是他们的心灵更敏锐更美丽一些。

(3)启示的回影。历史既然是一面镜子，就具备镜子的基本功能，照见什么就影现什么，你把它做成哈哈镜，它就给你一个诙谐的效果。换句话说，镜子的功效，决定了启示与回影是否能够保持高度一致，平面镜、凹面镜、凸面镜产生的效果各不相同。

第一，平面镜。众所周知，从物理角度讲，平面镜成像特点有四个：一是正立等大，二是像物等距，三是像物连线与镜面垂直，四是像物对称。用平面镜看历史，就是真实还原历史。然而，岁月蹉跎沧桑，历史的平面早已风蚀雨浊得斑驳不堪，照出的影像显得光怪陆离。首先，史实存在争议。同样一段历史，在不同的历史时期描述会有差异，在同一历史阶段仍然会有差别。其次，评价存在争议。史实的争议性还是次要的，关键是历史人物和事件的评价，自古以来也是众说纷纭，哪怕尊重同一史实的阵营中，也会发出不同的声音。再次，启示存在差异。前两者的争议，直接影响了对历史的判断标准，启示自然也会有结论上的差异。比如宋朝第一谜案，至少得到皇位传承两个相反的结论：一是兄终弟及。如果"金匮之盟"属实，那么兄终弟及就行得通，"斧声烛影"也就不攻自破。二是父死子继。如果"斧声烛影"属实，那么兄终弟及就行不通，毕竟历史上兄弟相残的事情，远远比父子反目的情形要多得多。可惜，这个结论已经被镜面掩盖，谁也别想看清。

第二，凹面镜。凹面镜成像原理与平面镜完全两样，物距相对焦距发生变化时，成像或大或小、或正或倒、或实或虚。反馈到历史问题上，物距就是人们的评价标准，焦距是历史事件产生的影响，物距因人而异，而焦距本身不会有任何变化，成像的结果取决于"物距"处在哪个位置。就拿王莽篡汉来说，历来褒贬不一，有的人把王莽作为改革家来褒奖，有的把他当作乱臣贼子来批判，这就是"物距"的差异造成的。作为"王莽篡汉"这个历史事件本身看，它的改革有一定打破旧秩序的积极因素，但没有给历史带来进步，没有给百姓带来实惠，还落得国破人亡的下场，这是不争的事实，这个"焦距"不因评价褒贬而发生改变。

第三，凸面镜。凸面镜与凹面镜又有所不同，它只能影出正立缩小的虚像。从历史观来理解，凸面镜中的历史，没有更多的争议，因为某些史实早已被虚化，或者是大事化小。比如"玄武门之变"，李世民杀兄弟和逼父亲禅让，按理说都是忤逆的事，但是并不影响他成为一代圣君。而同样弑父夺位的杨广，却被口诛笔伐一千多年。这等"待遇"上的差别，来自镜面选择的不同，把二者一并摆在平面镜下，也许又是另一番影像。

在中国五千年历史中，有很多事情不是看到想到的那么简单。有时候，我们可能把简单问题想得过于复杂；有时候，可能又把复杂的问题想得过于简单。阅读和研究历史问题，不一定要求证什么，但一定要思考点什么。在历史的天空下，总会有一群惊起的飞鸟，其中会有我们想捕捉的那一只。

是为序。

目　　录

第一辑

历史数字

一统华夏：秦始皇的功过是非

作为一统华夏、开创大秦伟业的千古大帝，秦始皇在后世褒贬不一，其历史功过也是众说纷纭难执一词。他开疆拓土，却又修建长城；他重用能臣，却又亲近小人；他心智目明，却又难得糊涂。在嬴政的身上，似乎永远都有看得见、摸不着的影子，神秘而不诡异，清晰而又变幻。

1．六大贡献。贡献一：统一全国。自从西周灭亡，华夏就进入诸侯纷争的春秋战国时期，东周名义上还是各个诸侯的领袖，但除了有自己一小块管区和少量军队，其职能只是相当于联合国秘书长，或者是梵蒂冈教皇，动动嘴皮子可以，发号施令根本没人听。秦始皇踩着前辈的肩膀，结束了诸侯争霸的局面，让你打我、我打你的军阀战争消停了一段时间。**贡献二：统一文字。**秦始皇是个聪明人，知道仅仅在军事上打败对手远远不够，必须在文化上进行融注，才可能收天下之心，而统一文化最直接的方式，就是统一文字，从此小篆成为华夏的官方文字。**贡献三：统一度、量、衡。**度，是长度尺码，即尺、丈；量，是体积单位，如斗、升；衡，是称重工具，单位为斤、两。秦朝以前，各国都有自己的度量衡工具，计量标准互有差异，不利于贸易和征收，统一度量衡于官于民都比较有利。**贡献四：统一货币。**货币用于买卖，具有流通性质，没有统一的货币就没有全国的贸易，无法促进各地区间经济发展。秦始皇把铜钱改为统一的"孔方兄"，也算造福于民。**贡献五：开疆拓土。**东周各诸侯国的混战，说到底是兄弟纷争，几百年前都沾亲带故。由于长期忙于打内战，周朝的疆土基本没有向外延伸拓展，辖地十分有限。秦始皇吞并六国后，乘势对外用兵，收取"荒蛮"之地，南征五岭让版图扩大三分之一。**贡献六：北击匈奴。** 从保家卫国角度讲，秦始皇北击匈奴值得肯定，但由于战略上的失误，并没有给予匈奴人沉重打击，几十万大军站在长城边当起监工，没派上实质用场。

2. 五项失策。失策一：焚书坑儒。 虽然秦始皇坑杀的儒生在历史上最少，但他是第一个兴文字狱的帝王，所以挨骂最多，被损得最惨。很多历史文献找不到，罪名都归结在他一人，这也是让士大夫这个精英集团反抗暴秦的直接原因之一。**失策二：大兴土木。** 经历七国混战，全国人口急剧减少，这个时候大兴土木修建长城和阿房宫，无疑让百姓背上沉重的包袱，搞得民怨四起，还编出了孟姜女哭倒长城这样的故事。宫殿不着急住，完全可以晚修几年，边塞屯兵几十万，长城也大可不必忙着修建。这两件事，不是说决策有失误，而是实施的时间出现错误，在不恰当的时间做了一件看似恰当的事。**失策三：双拳出击。** 屯兵北疆的同时，秦始皇两次攻伐南越，征调兵夫五十余万。首次失利后，第二次，统帅赵佗采取剿抚并用的方针收到奇效，但没想到大秦已经灭亡，所率兵勇全都成为南越国的臣民。这五十万大军如果能够用于平叛，项梁、项羽和刘邦等人很难短时间做大做强。**失策四：亲佞远贤。** 亲小人，远贤臣，这是秦始皇一生最大的悲哀。众所周知，秦始皇是死在巡幸的路上，当时他的身边有三个重要的小人：丞相李斯，宦官赵高，二子胡亥。正是这三人联手，让大秦王朝直接陷入灭顶之灾，皇位继承人扶苏自杀，蒙氏家族和嬴氏皇室被屠杀，导致人心涣散人人自危。**失策五：听信方士。** 徐福渡海的故事家喻户晓，他就是被秦始皇派去寻找仙药的方士，其结果钱花了不少，什么都没有得到，还给了徐福逍遥海外的机会。还有人说，徐福去了日本，现在日本很多姓氏都属于徐福的子孙。

3. **四个原因。**原因一：**好大喜功。**这是开国之初皇帝的通病，当了天下第一就以为老子天下第一，以为"普天之下莫非王土，率土之滨莫非王臣"得来易如反掌。秦始皇太自负了，焚书坑儒得罪了精英集团，大兴土木动摇了民心基础，双拳出击伤及了经济命脉，仍然沾沾自喜不思悔悟，从而种下苦果。学秦始皇最像的是隋炀帝，一个修长城一个修运河，一个两次出兵五岭一个三次出兵高句丽，割裂看都不是大问题，但载入历史空间内，就成为亡国的先兆。**原因二：谏臣凋零。**唐太宗本来也具备秦始皇的做派风格，但他有两个敢说话劝谏的人，一个是长孙皇后，一个是魏徵。秦始皇没这么好运气，在赶走吕不韦和幽禁母亲之后，秦始皇身边只有蒙恬和长公子扶苏敢劝言几句，结果全都安排去守边疆。说法上可以认为是特意栽培，让他们手握重兵集团，但实际上造成群臣噤若寒蝉，一个个都学会曲意奉承。实践证明，一个缺少直谏言官的王朝，注定不能长久。宋朝和明朝出了不少昏庸的皇帝，但他们对言官还算不错，只打板子不动刀子，所以，皇帝们多多少少还能听到几句真话。**原因三：猜忌多疑。**皇帝是至高无上的职业，同时也是最危险的职业，时刻需要防范被人抢去宝座，不可一世的秦始皇也不例外。在这种情况下，秦始皇养成了喜怒无常的坏毛病，一会看谁都像亲人，一会看谁都像敌人。身边的大臣都有伴君如伴虎的感觉，能够屹立不倒的，必定是八面玲珑的墙头草，善于察言观色瞅准风向。这样的人即便不是奸臣，也不可能死心踏地当忠臣，比如李斯，在矫旨篡位中起到关键作用。**原因四：奉行苛政。**大秦立朝之前，从商鞅变法开始就以苛政著称，天下太平后没能及时修改国策以安抚民心。在苛捐杂税和沉重的劳役负担下，出现陈胜、吴广统领的"暴民"就不足为奇。

4. **三次危局。**嬴政一生中有四次遇刺，除去荆轲那次"图穷匕现"发生在战国时期，称帝后的秦始皇，还遭遇过三次刺杀。**危局一**：刺客仍然是燕太子丹的门客，他叫高渐离，是个乐坛高手。荆轲刺秦王失败后，燕太子丹的门客全都跑了，包括这个高渐离。他到了一个酒家隐姓埋名当酒保，本来相安无事，无奈高人终究难敌技痒，偶尔一出手就技惊四座令人如痴如醉如癫如狂。这样高水平的乐师，很快就被秦始皇召进皇宫，并立马被人认出是燕太子丹的门客。秦始皇很想听个小曲找个乐，就把高渐离弄瞎，没事时听他击筑演奏，而高渐离"贼"心不死，在竹杖中灌铅想击杀秦始皇，结果因眼盲功败垂成。**危局二**：这次的刺客是成为"西汉三杰"之一的张良，他瞅准秦始皇喜欢出巡视察的毛病，打了一柄重达百斤的大铁锤，又找了个抡起来百发百中的大力士，然后在博浪沙这个地方埋伏，伺机行刺嬴政。可惜，那时的张良还没有多少工作经验，不知道皇帝车队中还有用于迷惑的伪装车，人没刺杀到，还被秦始皇通缉个颠沛流离。**危局三**：这次不算是刺客，因为秦始皇面对的是劫匪，而遇见劫匪的原因，源自微服私访。那时，嬴政身边只带了四个大内高手护驾，好在这四个侍卫拼死一战，总算把劫匪吓跑。在历史上，因臣子篡位谋逆遭遇不测的帝王很多，但被政敌和民间筹划行刺的寥寥无几。从三次危局来看，秦始皇即便找到"仙药"，也不可能长生不老。换句话说，真正需要长生不老的不是他，而是大秦，但作为大秦的创始人兼董事长，嬴政明显吃错了药，也给后人开错了药方。几次遇险，只是全国群起反抗的冰山一角。

5．两度昏招。昏招一：重用李斯。单从能力看，李斯绝对是大秦第一能人，是秦始皇绝对的左膀右臂。吞并六国前，秦国的战略方针就是由李斯制定；统一全国后，绝大部分施政纲领均出自李斯之手。几乎可以说，没有李斯就没有秦朝。那么，重用李斯怎么是昏招呢？从能量来看，李斯是治乱干臣，不是治世能臣，越是乱，李斯的作用发挥越明显。统一六国、统一文字、统一度量衡等等，都是李斯出的主意，但是李斯在如何休养生息、如何促进民生等重大问题上，没有出过太好的主意，这是他无法克服的短板。从时间来看，李斯在全国统一后，历史使命就应该结束，在家里好酒好茶伺候着，也不枉费他为大秦开国立下的功勋。然而，他没有急流勇退，反而想一步步爬得更高，说明这个人很有野心。事实也证明，秦始皇死后，李斯毫不犹豫倒向胡亥和赵高一派。关于这两点，千古大帝秦始皇不可能不清楚，至少在李斯写《谏逐客书》时就应该想到。继续重用李斯，实为第一昏招。**昏招二：赦免赵高。**赵高是"沙丘之变"的主谋和发起人，原本早已犯下重罪，被蒙毅判处死刑。然而，秦始皇以权代法，不但赦免了赵高罪责，还让他官复原职。从此，赵高与蒙氏兄弟结怨，时刻想着除之而后快。这两次出昏招，显而易见都是明知不可为而为之，以秦始皇的雄才大略做出这样的傻事，实在不应该。

二朝称制：武则天的帝梦之路

中国历史上临朝称制的皇后、太后有不少，但真正登基当皇帝的只有武则天。她是唯一的女皇帝，也是称帝时年龄最大的一位，67岁高龄才正式改朝换代，建立大周。从那时起，她又成为在两个不同皇朝说了算的人，没有之一。这么一大把年纪了还想着当皇帝，这个女人到底有什么梦想？她又走过怎样的道路呢？

1. 少女寻梦。武则天是唐朝开国功臣武士彟的二姑娘，一个貌似清纯简单的女人。这个武先生没什么大本事，就是有钱、会投资。他不光投资木材，还投资政治，买了李渊发行的造反股票。李渊是个厚道人，唐朝开国股票在长安上市后，把工部尚书的头衔赏给了武士彟，从而让他的女儿有了接触顶级达官贵人的机会。武则天的经济学本领师从父亲，但政治学本领是母亲教的，因为她的母亲杨氏出身隋朝皇室。打小时候起，武则天就把皇家大院的犄角旮旯全都弄得滚瓜烂熟，那时的她以为机会必给有准备的人，14 岁进宫当才人就想一步登天。不过，武则天没想到，她嫁的第一个老公李世民，是大唐最清醒的一个皇帝，仅仅因为如何驯马的一句答话过于狠毒，李世民就让她坐了 12 年冷板凳。可以说，武则天最美好的豆蔻年华，是抱着布娃娃度过的。这时的武才人真正意识到，上学不光要预习课文，还要认真听讲，皇宫里的事情，永远不是想象中那么简单。于是，武则天决定从头学起，学会脚踏两只船，她把目光盯向了另一个男人，就是太子李治。可是李治有贼心没贼胆，老爸在世时，他只能偷偷摸摸，李世民驾崩后，他也没敢站出来说句话，眼睁睁看着老相好武才人当了尼姑。眼不见为净这句话挺真实，很有道理，没有武才人在眼前晃悠，李治心安理得地过了一年，反正皇帝身边永远不缺漂亮女人。

2. 峰回路转。就在武才人等得花儿都要谢了时，机会终于向她招手。趁着李治到寺院祭奠李世民的机会，武则天再次用缠绵打动了李治，从此二人藕断丝连、僧俗一家亲。然而，事情还是没那么简单。李治是个性格懦弱的人，他只愿意享受鱼水之欢的快感，不敢点名道姓让武才人还俗。天长地久的话不知说过多少遍，但李治还是让武则天又等了一年。好在王皇后是个聪明人，她出面做了个顺水人情，主动申请将武则天纳入后宫，并借以打击为所欲为的萧淑妃。皇后都出面买单了，李治就没必要继续装，屁颠颠把已经怀孕的尼姑接到皇宫，并给予专宠。等王皇后明白谁是渔翁时，一切已经晚了，只能接受搬石头砸自己脚的现实，在被武则天吹枕边风废黜后，又被武则天杀害。加上当才人的 12 年，武则天已经等了 14 年，再也没有人可以阻挡她前进的脚步。扫清一切绊脚石，只是她做的第一步。为了把皇后拉下马，她可以用被子捂死自己的女儿，然后嫁祸给皇后；为了让李治腰杆子硬朗，她内联外合，把长孙无忌、褚遂良、于志宁等前朝重臣一个个贬出京城。那时，朝廷重臣还能够留在京城继续为官的，除了胆小鬼就是投降派，稍有血性的人基本没剩下。就拿废黜王皇后的事情来说，大臣们看到坚决反对的宰相们一个个拍屁股走人，而拍马屁献媚的一个个升官发财得了好处，于是，一大批软骨头马上曲意倒戈，成为墙倒众人推的一群帮凶，这也为武则天一步步逼近权力巅峰奠定基础。改朝换代，武则天需要的只是马屁精，而不是什么忠臣。

3. 二圣时代。李治糊涂了一辈子，就清醒了几个小时。当他看清武则天面孔时，感觉到压力和害怕，就让宰相上官仪写好了废黜武则天的诏书，结果被武则天发现，哭天抢地连哄带骗把李治给"镇压"下去。从此，李治的头脑就再没清醒过，对外皆称风眩症。为了利用李治达到执掌朝政的目的，武则天制定了"三步走"计划。第一步是与皇帝并称"二圣"。她跟着李治一起同朝听政，培养锻炼了逻辑思维能力。从此，武则天知道了，在朝堂上什么话当讲，什么话不当讲，也辨别了哪些是能人，哪些是南郭先生。第二步是挑唆皇帝搞泰山封禅。她以"亚献"名义封赏百官，既笼络了人心，又相当于把自己的权威诏告天下，她武则天成为中国历史上第一个封禅泰山的女人。第三步是抢班夺权。原来的太子李忠是王皇后所生，是武则天最后一道障碍。武则天捣鼓几下，就把李忠给废了。然后，武则天立了自己的长子李弘，就是在当尼姑时怀上的那个。看起来，武则天的三步棋已经下完，但事情远远没有结束，李弘福缘不够深厚，没等到转正就病死，于是武则天另立二子李贤为太子。李贤是武则天所生儿子中最有能耐的一个，跟初唐四杰之一的王勃关系特别好，也深受李治喜欢。然而，李贤偏偏看不惯自己的生母，跟武则天的关系搞得很僵，于是武则天假借相士明崇俨排挤李贤，逼得李贤起了谋逆之心。这一切，早在武则天操控当中，没等李贤想明白是否率先发难，她主动出击搜查太子府，以百具铠甲为物证废黜太子名位。由此，武则天立自己的三子李显为太子（后又立四子李旦）。一母所生的四个儿子轮流当太子，其中两个儿子轮流当皇帝，这在历史上还是第一次出现。

4. 临朝称制。万事俱备只欠东风，既然病中的李治只肯把权力交给太子，让太子李显代理国政，武则天只需要静静等候丈夫驾崩。这一切来得不算太慢，李显代政不到一年，李治就撒手而去。武则天满以为她的时代到来了，刚当太后就想临朝称制，但李显跟李贤风格有点像，想撇开武太后另搞一套。这还了得，武则天马上找了个借口，以李显说过类似"把天下交给韦皇后一家"这样的话，把刚当皇帝半年的三儿子李显废黜，让四儿子李旦接任皇位。有了前车之鉴后，李旦不敢跟母亲较劲，当傀儡就当傀儡吧，反正咱年轻，看谁熬得过谁，用时间换空间是李旦能够想到的唯一办法。李旦忍得了，李氏宗亲反倒看不过去，先是徐敬业、杜求仁以支持李显复位为旗号反抗朝廷，被武太后派兵镇压；后有琅玡王李冲、越王李贞等人起兵，都兵败自杀。借着这些机会，武则天把看得不顺眼的李唐王室几乎斩杀干净，包括自己的儿子李贤，也被鞭杀。由于武则天搞了个全民告密制度，又重用一批有如周兴、来俊臣这样惨无人性的酷吏，在谁告状谁升官的机制刺激下，那时的大唐，谁姓李谁倒霉，谁敢说武太后坏话谁倒霉，查个祖宗八辈也要把渊源搞清楚，跟李渊李世民到底有没有关系。在"白色恐怖"下，整个大唐万马齐喑，眼睁睁看着武则天一个人折腾。

5. 改朝换代。按理说，当了太后临朝称制，已经是女性的巅峰，可武则天不这么想，这根本不是她少女时代的梦想。从泰山封禅也能看出，她的野心是成为开天辟地的第一人。而且别忘了，武则天在寺院混了两年，佛经没背诵几部，但搞封建迷信最拿手。首先，她安排工匠凿了块石头，碑文"圣母临人，永昌帝业"，扔到洛水后再"不经意"打捞上来，于是给自己加尊号"圣母神皇"。然后，叫法明和尚撰写《大云经》，说武则天是弥勒佛下凡，毫不客气将概念中的大肚子和尚做了变性手术，目的就是用宗教和封建迷信造势。就这样，武则天在"请愿"声中顺应民意改朝换代，建立周朝。为了安抚乖乖崽李旦，武则天把李唐皇帝封为周朝太子，而李旦可能觉得别扭，没多久就把这个太子名号推让给三哥李显。称帝后的武则天，在后宫穷奢极欲，六七十岁的人还在玩男宠。当然，玩归玩，刚开始她也没过几天安生日子，天天要等到前线战报，才可能睡得安稳。从 692 年到 697 年，周朝对突厥、契丹连续开战，好几次出兵都是全军覆没，所幸朝中还有王孝杰、狄仁杰这"二杰"，总算在前线帮大周稳住局面。边关稳定了，但内廷反而越来越不安稳。随着武则天一天天衰老，各方势力蠢蠢欲动，武氏家族中的武承嗣、武三思想当太子继位，李氏家族的也没都闲着。到了 705 年，由宰相张柬之领头发动"神龙革命"，带着五百禁军攻入皇宫，终于逼得武则天禅让皇位给太子李显，从而武周结束，历史重新续写李唐。

三足鼎立：为何孙吴撑到最后

历史上的三国时期，一般指曹丕篡汉的 220 年至司马炎灭吴的 280 年。这 60 年中，总共发生了六次重大历史事件，直接影响三足鼎立的形势和演变。第一次事件，公元 220 年曹操去世，长子曹丕逼汉献帝禅让并称帝，国号为魏；第二次事件，公元 221 年，刘备在成都称帝，国号为汉，史称蜀汉；第三次事件，公元 229 年，孙权称帝，国号为吴，三足鼎立之势正式形成；第四次事件，公元 263 年，曹魏灭蜀；第五次事件，公元 265 年，司马炎逼曹奂禅让建立西晋，曹魏灭亡；第六次事件，公元 280 年，司马炎灭吴，全国统一。显然，"三国"中的孙吴撑到了最后，这是为什么呢？

1. 中庸之道。三国当中，从综合国力和占地面积来看，东吴均排名第二，但孙权称帝晚曹魏九年，晚蜀汉八年，其间，孙权曾经接受曹丕封赐为吴王，这不是他的软弱，更不是他不想当皇帝，而是审时度势的高明之举。原本在公元 222 年，东吴夺荆州杀关羽，成为蜀汉死敌，面临被刘曹联合夹攻的风险。这个时候孙权贸然称帝，等于逼着刘曹联盟，所以孙权接受了曹魏的封号，不急于称帝，这样拥汉的蜀汉和篡汉的曹魏就不可能结盟。同时，唇亡齿寒的道理大家都清楚，从战略上讲，魏蜀结盟和魏吴结盟，最后的结果都是蜀、吴被各个击破。孙权既不想出现这种局面，也不敢拿热脸去贴蜀汉的冷屁股，唯一能做的就是等，等待时机的出现。到了 228 年，诸葛亮准备伐魏，为了巩固大后方，主动派人与东吴结盟。这就不一样了，孙权笑纳了蜀汉美意，并趁着蜀汉与曹魏打得不可开交时，于 229 年称帝立吴。相反，刘备就没有孙权这份耐心，看见曹丕称帝，想都没想就打出"汉"的旗号，其护汉之心可以理解，但暴露出战略眼光和胸襟雅量稍逊一筹。所以，在荆州被夺、关羽被杀时，刘备不顾诸葛亮等人极力劝阻，倾国之兵前去报仇，将蜀中精锐丧失殆尽。之后，诸葛亮花了五年时间平定内乱、重整旗鼓，虽然具备一定实力，但境况明显大不如前。这时的蜀汉如果守成或许是最佳选择，然而诸葛亮身负刘备遗嘱重托，自己也想建立不朽功勋，硬着头皮跟曹魏搏斗六年，直至累死在五丈原。

2. **名将辈出**。东吴不像曹魏那么人才济济，也不似蜀汉那样人才凋零，能够治国安邦的人才不多也不少，而且名将一茬压一茬，从来没有中断过。刚开始是周瑜，周瑜之后有鲁肃，鲁肃之后有吕蒙，吕蒙之后有陆逊。陆逊之后的诸葛恪才气过人，但刚愎自用骄傲自满，在政变中被杀后，陆逊之子陆抗成为吴国的末代名将。这六个人，除陆抗外都是孙权在世期间任用的大都督、大将军，为巩固东吴政权立下汗马功劳。特别是出将入相的陆逊，战功卓著且辅佐孙权时间最长。如果说攻夺荆州还有吕蒙的功劳，那么夷陵之战则让陆逊一战成名，"火烧连营"令刘备也尝到曹操在赤壁兵败的苦头。反观蜀国，黄金一代的五虎上将相继去世后，就剩下魏延、姜维算是有勇有谋的骁将。然而，魏延被诸葛亮遗命诛杀，姜维坐了 20 年冷板凳。234 年，诸葛亮病逝，蜀汉的大将军是蒋琬，之后是费祎，在蒋、费主政期间，姜维统领军队不足万人。直到 253 年费祎被刺杀身亡，姜维这才取得军事指挥权。蒋琬和费祎人品官德和能力水平都没问题，这一点诸葛亮没看错人，让这两人当丞相也没问题，刘禅没用错人，但是让他们担任大将军，把姜维摁在板凳上 20 年，这就是非常严重的错误。那 20 年中，从 239 年到 251 年的 12 年间，司马氏与曹氏争权闹得不可开交，正是曹魏政权最动荡时期，如果一定要北伐，这个时候是最佳时机。到 253 年姜维主政出兵时，司马氏已经完全控制曹魏政局，人家不主动打你就不错了，姜维再有能耐，此时已经无力回天。

3．地理优越。司马氏先灭蜀再灭吴的原因有三个。一个是蜀国从夷陵之败到九伐中原，已经折腾得奄奄一息，属于强弩之末；第二个是司马家族与蜀国交手多年，从国家利益打成了家庭恩怨，必先灭蜀而后快；再一个原因，蜀道虽险，但对魏兵来说远没有长江天险可怕。当年的赤壁之战，老将们仍然记忆犹新，而新兵们只会暗自庆幸。263 年，魏军攻打蜀国时，吴国皇帝孙休还派兵策应支援蜀国，直到刘禅投降后才停止救援行动。这说明，当时魏国对吴国主要采取守势，没有大举进攻的能力和迹象。而且，公元 265 年西晋代魏后，从 268 年到 272 年，吴国末代皇帝孙皓每年主动攻打西晋一次，双方互有胜负。这也说明，吴国连续经历几次内乱消耗，还没有伤筋动骨，仍然具备战略出击和反击能力。所有这一切，都得益于割据江东的地理环境优势。一方面，有天险可守，敌国不敢贸然进攻；另一方面，江东人丁兴旺，提供了兵源，吴国经济发达，提供了军需，只要战时动员机制可靠，完全具备持久对峙能力。吴国最后被西晋所灭，主要原因不是军事上失利，而是政治上失败，导致人心涣散，晋军所到之处基本上兵不血刃。比如，曾经让北方军队大吃苦头的东吴水军，还没等开战，几万人一夜之间全部逃跑。后来孙皓给舅舅何植写信，述说了落败的原因：不防守的人，不是粮食不足，不是城不坚固，是军队不肯作战罢了。

四面楚歌：项羽的败亡原因

项羽是秦朝末年一颗耀眼的将星，在推翻秦朝的征战中建立不朽功勋。虽然他没有立朝称帝，但从项羽分封诸王的举动看，从公元前 206 年到公元前 202 年西楚政权建立的四年间，项羽是实际的诸王之王，一副老大派头。然而，汉军于公元前 206 年暗度陈仓，仅用四年就把老大制伏，究其原因，与其说项羽败给了刘邦，还不如说他败给自己。所有的失败，皆是西楚霸王咎由自取。

1. 授人以柄。项羽带着各路大军灭秦后，做了三件授人以柄的事，为后来众叛亲离、群起攻之埋下定时炸弹。**第一，泄愤报复**。项羽将刘邦封王巴蜀，有违楚怀王的"谁先入关中谁为王"的约定。自古以来都是同情弱者，刘邦的不幸遭遇得到其他部分诸侯王惺惺相惜，这些人也成为刘邦灭楚可以团结的对象。**第二，坑杀秦军**。为了避免秦军降卒暴动，项羽连夜坑杀 20 余万秦军，让世人都认为西楚霸王过于残暴，同时，更让关中百姓觉得刘邦为人仗义、可以依赖，相当于帮刘邦在关中立了块圣德牌坊，也为刘邦暗度陈仓夺取三秦埋下伏笔。**第三，暗杀怀王**。项羽的义帝楚怀王虽然没什么本事，但一直是反秦的旗帜。秦朝覆灭后，项羽命令九江王英布、衡山王吴芮、临江王共敖将楚怀王暗杀，让所有诸侯王对项羽失望心寒。跟着这样暗杀老大的老大，将来肯定不会有好果子吃，齐、赵两地首先跳起来叛乱。乘项羽率军亲征之机，刘邦已经暗度陈仓，打了关中三王章邯、司马欣、董翳一个措手不及。怪只怪，项羽处理问题的方式太直接太霸道了，难怪要封自己为霸王。他以为授人以柄只不过过眼烟云的小事，从而忘记古训"得道多助、失道寡助"。项羽的失败乃至灭亡，从这时起已经命中注定。后世很多开国明君可能从项羽那里吸取了教训，想当皇帝不会硬来乱来，而是采取相对温和的逼宫方式。比如王莽篡汉、曹丕篡汉、司马炎篡魏，还有隋朝取代北周、唐朝取代隋朝等朝代更替，都是逼旧皇禅让，在面子上、法理上都站得住脚，不怕别人说三道四，也没人可以借此拉大旗作虎皮。

2．刚愎自用。霸道的人多半有刚愎自用的坏毛病，在项羽身上尤为突出，想一出是一出，根本听不进任何劝告，为此，他的亚父范增被活活气死。范增 70 岁出山反秦，始终竭心尽力辅佐项羽，是楚营唯一能和张良相抗衡的谋士，而且更加老谋深算。问题出在项羽身上，他一方面看似尊重亚父，一方面又另行其道，对范增的老成谋国时而信时而疑，不像刘邦对张良那么言听计从。范增好不容易张罗了鸿门宴，项羽却把刘邦给放了，已经让范老头气得吐血，两年后，项羽又中了刘邦和陈平的反间计，怀疑范增跟汉军有瓜葛，从而弃用范增。范老头哪受得了这份窝囊气，在告老还乡的路上直接气病而亡。没有范增的楚军，从此就像没有思想的老牛，在项羽的驱使下埋头拉犁，从来没想过抬头看路。公元前 204 年，刘邦议和，项羽信了，但刘邦稍微喘口气又开始对着干；公元前 203 年，刘邦派纪信替他诈降，项羽又信了，发现上当时刘邦已经逃走，把纪信烧死只能泄私愤。这几年的项羽，从将领蜕变成一介武夫，上阵杀敌尚可以一当百，完全拼的死力气。然而，战争不是单挑，也不是打群架，不是哪一方勇猛就一定能赢，当面对韩信的几十万大军时，项羽这样的战神可以做的就两件事，一是突围，二是死亡。

3．自私自利。现在人们对西楚霸王的美好印象，大多来自影视剧，而当代影视剧的人物原型，又来源于宋元明清的诗词、戏曲和小说。事实上，项羽的高大伟岸，只表现在外貌特征和武力超群上，从人品来讲，他比混混出身的刘邦还要矮小。项羽对长者和领导的态度，前面已经说过，杀义帝、驱亚父的行为实属不孝。一个没有孝心的人，不可能宅心仁厚。所以，西楚霸王做出屠城和坑降卒的事情，也就不足为奇。对待弟兄们，项羽也从来没有客气过，导致很多有思想有作为的将领混不下去。汉初三大名将中的韩信和英布全都背楚投汉，就连钟离眜这样把刘邦打得满地找牙的死党，最后也逃离项羽。后来，韩信的四面楚歌能有如此威力，导致楚军人心涣散，前奏全都源自项羽本人。对待女人，霸王别姬的故事千古流传，可歌可泣，然而仔细一回味，项羽的爱情观远没有虞姬那么纯洁高尚。虞姬因为不想拖累项羽逃跑而自刎，项羽却宁可看着虞姬死，也不肯说一句带她逃命的话。朱元璋曾经评价过项羽，认为他"南面称孤，仁义不施"。这个评价，对宋元以前对项羽的不实刻画作出直接反驳。当然，还有一个人对项羽大加褒奖，影响了后世两千年，这个人就是司马迁。他在为项羽写本纪时，大量运用艺术手法，把项羽塑造成一个悲情人物，特别是鸿门宴和自刎乌江的情节，写得精雕细琢、活灵活现，似乎不是在写史书，而是在创作小说。至于西汉的史官为什么要这样写，原因就要问汉武大帝刘彻了。

五胡乱华：五胡十六国到南北朝的那些年

说起唐宋元明清，大多数人都能说上个一二三，好歹能历数几个熟悉的皇帝、大臣。要是把五胡十六国和南北朝拿出来讲，许多人恐怕第一印象就是不熟悉，只知道这些年是中华历史上最黑暗的时代，"人吃人"惨不忍睹却司空见惯。下面，一起回顾这段往事。

1. 乱世起源。这个空前乱世，历时近三百年，起源于西晋皇室的"八王之乱"。种下"八王之乱"苦果的，是西晋开国皇帝司马炎。他放着大把儿孙不用，偏偏选了个傻儿子司马衷继承皇位，而直接推手是傻皇帝娶的丑皇后贾南风。正是她推行的"法西斯"

独裁统治，成为乱世的导火索，断断续续上演了 16 年的叔伯兄弟之战，直到公元 307 年司马衷驾崩，司马炽继位，八王之乱这才终结。西晋这边消停了，然而匈奴、鲜卑、羯、羌、氐这"五胡"养成尾大不掉的气候，趁机开始反晋。公元 316 年，前赵刘曜攻入长安，宣告西晋灭亡，五胡乱华正式启程。

2. 五胡十六国（公元 316 年－439 年）。西晋灭亡后，司马睿于次年在南京建立东晋政权，长江以南和淮河以南等大部地区总体没有受到五胡祸害，这种状况维持了 103 年。但是在北方，连续一百多年军阀混战，打得昏天黑地，陆续建立了 16 个比较有影响力的国家（五凉、四燕、三秦、二赵、一成、一夏）。

五凉：一是前凉，公元 320 年由张茂建立的割据政权，控制了陇西到西域 100 多万平方公里的地域，公元 376 年被前秦苻坚所灭；**二是后凉**，公元 386 年由吕光建立，控制甘肃、宁夏、青海、新疆部分地域，公元 403 年降于后秦；**三是南凉**，公元 397 年由秃发乌孤所建，控制甘肃和宁夏部分地域，公元 414 年被西秦所灭；**四是西凉**，公元 400 年由李暠所建，控制甘肃部分地域，公元 420 年灭于北凉；**五是北凉**，公元 397 年由沮渠蒙逊所建，控制甘肃、宁夏、青海、新疆部分地域，公元 439 年灭于北魏。

四燕：一是前燕，公元 337 年由慕容皝所建，全盛时期控制冀州、兖州、青州、并州等七个州，公元 370 年被前秦所灭；**二是后燕**，公元 384 年由慕容垂所建，控制河北、山东、辽宁、山西、河南大部地域，公元 407 年被北燕取代；**三是南燕**，公元 398 年由慕容德所建，控制青州、兖州等地区，公元 410 年灭于东晋北伐；**四是北燕**，公元 407 年由冯跋拥立慕容云取代后燕，公元 436 年被亡于北魏。

三秦：一是前秦，公元 350 年由苻洪所建，352 年苻健在长安称帝，之后由苻坚统一北方，淝水之战后前秦分裂，公元 397 年灭于西秦；**二是后秦，**公元 384 年由姚苌所建，由前秦分裂而来，称帝于西安，公元 417 年被东晋所灭；**三是西秦，**分为两个时代，前期在公元 385 年由乞伏国仁所建，控制甘肃、青海部分地域，400年灭于后秦，409 年复国，431 年亡于夏国。

二赵：一是前赵，亦称汉赵，公元 304 年由刘渊所建，始称"汉"，公元 318 年刘曜改国号为"赵"，控制关中地域，公元 329 年被后赵所灭；**二是后赵，**公元 319 年由石勒所建，控制除辽东、河西以外的北方大部地域，公元 349 年，被冉魏所灭。

一成：即成汉，公元 303 年由李雄所建，控制四川大部地域，公元 349 年被东晋所灭。

一夏：即大夏，公元 407 年由赫连勃勃所建，曾控制关中地区，公元 431 年亡于北魏。

除了上述十六国，在北方还有仇池、代国、高句丽、冉魏、西燕、吐谷浑等国家政权。所谓的"五胡"远不止五个少数民族，所谓的"十六国"也远不止十六个国家。

3. 南北朝（公元 420 年－589 年）。南北朝是继东晋、五胡十六国以来，中国历史又一段长期分裂时期，处于南北对峙状态，直到隋朝灭南陈而终止。

南朝：始于公元 420 年刘裕取代东晋，建立刘宋，历经刘宋、南齐、南梁、南陈四朝。相对而言，南朝属于一代换一代进行，没有压茬。第一朝，刘宋，是南朝存在最久的一朝，公元 420 年刘裕所建，与北魏形成南北对峙态势，多次拉锯战，公元 479 年被南齐取代；第二朝，南齐，是南朝存在最短的一朝，公元 479 年萧道成所建，502 年被萧衍篡位取代；第三朝，南梁，公元 502 年由萧衍所建，初期勤政爱民，国力盛于北魏，后期迷信佛教导致衰弱，公元 557 年被陈霸先篡位；第四朝，南陈，公元 557 年陈霸先所建，589 年亡于隋朝。

北朝： 始于公元 439 年北魏（公元 386 年－534 年）统一北方，南方与北方正式进入南北朝，只是北魏于 534 年分裂为东魏（公元 534 年－550 年）和西魏（公元 535 年－556 年），北方政权又分成两条压茬进行的轨道，东魏被北齐（公元 550 年－577 年）取代，西魏被北周（公元 557 年－581 年）取代，北周联合南陈灭北齐，又被隋朝取代。相对南朝而言，北朝又有新的分裂，但北魏一朝统一北方的时间近百年，保持相对稳定的时间较南朝更长。东魏和西魏的分裂，属北魏拓跋氏后裔受权臣操控，高欢控制东魏而建立北齐，宇文泰控制西魏而建立北周。东魏与西魏在高欢和宇文泰的控制下，相互打了十几年，换了北齐和北周的国号又接着拉锯，直到公元 577 年北周统一北方。公元 581 年，娃娃皇帝周静帝宣布禅位于北周丞相杨坚，隋朝取代北周。

六出祁山：诸葛亮走下神坛

诸葛亮本是一个农民，如果东汉末年有成分划分，应该算个富农。因为喜欢夜阑卧听风雨，又善于隆中作诗作赋，乡亲们取个外号叫作"卧隆"。他有一个好朋友叫徐庶，就是那个"不为曹营献一计"的徐元直，这哥们比较有才，但比诸葛亮还犟。兵不过千的刘皇叔，三顾茅庐就把诸葛亮给感动了。老徐对披甲数万的曹孟德软硬不吃，愣是把母亲也搭了进去，这应该是老徐犯的最遗憾的错误。老徐还有一个小错误，就是把诸葛亮当"卧龙"推荐给了刘玄德。"隆"与"龙"一字之差，成全了诸葛亮的一世英名，也造就了书生孔明跌宕起伏的人生。这么说，老徐应该算是诸葛亮的伯乐。

三顾茅庐的故事妇孺皆知，有人说这是诸葛亮自恃清高自抬身价，其实他出山前，内心还有一些小紧张，主要基于三个原因：第一，万一出师不利，不但成就不了一世英名，还可能把求贤若渴的刘皇叔耽误了；第二，诸葛家族中，并非只有孔明一个能人，他的兄弟诸葛瑾也是个能人，后来当了东吴的大将军；第三，刘备那时寄身刘表，虽然领有豫州牧的头衔，但相当于光杆司令，投资风险比较高。

草船借箭可以说得上未卜先知神机妙算，但在现场时，内心的忐忑只有诸葛亮自己清楚，直到上船的那一刻，或许还在盘算押小还是押大。把鲁肃请上船，既是壮胆，也是人质。这兄弟太憨厚了，关键时候即便诸葛亮自己不跑，鲁肃也会帮助他逃之夭夭。好在曹营比较配合，为了还能睡个回笼觉，胡乱射了一阵，只是为了把吴军吓跑。周瑜做梦都不会想到，就在他还在梦乡时分，诸葛亮已经交割了军令状。

火烧赤壁不是谁的一人之力或说东风之功，没有庞统的连环计、公瑾的苦肉计，诸葛亮什么都干不了。说实话，他只是成为压垮曹操的最后一根稻草。有人说，关羽是孔明故意派去守华容道的，事实还真的不是这样。如果放跑曹操就可以成全三国鼎立，只需要假装不知道曹操会往那里跑就行，干吗非要得罪刘皇叔最倚重最信任最爱护的关二哥。为了关二哥，皇叔什么事都做得出来，甚至不惜打一场夷陵大战，最后托孤白帝城。

诸葛亮真正的神来之笔是七擒孟获，这跟现在的民族政策如出一辙。但是，那个年代没有几个人能够理解。草船借箭时把他当成神的人，都认为这样做很迂腐。其实，说不定孔明先生学的是秦末汉初的赵佗，对于"刁民"必施德政。就像看到路边的野狗，你丢个包子去一定不会挨咬，扔块石头就可能自寻烦恼。实践终究证明，赵佗是对的，孔明先生也做对了。

六出"祁山"，其实真正从祁山出发只有两次，主要说的蜀汉对魏国的六次用兵，既是孔明先生戎马一生的亮点，也是败笔。

第一次出兵，是公元228年春天。 因为用错一个马谡，全军无功而返。这一仗，让诸葛丞相明白一个道理，用错人就会害死人。用对一百人的优势，遮不住用错一个人的劣势。用人之道，难在从来不用错一个人。街亭之败，自然有马谡刚愎自用的原因，但是，问题在下面，根子在领导，如果不是丞相轻信他重用他，也不会误了小马的卿卿性命，更不会提心吊胆演一场"空城计"。

第二次出兵，是公元228年冬天。 因为准备不充分，全军粮尽而还。这一仗，让诸葛丞相又明白一个道理，三军未动，粮草先行，绝不能打毫无准备之仗。陈仓之败，自然有守军拒险不出的原因，但是，攻方主帅对困难估计不足，拍脑袋决策，是导致失败的根本原因。如果当初把困难估计得充分一些，粮食备用更充足一些，说不定真的可以直捣黄龙。

第三次出兵，是公元229年春天。 这算是一场胜仗，得到武都和阴平两郡，但是，由于兵稀将少，纵深越长对蜀军越是不利，每占领一个城池，就要分散部分兵力战力，最终也只能望北兴叹。那时孔明先生应该会想，如果关羽没有死，如果刘皇叔没有复仇东吴，如果五虎上将都还健在，这次伐魏必定大获全胜。可惜，历史没有如果。实践证明，有多少能量，就办多少事，有些东西不具备条件，根本强求不来。

第四次出兵，是公元230年秋。 这是诸葛亮指挥的唯一一场阵地防御战，四路受敌三面夹攻，魏军精锐倾巢而出。就在预备队仅剩下李严的两万新兵时，连降三十多天的大雨，终究帮了蜀国大忙。如果没有这场大雨，蜀汉恐怕当时已经断送。所以，打仗不光打银子、打技术，也要点运气。当然，运气不会随时出现，等待运气，需要耐得住打经得起磨，没有点战斗精神也是撑不住的。

第五次出兵，是公元 231 年春。这一次，蜀军没有输给骄悍的魏军，却输给了同是托孤之臣的李严。正是因为他督办粮草不力，蜀军第三次因为粮食问题而撤军。打完这一仗，终于让诸葛丞相明白，除了能力问题，蜀国还有深重的内部矛盾，这才是蜀汉屡战屡败的核心原因。同在一桌吃饭，大家心不齐气不顺，菜点了下不了单，更不用提打仗的事。

第六次出兵，是公元 234 年春。为了一劳永逸解决粮食问题，诸葛丞相发明了木牛流马，代替人工搬运。离开成都前，孔明先生就知道这是最后一次旅行，就算还能活着回来，也不可能再有力气统兵打仗。这次出兵，虽然拼尽了力气，最终却没能烧死司马懿，因为老天帮了倒忙，一场大雨把老冤家救回了曹营，而孔明先生终于累死在五丈原，完成了历史使命。

最后，还要纠正一个问题，演义中的"锦囊"根本不存在。带兵打仗的都是成年人，跟他们玩这样小孩子家家的事，作为孔明先生真的做不出来。所有妙计也好，预测也罢，在做战斗构想和战略部署时，肯定要当面讲得清清楚楚明明白白，而且，好话要连续说上三遍。说白了，马岱斩魏延，那是诸葛亮留的遗嘱，根本不是什么锦囊。

七步成章：曹植的流浪生涯

"煮豆燃豆萁，豆在釜中泣。本是同根生，相煎何太急？"这是三国时期曹植的一首七步诗。所谓七步诗，就是人走七步即兴作诗，能够这么快答好命题作文的，历史上恐怕找不出几位。作为魏国开国皇帝曹丕的弟弟，曹植本应享受鸡犬升天般的荣华富贵，然而，这种情况在民间可以，在官宦人家可以，唯独在皇家不行，况且，曹植与曹丕曾经有过一段夺嫡之争。曹植这辈子荣辱成败，主要跟四件事息息相关。

1. 年少成名。 曹植，字子建，生于公元 192 年，自幼文思敏捷出口成章，深得曹操喜爱和重视。为了培养这个神童，曹操戎马征战，一直把曹植带在身边。曹植所作的《求自试表》所说的"东临沧海""北出玄塞"就是随父征战的真实写照。公元 210 年，曹操在邺城建铜雀台，召集一批文人墨客登台作赋，18 岁的曹植第一个交稿，可谓力压群儒技惊四座。从此，曹植就逐步成为那个时代一颗璀璨的文坛巨星。他的文学作品哀而不伤、窈窕深邃，既有继承又有发展，自成子建文派，是建安文学的代表人物和集大成者，与后世之李白、苏轼并称"仙才"。

2. 纵酒误事。 文艺青年有个习惯，就是喝酒，喝了酒就容易飘飘然，后来的书圣王羲之、诗仙李白都喜欢喝酒，一个喝完下笔如有神，一个喝了斗酒诗百篇。就在曹植的政治生命一片阳光之时，两次喝酒误事直接把他毁了。第一次是 217 年，曹植喝了点酒有些上头，不知是受人蛊惑还是早有"贼心"，竟然私自乘坐帝王车驾，在只有帝王举行典礼的禁道上飙车，酒醒之后才知道闯下大祸，就连掌管车驾的公车令也被曹操诛杀；第二次是 219 年，曹操的爱将曹仁被关羽用水攻所困，正处于万分危急，曹操本来已经对曹植失去信心，但仍然想给他一次建功的机会，让曹植发兵救援。然而，这一次曹植又喝得大醉，传令官根本就叫不醒他，最后还是徐晃拍马赶去，把泡在水里的曹仁解救出来。从此，曹操对曹植不再抱有任何幻想。

3．夺嫡失败。曹操本人就是一位文学巨匠，号称"建安风骨"，所以，一直以来对两个颇有文学造诣的儿子曹丕和曹植寄予厚望，在历次征战中都能委以重任。然而，接班人只能有一个，这个问题一直困扰着曹操，让他陷在头痛症中愈加不能自拔。相对而言，曹操更喜欢才气逼人的曹植一些，时常对身边人流露出立曹植为嗣的想法，就在想拍板的时候，曹植两次醉酒伤透了曹操的心。无奈之下，曹操选择了曹丕，让他当了自己的接班人。说曹植夺嫡，可能有些牵强，因为他从来没有想过内敛自己，把心态隐藏起来。但说他不想当世子、成为曹操的接班人，那也不可能，直到曹丕去世，曹植仍然在呼吁自己的政治主张，想干出一番惊天地泣鬼神的事业，可是侄子曹叡与兄长曹丕一样，根本就不答理他。

4．屡受迁封。曹植在魏国建立后，一直不被皇帝待见，曹丕和曹叡两父子心有灵犀，一致采取防火防盗防曹植的策略，不断改变曹植的封号和封地，不给他在一地做大做强的机会。曹操去世的第二年，曹丕将曹植改封安乡侯，没等屁股坐热，当年就改封鄄城侯，次年加封鄄城王，一年后又迁往雍丘。公元226年曹丕驾崩，曹叡继位，看到希望的曹植不断给侄子上书，想为朝廷做点实事，但曹叡表面上不断给予嘉奖，实际上加强了监督防范，三年后，把曹植又改封为东阿王，232年再次改封为陈王。可怜曹植满腔热忱，用12年贴了两张冷脸，最后郁郁而终。

八府巡按：明朝的反腐之吏

所谓的八府巡按，是明清时期民间对御史的俗称，职位不高但权力很大，朝廷中称监察御史，外派的叫巡按御史。在明朝，普通御史一般都是正七品，却身系反腐重任，属于"昙花"型官吏，盛开时很炫目，凋零起来也特别快，这是为什么呢？

1．制度原因。 明朝开国皇帝朱元璋特别痛恨官员贪腐，在位期间不遗余力开展反腐败斗争。为了避免反腐之吏先腐，因此洪武帝朱元璋对御史的要求特别严格，不但不能腐，还不允许出任何差错，否则就属于知法犯法、执法犯法，要加重处罚。比如洪武十五年（公元 1382 年）间，御史雷励无心错判，把无罪之人定为有罪，被朱元璋破口大骂，并免职移交司法机关，成为阶下囚；在明宣宗朱瞻基当皇帝时，御史谢瑶撰写公文写了一个错别字，把"马"字（繁体）少写一点，结果被免职外放，扔到边远山区当知县。如此看来，明朝的御史实在不好当，再细心的人，也难免工作中不出任何纰漏，就是皇帝本人也时常会看走眼。

2．职责所系。 御史行使监察之责主要有两种方式，一是举荐，二是举报。举荐属于积德行善，可以团结一批人，被荐之人一般都会感恩戴德；举报实属匡正义举，但难免因此得罪一帮人，无论对与错，被举报对象只要有翻身机会，都会心生嫌隙，甚至打击报复。明宣宗朱瞻基执掌江山时期，皇叔朱高煦叛乱失败被俘，时任御史的于谦将朱高煦骂得狗血淋头，让朱瞻基非常高兴，马上提拔他为江西巡按御史。于谦则不负圣望，平反冤狱几百起，经他推荐的王来、孙原贞分别当了工部尚书、兵部尚书。明熹宗朱由校当皇帝时，有位著名的御史左光斗，官拜左都御史，因为弹劾举报魏忠贤及其党羽，被魏忠贤矫旨打入死牢，继而活活拷打致死。从这两个事例来看，御史容易受人爱之深、恨之切，然职责所系实在无奈。

3. 性情风格。一个好御史主要看人品官德，一个优秀的御史还需要把握好性情和处事风格，要不然，就会被人抓住把柄反受其害。比如嘉靖、隆庆朝的御史王好问，为官清廉，不畏权贵，曾经不顾多人说情，向皇帝检举京城发生踩踏事件，还清查过国库亏空，是个正派的好御史。但是，王好问不能算一位优秀的御史，他自己不喜欢封建迷信活动也就罢了，还对别人拿祥瑞讨好皇帝深恶痛绝，对陇西出现"白鹿口衔灵芝""榆次出现天书"这样的异象直言驳斥，这就犯了大忌。每个皇帝都喜欢拿天降祥瑞这样的事情糊弄人，几乎每位开国皇帝都会编个"聊斋"故事，证明自己受命于天。武则天更是假戏真做，扔块石碑到河里再打捞起来，目的是把谎言编得更真实更圆润。这位王御史倒好，自己不信，还不允许皇帝信，结果皇帝只能把他请出北京，放在陪都南京当个闲官（明朝有两套朝廷班子，南京的官员有名无实），虽然官至右都御史、户部尚书，但已经没有施展拳脚的空间。

九流三教：战国的神奇食客

食客，是中国古代贵族官僚家里的依附者，风起于春秋，风靡于战国。许多达官贵人以养食客多少论地位荣耻，最积极最典型的当属战国四公子。"四公子"当中，又以魏国信陵君无忌和齐国的孟尝君田文养的食客最富传奇，可谓九流三教无奇不有。但正是这些看似吃干饭的食客，多次改变各自主人和国家的命运。下面举几个例子，大家就知道，什么叫三百六十行，行行出状元。

1. 魏国隐士侯嬴。信陵君知道侯嬴这个人时，老侯已经70岁高龄，是大梁夷门看门小吏。无忌是个求贤若渴的土财主，他马上备上厚礼亲自拜访，但老侯坚决不肯接受。信陵君只好另择吉日，专门安排请侯嬴吃饭，并亲自驾车去迎接。为了考验信陵君的诚意，老侯半路提出要看望屠夫朱亥，无忌驱车全程保驾护航，让所有人又惊又叹，还有人暗骂侯嬴蹬鼻子上脸。不过侯嬴趁着信陵君敬酒的机会，说明了"上脸"的原因。原来，老侯除了考验信陵君，还用自己的"高调"证明了无忌公子的"高尚"，从此魏国人都会认为侯嬴是小人，而信陵君是贤人。另外，信陵君盗兵符的故事，也跟老侯有关，正是他出主意借如姬之手，成功盗走魏王兵符，得以率军击秦，救了赵国。

2. 赵国赌徒毛公、酒徒薛公。由于信陵君盗取兵符犯了重罪，他不敢回到魏国，只好直接投奔了赵国。寄身赵国期间，信陵君养士的兴趣不减，听说赵国有个赌徒毛先生和酒鬼薛先生比较有才，马上前往拜见混得很熟。平原君赵胜听说后，笑话信陵君与赌徒酒鬼为伍，被信陵君反唇相讥骂成势利眼，结果赵胜的食客有一半"叛变"，全跑去投靠信陵君。前面说的，只是毛公、薛公间接起的作用，他们俩直接功劳，是劝谏信陵君回国救魏，让信陵君和魏王两兄弟冰释前嫌共同抗秦。如果不是信陵君回国，并以良好的名誉团结各路诸侯，魏国的国祚会早结束20余年。

3. 齐国的"鸡鸣""狗盗"。公元前299年，孟尝君田文被齐湣王派到秦国出差，又被秦昭王留下来当了秦国宰相，本来干得还不错，却让秦国的红眼病患者挤兑下狱，准备把他杀掉。田文只好向秦昭王的宠妾求救，这位宠妾不知道是调侃田文还是当真，对其他礼物她都不感兴趣，非要田文献给秦昭王的一件白色狐皮大衣。好在田文的食客中有梁上君子，化妆成狗从秦王仓库中盗出那件大衣，田文得以献给宠妾，并成功脱身直奔函谷关。可是秦昭王翻脸比翻书还快，刚下令放走田文，一转眼就后悔，马上派兵去追。由于函谷关按惯例鸡鸣才开关，眼看追兵将至，田文又一宾客挺身而出，用清脆的公鸡打鸣唤起了周围所有睡不着的公鸡，骗得关口提前开门放行，一行人成功逃出秦地。

4．齐国"师爷"冯谖。孟尝君有个重要食客叫冯谖，他扮演的角色，相当于清朝的师爷，多次为孟尝君运筹帷幄。有一次，冯谖帮田文到薛城收债，不但没收回一分钱，反而把债券当众销毁，当时田文很不理解，但又不好发作。直到一年后，田文被罢相回到薛城，受到封邑百姓夹道欢迎，他才认识到，当初这些债券烧得太值了。为了让田文回归相位，冯谖先跑去魏国游说，让魏王下定决心聘请田文到魏国当宰相，回来又叮嘱田文坚决不能接受，终于达到"挟外援以再登相位"的目的，还逼着齐王同意把宗庙设在田文的封邑薛城。这真是一石二鸟狡兔三窟，这等计谋，堪称用计之经典。这样的食客，养得真是值。

十年卧薪：勾践的复国之道

公元前 494 年，越王勾践败于吴王夫差，只好走后门屈膝求和，跑到吴国养了两年马，公元前 492 年被夫差放回国。回到越国后，勾践十年卧薪尝胆，谋求东山再起，并于公元前 482 年开始讨伐吴国，首战杀死吴太子；四年后，越国再次兴兵攻吴，又大败吴军；公元前 476、475、473 年，越国三次伐吴，终于灭了吴国，报了当年受辱之仇。所谓十年树木、百年树人，从公元前492年到公元前482年只有十年时间，勾践卧薪尝胆之余做了什么，可以让越国这么快恢复国力，成长为春秋最后一个霸主？

1. 发展人口。人口是农耕时代第一生产力，也是兵源基础，勾践为了迅速增加越国人口，制定了非常优越的激励措施。首先，明确了婚姻制度：第一，老少不得通婚，即老头不准娶少女，青壮男子不准娶老妇女；第二，壮年必须婚嫁，男子20岁不娶，女子17岁未嫁的，父母就要治罪。其次，明确了生育制度：第一，孕妇临产，由国家派医生照顾和接生；第二，生男孩奖酒一壶、狗一条，生女孩奖酒两壶、猪一头；第三，一胎三孩由国家派给奶妈，一胎两孩由国家提供口粮。再次，明确了抚恤制度：第一，嫡子为国捐躯免三年徭役，庶子捐躯免三月徭役；第二，鳏寡孤独和穷人家的孩子由国家收养，知名人士享受政府特殊津贴。这三项措施，虽然提倡早婚早育，但是同时保障了优生优育，还没有重男轻女性别歧视，非常适合当时越国国情，极大刺激了越国百姓"造人"积极性。从勾践回国到灭吴总共19年，这种人口政策保证了劳动力和兵源不会枯竭。

2. 发展经济。古代战争打的兵马钱粮，绝大部分靠农民种地获得。为了刺激和发展农耕，勾践与夫人搞了分工，由他带着男丁们下地耕种，由夫人带着妇女们养蚕织布。国王和王后亲自上阵，令农民兄弟姐妹欢欣鼓舞，发展生产的积极性此涨彼伏。越国还有一位超级商业部长范蠡，他对市场规律的把握非常精准老道，每笔生意都是贵出贱取，而且还不损害商人的积极性，凭借薄利多销打出了品牌和信誉。为了把生意做大，范蠡专门在山东"陶"这个地方开了贸易公司，往东与齐鲁、往西与秦郑、往南与楚国、往北与晋燕通商往来，没几年就积累了巨额财富。如果那时可以上市，范蠡是第一位上市公司总裁。富国才能强军，有了钱，就有了军饷和武器装备，越国军队不知不觉中发展壮大。这一点，吴王夫差始终没有意识到，还不停把吴国的粮食卖给越国，以为越人仍然处于饥荒状态。

3．步步蚕食。瘦死的骆驼比马大，作为春秋时期第四个霸主，那时的吴国太强大了，勾践经历十年卧薪尝胆、厉兵秣马，仍然不具备一口吃掉对方的实力，因此，越国只能像春蚕一样，一口一口地咀嚼蚕食，缓慢地爬向终极目标。事实上，与其说吴国是被越国打败的，还不如说是被拖垮累死的。勾践复国后，总共对吴国发动了五次大型战役。第一次是趁着夫差带兵出去旅游（参加黄池会盟），不宣而战偷袭得手，把吴国国都搬得人去城空，夫差回来后把勾践的军队基本打残，四年后才恢复战斗力。后面连续三次战争，吴越互有胜负，但越国耗得起人口、粮食和兵源，可以一边消耗一边补充，吴国却像个大胖子只出不进，九年时间被消耗得骨瘦如柴，不但不再具备进攻能力，就连防御也只剩下最后一口气，只能默默接受国破人亡的命运。

第二辑

历史地标

帝都之乡西安

陕西西安，是中华文明重要发祥地之一，也是古代帝王建立都城重点考量的福地，先后有西周、秦、西汉、新莽、西晋、前赵、前秦、后秦、西魏、北周、隋、唐共计 13 个王朝在此建都，累积 1077 年，占朝代文明的四分之一强。为什么这么多帝王会选择这里建都呢？

1．地理位置重要。 西安古称镐京、咸阳、长安等，地处关中平原中部，北边是渭河，南边是秦岭，真正的依山傍水，适合居住和发展农耕经济。在逐水而居的远古时期，人们就开始在这里安居乐业。公元前 1046 年，周武王灭商后，将根据地从西岐（陕西宝鸡市岐山县）迁往西安建造都城，史称镐京。周武王之所以迁往镐京，是因为那时的西岐属于边远地带，迁都按现在的话来讲，叫乡巴佬进城。可见，从地理位置来讲，西安是一块福地。

2．皇统沿袭需要。 在古代，一个王朝的灭亡，一般以首都沦陷为标志，所以唐宋以后，帝王们开始学乖了，除了建立首都，还至少建一个陪都，以期东边不亮西边亮，早早地留下退路。秦灭六国和东周前，发展史跟西周有点像，也是在陕西宝鸡起家，后来逐步从西往东迁，从雍城（宝鸡凤翔）到泾阳（现也称泾阳），再迁栎阳（临潼）、咸阳。去看过兵马俑的都知道，临潼、咸阳和西安紧密相连，古时基本是一个地方。新莽篡汉开始，有的属于占地为王，有的属于依托根据地立朝，都是沿袭皇统的需要。

3．战略地位显要。 唐朝以前，选择西安作为首都，还有军事上的考虑。那个年代，中原文化最强大的敌人，主要来自西安以北的匈奴，首都靠前配置，有利于防御和征讨。毕竟，国家财力兵力有限，重兵集团和主战力量，历来都是用于拱卫京城，如果京城距离前线太远，调度和出兵会非常困难。另外，西安地处关中，顾名思义，四周布有关隘，东为潼关、南为武关、西为散关、北为萧关，这些关隘就像四面巨大的外围城墙，把西安保护起来，易守难攻，当然是建立都城的首选之地。后来的宋元明清没有把皇城建在这里，不是因为这里不行，而是跟第二个原因一样，为了延续和传承皇统。北宋是靠陈桥兵变接管了后周，直接在后周的都城开封称帝，南宋就不用说了，属于被打跑的，没得选择；元明清建都北平，是因为边塞的主要矛盾在那个方向，元清把北平当前哨，实在不行便退回根据地；而明朝把北平当边关，明成祖朱棣从南京迁都北平，主要考虑是燕京以北的蒙古和后金势力日益壮大，必须在北方加强军事力量。

然而，再好的福地，也挡不住历史的车轮。城头变幻的大王旗帜也在告诉后人，有形的防御远远抵挡不了无形的进攻，一个朝代的兴替，不是靠地理选址就能国祚延绵。都城再好，没有国富民强好；皇朝再强盛，没有民族强盛更重要。如果那13个朝代的皇帝们懂得这个道理，也许西安这个地标，将始终刻在历史的丰碑上。

龙兴之乡徐州

秦汉魏晋南北朝，隋唐五代宋元明清，龙兴之地重叠最多的是徐州，古称彭城。作为江苏、山东、河南、安徽的接壤地区，徐州自古就是兵家必争之地，而且这片土地上孕育了汉高祖刘邦、南唐烈祖李昪、南朝宋武帝刘裕、后梁太祖朱温等九朝开国帝王。由于古代徐州的行政区划时大时小，最没有争议的是前面列举的四朝开国皇帝，另外五个分别是西楚霸王项羽、汉光武帝刘秀、魏文帝曹丕、南齐高帝萧道成、南梁武帝萧衍。还有人说，朱元璋也算得上半个徐州人，可能因为他的老家也曾划归古代的徐州。

作为龙兴之地，总离不开风水龙脉之类的学说，这种事情信则有不信则无，没什么好讨论。下面，仅以布衣出身的刘邦为例，探寻徐州"兴龙"的奥秘。

1. 繁荣。 徐州属地大部分是平原，丘陵地比较少（约10%），境内水系发达，又处于暖温带，非常适当人类群居和作物生长。六千多年前，徐州先民就开始在这片土地劳作生息，彭祖建彭氏国后，始称彭城。自此，徐州逐渐人口密集，农耕经济越来越发达。经济和社会的繁荣，既提供了兵源，又提供了粮秣，因此，刘邦依托彭城起兵，能够迅速发展壮大。

2. 偏远。 这里说的偏远，是相对皇朝首都而言。秦朝的首都在咸阳，距离徐州都有上千公里，徐州驻兵和行政相对薄弱。在重兵云集的京城附近，不可能发生大规模的农民起义，历史上能够形成气候的农民军，都是在远离京城的地区萌芽和发展。到关中当汉王前，刘邦的主要活动区域是彭城，后来跟项羽争夺彭城，屡败屡战。而且，当时秦朝军队有两支主力：一支是章邯统率的几十万人马，用于拱卫咸阳；另一支由赵佗统帅，正在南越（广东）平乱。这两支主力一个在西一个在南，距离彭城都隔了几个省，根本就够不着。

3. 民风。 "楚虽三户，亡秦必楚"这句话，在中国流传几千年，说明楚人富有反抗精神、意志坚忍不拔，而徐州就属楚地。事实证明，率先揭竿而起的陈胜、吴广就是楚人，项梁、项羽也是楚人。刘邦做大做强的道路很艰辛，但反抗精神和反击意志继承和发扬得不错。带着囚犯去咸阳的路上，刘邦就开始想到落草为寇，回到沛县面对县令出尔反尔，马上想起先下手为强，从而正式揭开反秦序幕。

刘邦起兵，并不是为了当皇帝，而是要生存下去，只不过在不经意间推上了这个历史舞台。如果一开始他就想当皇帝，当初项梁就不会借兵给他用，项羽在鸿门宴上也不可能手下留情。所谓饱暖思淫欲，真正过上好日子后，刘邦这才不得不胡思乱想，做起了皇帝美梦。其他徐州籍的开国皇帝，与刘邦的成长经历不尽相同，但在"民风"的问题上，应当有结合点。刘邦没心理准备都成功了，更何况那些从小立志的野心家呢！

科举奇迹吉安

在历史名城中，江西吉安这个地标太不显眼，知道吉安的人应该不多。有那么一段时间，革命圣地井冈山一度成为吉安的代名词，而这座城市在明朝曾经有个响亮的名字,庐陵。建文二年（公元1400年）的科举考试，前三名胡靖、王艮、李贯全都是庐陵人氏；四年后永乐大帝再次组织科举考试，前七名全都是庐陵人，状元是曾棨，榜眼是周述，探花是周孟简，二甲的前四名分别是杨相、宋子环、王训、王直。一次科举囊括前三也就算了，第二次居然包揽前七名，这是中国隋唐开科取士以来的奇迹和创举，而且没有之一。

为什么庐陵这个"不起眼"的小地方，能够创造出这么伟大的奇迹呢？

首先，自古文人辈出。庐陵"不起眼"，是因为没有机会成为立国的首都，也没有出过帝王，但这里盛产文人墨客。据统计，江西共有文状元 42 位，其中 19 位出于庐陵。其实，唐宋以来，庐陵人就在文坛崭露头角，北宋的欧阳修，南宋的杨万里、文天祥，都是庐陵人氏。能在唐宋八大家中占有一席之地，足见庐陵人早就文才横溢，到明朝时，算是历史巅峰。

其次，重视教育投入。 在古代，庐陵鲜有知名武将，其中一个重要原因就是非常重视文化教育，子弟们以读书为乐，以考取功名为本。在状元数量上，庐陵人只排全国第三，但进士数量遥遥领先，计有 3000 余名。宋朝一次科考中，同科庐陵籍进士多达 47 个，这说明，在庐陵民间，非常重视教育，读书成为一种习惯。从官府来讲，也注意加大教育投入，唐朝的吉州通判刘庆霖就创办了篁寮书院，从而带动和兴起书院办学之风。在宋朝，庐陵城的白鹭洲书院，出了欧阳修这样的宰相，使得该书院与白鹿洞书院、岳麓书院、嵩阳书院、应天书院齐名。

再次，文化源远流长。 庐陵人虽然不出武将，但不是光生产书呆子，除了盛产状元进士，手工业的历史文化也非常悠久。比如，在新干县出土的商代青铜器，有三个全国之最：一是品种最多，二是体积最大（青铜大钺），三是单件最早（青铜犁镰）。吉州窑出产的瓷器，做工非常精美，能够流传至今的，件件都是艺术珍宝。安福人欧阳必发明的耕地机，是我国古代第一台机械式耕地农具。一个重视科技发展的地方，必定是以文化的空前繁荣为基础，庐陵人的好学之风，培育了一代又一代勤思笃学的吉安人。

自从共产党领导下的工农红军在井冈山开辟革命根据地，嗜书如命的吉安人纷纷投笔从戎，自觉加入到推翻"三座大山"的伟大革命洪流之中，从而一改吉安不出武将的历史。在血与火的考验中，吉安走出了 147 名共和国将军，也是一个名副其实的将军县（市）。

宰相家族闻喜

自古有山东出将、山西出相的说法，这里的山东不是现在的山东省，山西也不是山西省，而是崤山、华山的东边和西边。不过，山西省的确出了个宰相家族，就是在闻喜的裴氏，这是封建社会中独一无二两千多年不衰的望族世家。自秦汉以来，这个裴氏家族，先后出过宰相 59 人，太守刺史以上官员数百人，七品以上官员三千余人，可谓群星璀璨。下面介绍几位风格和名望不一样的典型。

1. 土豪裴寂。 生于公元 573 年，卒于 629 年。裴寂起家，靠的是出钱出力帮助李渊起兵反隋，被李渊任命为尚书右仆射（唐朝宰相官名），受到极高的恩宠。满朝文武官员，没人可以跟裴寂争风吃醋。而且，裴寂两次兵败于刘武周，都能侥幸过关，李渊还给了裴寂铸造钱币的权力，这相当于在央行之外，增加了一个民间货币发行机构。这个裴寂不属于治世能臣，能够爬到宰相位置，完全出于投资成功，买到潜力股，从而摇身一变成了开国元勋。唐太宗时期，裴寂因交友不慎，被李世民免职流放，病死在四川。

2. 天才裴耀卿。 生于公元 681 年，卒于 743 年。裴耀卿是个少年天才，上的唐朝大学少年班（中童子举），20 岁的时候就在相王府当官，这个相王就是后来的唐睿宗李旦。不过，这位少年英才进步没那么快，虽然出于李旦门下，但是直到唐玄宗的开元二十一年（733 年）才当上宰相，三年后又因奸相李林甫排挤被免了职。在科举盛行的年代，20 岁就能凭考取功名做官的非常罕见，而裴耀卿后来的仕途历程可以证明，在唐朝官场，光有才干未必就能立足。裴耀卿是个爱护老百姓的好宰相，却没能早点走上这样的领导岗位，也没能守住宰相位置而多替老百姓做点好事，这不能不说是一个遗憾。

3. 消防员裴度。生于公元 765 年，卒于 839 年。这是一位四朝宰相，先后在唐宪宗、穆宗、敬宗、文宗时期执政，身系国家安危 20 余年。由于世道不太平，这位宰相有半辈子在跟军队打交道，同时经历了三起三落的跌宕人生。唐宪宗时期，裴宰相兼任淮西宣慰处置使，实际上行使元帅职权，指挥了平定淮西叛乱战役，并攻破蔡州，擒获吴元济。唐宪宗被宦官陈弘谋害后，唐穆宗即位，裴度再次领兵，先后当了淮南节度使、山南西道节度使，成为职业消防队长。唐穆宗当了不到四年皇帝就挂了，由唐敬宗即位，不到两年就被宦官刘克明谋害，裴度力挽狂澜，迎立江王李昂为天子，是为唐文宗。此期间，裴度又当上消防队长，花了几年时间，平定了沧景节度使李全略之子李同捷的叛乱。正是有了裴度这样的人，在军阀藩镇割据的中晚唐时期，李唐王朝的统治得以延续，而且实现了"元和中兴"。从某种意义上讲，裴度对于大唐的功劳，大致可以跟周公、周勃相类比。没有裴度，也许唐朝会早结束几十年。

另外，闻喜隶属于运城市，运城除了出产宰相，还出了关羽这样的忠义良将。关羽在三国人物中，算是大名鼎鼎，但真正让他名扬华夏是在死后。在民间祭祀，尊称为"关公"；清代光绪皇帝追封"关圣大帝"，崇为"武圣"，与"文圣"孔夫子齐名；佛教则称关羽为"伽蓝菩萨"。一位武将能够得到君、民、教三界追奉，实为千古美谈。

客家故里梅州

客家人的起源，主要有"中原说"和"土著说"。"中原说"指客家人来自中原的客家移民，而"土著说"指客家人来自南迁移民与古越族移民混合体，主体仍然是原住居民。从中原汉人五次大南迁来看，"中原说"似乎更加站得住脚，因为迁移的人口数量远远超过当地的原住古越人。

第一次南迁属于军事行动。秦始皇分两次派数十万大军南征百越、南戍五岭，第二次战争还没结束，始皇驾崩，结果统帅赵佗就在原地称王，所属的秦兵留下来当了首批客家人。第二、三、四次南迁，都属于躲避战乱。西晋、东晋的"八王之乱""五胡乱华"，唐末的"安史之乱""黄巢起义"，北宋的"靖康之难"等战乱，促使大批中原人氏向南移民，进入闽赣粤地区，最远的直接跑到海南岛。第五次属于政策移民。由于张献忠这样的杀人魔王把四川一带的人杀得所剩无几，清朝政府采取湖广填四川的办法，用政策鼓励江西广东的客家人向四川方向移民，使得原来聚集在闽赣粤的客家人，分布更加广泛。

这里说的梅州，是被誉为"客家四州"之一的梅州（另有惠州、赣州、汀州），因为这里不仅是客家人之乡，还是文化之乡、华侨之乡、足球之乡。梅州的历史上出了不少名人，在海外的名人也不少，新加坡的李光耀，泰国的他信、英拉，都是梅州人。其中最值得一提的，是开创亚洲首个共和国的客家人罗芳伯，他与陈兰伯一起，于1777年在海外创立了兰芳大统制共和国，立国110年后被荷兰占领而亡国。

兰芳共和国在南洋的婆罗洲，现称加里曼丹岛，原先是陈兰伯和罗芳伯合创的"兰芳公司"。这个公司从创立开始就带有黑社会性质，养了不少保镖和雇佣兵，但当地的酋长们很喜欢，并主动找兰芳公司提供保护。在国力最鼎盛时，兰芳共和国占领着整个婆罗洲岛。本来，兰芳共和国准备向清廷称臣纳贡的，但清朝皇帝不愿接见，也可能受闭关锁国的指导思想禁锢，没能看到这个兰芳共和国的战略价值，总是摆出一副爱理不理的样子。如果清廷那个时候就能组建一支强大的舰队，巡弋于海南岛与婆罗洲之间，哪里轮得上英国人、法国人来打鸦片战争，更不用说后来的中日甲午战争。

这个婆罗洲面积有 73 万多平方公里，是世界第三大岛，现在分属于印尼、马来西亚和文莱三个国家，海岸线长达一千多公里，军事战略价值非常显著。换句话说，如果当初清廷把兰芳共和国接管过来，之后就可以成为民国和中华人民共和国领土，那么，相当于我国现在拥有一个比夏威夷大得多的海外基地。现在，我国拥有主权的曾母暗沙就紧挨着婆罗洲，只可惜那里无法驻军，要不然可以与婆罗洲隔海相望。

英雄故里泉州

福建泉州，是联合国教科文组织唯一认定的海上丝绸之路的起点，在唐朝时是世界四大口岸之一，三国时期开始设郡县。也许是靠近大海的缘故，泉州历史上出的文人似乎不多，最有名的是明朝的思想家李贽和清朝的大学士李光地，而武将却出了不少，有抗倭名将俞大猷，投降将军洪承畴，海战专家施琅，还有收复台湾的民族英雄郑成功。

说实话，郑成功收复台湾肯定有民族大义的因素，但在那个时候，他也是不得已而为之。在被誉为民族英雄之前，郑成功首先扮演的角色是反清护明的义士。1645 年，清军攻陷南京，消灭了南明弘光政权。郑成功的父亲郑芝龙手里有兵，就拥立唐王朱聿键称帝，建立隆武政权，一年后被老乡洪承畴骗降，结果郑芝龙和隆武帝先后当了清军俘虏，留得郑成功在福建、广东一带坚持抗清。1649 年，南明永历帝册封郑成功为延平王。由于郑成功的军队没有朝廷拨付军费，供给全部靠自己，郑成功决定采取何斌的建议，收复台湾，建立一个稳定的基地。1661 年，他亲自率领二万五千将士出征，经过七八个月的苦战，终于赶跑了荷兰人。收复宝岛台湾，按理说是名利双收的事，然而对于郑成功个人来说却不见得有多好，父亲郑芝龙被清廷处决，就连郑氏祖坟也被挖了。而且清廷采取迁界禁海政策，断绝了台湾与大陆的经济往来，使得郑成功在内忧外困中急病而亡，这时距离他收复台湾还不到一年。

泉州另一个民族英雄，就是用一生抗击倭人、与戚继光并称"俞龙戚虎"的俞大猷。明朝嘉靖年间，俞大猷中武举，被任命为千户，开启了职业军人生涯。作为军人，俞大猷是成功的，战功赫赫战果累累，可惜他生存在奄奄一息的明朝中晚期，每次打胜仗，都有可能遭遇不公正待遇。嘉靖三十一年（公元 1552 年），俞大猷在宁波、绍兴等地大破倭寇，却被朝廷莫名其妙停发薪水，直到后来在海上再次建功，烧了倭寇 50 多条船，才恢复供给。两年后，俞大猷以三百人对倭寇两万，坚守待援并大败倭人，功劳却被赵文华、胡宗宪领走，俞大猷反因前期金山之败被降了职。嘉靖三十七年（1558 年），俞大猷与戚继光一起攻破岑港倭寇，杀掉四五千倭人，却被偷偷放跑倭人的胡宗宪反咬一口，被逮捕入狱。打胜仗尚且如此，打败仗就更不用说了，俞大猷一生之中历经嘉靖、隆庆、万历三朝，被降职、免职多次，但是他坚持一息尚存战斗不止，从来不去计较个人荣辱和得失。一位武将能够看淡这些，实属不易，这么看来，俞大猷堪称一代儒将。事实上，俞大猷早年确实攻读圣贤书，精通六经且博学宏文，平时不打仗时也喜欢写写文章。他写的《正气堂集》足有 30 卷，算得上一位高产作家。

皇后之乡大同

山西大同，古称云中，以前只知道这是一座煤城，还一直奇怪为什么煤窝里的小伙和姑娘们那么耐看，那么爱打扮。后来听当地人一点拨才明白，这座城市有来头，在中国历史上不简单，曾经也是皇朝首都，而且这里盛产皇后。

据说，在大同总共出过 25 个皇后，这个"产量比"比煤炭高很多，在全国遥遥领先。要知道，大同的煤再多，产量在全国排名仅为第六，是第一名鄂尔多斯市的六分之一。大同出皇后，与北魏有着莫大关联，这个年代出了一个传奇女人，还有一个传奇家族，影响了中国历史几百年。

传奇女人就是娄昭君，北魏真定侯娄提的孙女，也是北齐奠基人高欢的妻子，北齐文宣帝高洋、孝昭帝高演、武成帝高湛的生母。三个儿子轮流当皇帝，这在中国历史上绝无仅有，而且，娄昭君干过一届太皇太后，把孙子高殷废掉后，又干了两届皇太后。这么算下来，娄昭君当了三次皇太后、一次太皇太后，辅佐了四个儿孙辈皇帝，废了两次皇帝。看起来，这应该是一个类似于武则天的"权力控"，其实恰恰相反，娄昭君是一个深明大义的奇人伟人，她的政治预见能力和忍受能力多次挽救夫君和儿孙。她还有一张骄人的成绩单，就是两个女儿分别是东魏、北魏的皇后，可谓儿女皆富贵。

传奇家族就是独孤氏，始于号称"独孤郎"的独孤信。那时的独孤信，除了长得帅，做派也特酷，时常表现得与众不同，这种风格被现在的大同人继承下来，男女老少都喜欢修饰和打扮。独孤信自己混得不错，成为北周八大柱国之一，最为传奇的是他的女儿、外孙女们，许多成为皇后。长女是北周明帝宇文毓的王后并被追封为明敬皇后；四女是唐朝开国皇帝李渊生母，追封为元贞皇后；七女是隋朝文帝杨坚册封的文献皇后。三女侍三朝，亘古未有的新鲜事。独孤家族后来还出了一个皇后，原本是唐代宗李豫宠爱的贵妃，逝世后追谥为贞懿皇后。这里面还包含一个凄美的爱情故事，据说贞懿皇后死后，皇帝李豫悲痛万分，三年没让遗体出宫安葬。这么说，古代宫廷对遗体的处理和保管应有独家秘方。

唐朝灭亡后，大同女子的命运，并没有随着北魏遗老的衰败而发生实质性改变，后晋皇帝石敬瑭的皇后李氏、后唐末帝李从可的皇后刘氏、后汉皇帝刘知远的皇后李氏、宋仁宗赵侦的皇后郭氏，都来自大同。此外，宋辽时期，辽国近水楼台从大同选了很多艳丽女子当皇后，这些女人出于同一宗族萧氏，包括肃祖昭烈皇后、豁祖庄敬皇后、玄祖简献皇后、德祖宣简皇后等16位萧姓皇后。到了明朝，大同女子仍然受到宫廷青睐，只不过没有册封皇后的记载，当嫔妃的不少。

文圣故里曲阜

山东曲阜，西周和东周时期是鲁国的国都，因"文圣"孔子而中外闻名，孔庙、孔府、孔林被列入世界文化遗产。去曲阜旅游的人，没道理不去瞻仰"三孔"，感悟儒家文化。也许是孔圣人的光辉过于灿烂，很多人知道山东有曲阜，曲阜有孔子，却未必知道曲阜还是华夏文明的发祥地之一。"大汶口文化""龙山文化"遗迹和"大庭氏之墟"，将曲阜文明推进至上古时代。据传"三皇五帝"中，有四位在曲阜开创文明留有足迹。

翻阅史书，曲阜的名人太多了，光孔氏族人都令人目不暇接。然而，很难找到出于曲阜的名将，这是为什么呢？

1. 西周衰亡东周势弱。鲁国本是西周的嫡系强藩，肩负替周朝天子掌控东方的重任。那个时候的鲁国，一直扮演着东方老大的角色，周围的小诸侯们时常要朝觐鲁国。然而，鲁国的国势与周朝同呼吸共命运，西周因参与诸侯纠纷被秦所灭，鲁国的好日子也就到了头，跟后来半个鼻子出气的东周一样，只能勉强维持现状，不敢以大哥自居。鲁国能够撑过春秋，挤身到战国时代，已经算有造化。国家势弱，就只能闭国守成，不可能兴兵讨伐，也就没有机会培养能征善战的名将。也许，鲁地不是没有将星苗子，而是没有机会崭露锋芒，偶尔的守国小胜，也不足以与其他诸侯国开疆拓土的大将相媲美。

2. 鲁国是礼乐之邦。鲁国立国八百年，一如既往行周礼。能够做到这样的，在东周时期只有鲁国，所以，鲁国成为周礼的保存者和实施者，甚至有"周礼尽在鲁国"的说法。由于鲁国与周礼密不可分，逐渐培养出谦逊礼让的民风，在这种风尚下，不可能有虎狼之师，更不可能诞生驾驭虎狼之师的名将。另外，鲁人对"礼"的虔诚近于迂腐，孔子的徒弟子路，就是因为帽子掉了觉得失礼，竟然不顾战场厮杀，放下刀来系帽子，结果被人砍死。时过境迁，曲阜经历了几千年的王朝兴替，仍然保持了礼乐之风，可谓华人知礼明礼的优秀传人。

3. 鲁国少经外侵战乱。这是相对而言，并不是说鲁国没人敢动。一方面，鲁国很少对外招惹是非，而且内乱频繁，没心思对外乱"交往"；另一方面，周边国家对鲁国行周礼有所顾忌，找不出必打的理由。鲁闵公元年（公元前 661 年），齐国准备攻打鲁国，结果被劝阻，理由是"鲁不弃周礼，未可动也"。事实上，鲁国正值庆父叛乱时期，这个时候攻打鲁国是最佳时机，齐国最终没有动兵，并不是因为鲁国太强大，而是对这个礼仪之邦动武，会招致舆论的谴责。春秋战国，虽然诸侯们攻伐不断，但讲究个师出有名。没个像样的名头悍然发动战争，不光自己国家会有人非议，别的诸侯也会喷口水，说不定还会成为被群起攻之的借口。既然很少有外国入侵，鲁国产生大将的概率就更低，直到被楚国消灭也没出过像样的名将。

师爷之乡绍兴

浙江绍兴，是中国著名的水乡、桥乡，素有东方威尼斯的美誉。这里不光盛产水榭廊桥，自古以来出了很多名人，文有王羲之、陆游、鲁迅等，科学家有钱三强、竺可桢、周建人等，革命家有秋瑾、徐锡麟、蔡元培等，伟大的无产阶级革命家、人民的好总理周恩来祖籍也在这里。绍兴名人荟萃，称得上才子之乡。在清朝，最负盛名的恐怕是绍兴师爷。

师爷，一般不属于政府编制官员，属于幕主私人雇佣的幕客，名称起源于周朝的"幕人"，就是掌管帷幕的小官员。到了汉代，幕人发展为刀笔吏，就是给领导写写画画的枪手，有时也会记载一点历史典故。幕宾发展成型，是在魏晋南北朝，一些奇人异士、隐士被豪门望族聘用，当上了职业参谋，专门出谋划策。不过这个时候的参谋仍然有一官半职，吃着国家俸禄，这种状态一直到隋唐宋元明。师爷这个称呼起源于清朝，全盛于清朝，这个时候的师爷已经不再是公务员，而是各级领导的私人助理，只不过他们通过领导，仍然可以掌握部分官府的权力。在当代拍的清朝历史剧中，手里拿把扇子跟着官员身后的，一般就是师爷。

绍兴师爷有如此名声，一是因为数量庞大，很多科举落榜的士子，没有机会自己当官，就选择辅佐官员这条路。二是知名师爷比较多，有的师爷没有一官半职，却创造了丰功伟绩。比如汪辉祖，先后担任师爷34年，换了16个东家，以断案专家饮誉江浙一带，经他手的官司，几乎没有冤案。不过，绍兴师爷中最负盛名的，是神秘师爷邬思道。

看过《雍正王朝》电视剧的人都知道有个邬先生，这个先生就是以邬思道为原型所创。然而，邬思道并不是辅佐雍正登基的功臣，他是因为给雍正的死党田文镜当师爷，才受到雍正赏识，并且在田文镜死后，入宫给皇帝当了幕僚。这个邬先生有多厉害，看两个故事就知道了。

第一个故事：邬思道替田文镜写了一道弹劾当朝大学士（宰相）隆科多的奏折，但不允许田文镜看一个字，因为邬思道担心田文镜看了后，不敢冒这个风险。而事实证明，雍正对这份奏折求之不得，顺水推舟就把居功自傲的娘舅隆科多拿下，除却心头大患。为此，田文镜得到皇帝加倍宠幸，成为一等一的死党。

第二个故事：有才的人一般性情古怪，邬思道不是那种摇尾巴的师爷，有一次跟东家田文镜闹翻就甩手不干了，结果，没了师爷的田巡抚干啥都不顺，经常挨皇帝骂，只好硬着头皮把邬先生再请回来。不过，这时的邬师爷自抬身价，田文镜每次讨教，必须在桌上放五十两银子，否则不肯开口说话。也许因为弹劾隆科多的事，雍正就已经知道田文镜家里藏有邬思道这样的人才，在听说这个事情后，雍正在田文镜上的请安折子上批示："朕安，邬先生安否？"这说明，雍正已经对这个师爷高度关注，大有求贤若渴之势；这还说明，绍兴师爷不是浪得虚名，而是受到朝廷和大员们礼遇和敬重。

纸币故乡成都

作为天府之国的省会城市，成都一直是西南边陲的重镇，三国时期成为蜀汉的国都，魏晋南北朝时期，再为"成汉"国都，到五代时期，王建在成都称帝建立"前蜀"政权，孟知祥建立"后蜀"政权，与蜀汉、成汉累加，成都称为"国都"有一百多年。由于数次建朝立都，成都的经济异常发达，成为西南方向重要政治和经济中心。到了宋朝，成都出现了世界上最早的纸币"交子"，并由此设立管理机构"交子务"，相当于最早的国家商业银行。

宋朝的经济空前繁荣，这是众所周知的事情，然而，交子和交子务没有在京城开封首创，也没有在江南富庶区和"经济开发区"最先出现，这是什么原因呢？

首先，成都此时的经济繁荣度，不亚于宋朝京城和江南。唐朝时期，成都就是四大经济之都之一，与长安、洛阳、扬州并驾齐驱，农业和手工业、商业都非常发达。唐朝灭亡后，经历王建、孟知祥在成都先后称帝，成都的发展再次迎来蓬勃生机。直到公元 965 年被宋朝统治，成都始终是全国的人口之都、经贸之都。

其次，成都远离战区，发展经贸的条件更加成熟。北宋开国没多久，北方边境就受到严重挑衅。北方连年战乱，江南地区也受到严重影响，没有条件埋头搞好经济建设。成都则不然，北宋期间基本没有外界干扰，到了南宋，也是到后期蒙古兵入川才开始打仗。没有仗打，百姓安居乐业，心思就用在发展经济上。钱越挣越多，就嫌越来越麻烦，因为银子和铜钱实在太笨重了，既不方便携带，出门也不安全。另外，成都人的商贸方向，除了周边地区，就是往中原地带输送各种手工制品和其它产品。在"蜀道难，难于上青天"的运输环境下，本身运货已经累得够呛，如果还要承受货币的负担，那就多了个大麻烦。所以，成都人想了一个好办法，把钱的数量写明在纸张上，只要政府进行干预，又有财团担保，就产生了信任价值，从而，契约变成了飞钱，诞生了纸币。这种纸币后来得到山西财团的革新，在钱庄的基础上发明了银票，一度成为大清王朝重要的货币工具。

再次，印刷业的发展，为纸币出现提供了条件。约在宋仁宗的庆历年间，毕昇发明活版印刷术，刺激了印刷业的飞速发展。成都作为全国的重量级城市，引入先进的印刷技术比较早，从而为纸币的印刷和诞生提供了必要条件。如果没有印刷业，纸币就仍然会滞留在手工书写契约的原始阶段，费时费力不便辨别，还容易发生官司。有了印刷出来的纸币就不一样了，这项技术不是什么人都可以掌握，也不是什么人都可以拥有，从信用的角度来讲更加安全可靠。

第三辑

历史印记

司马昭之心

历史之所以是一面镜子，因为可以照亮古人和今人的脸。然而，秦人不暇自哀的事情可能太多了，人们往往来不及照见自己，就沦为后人的借鉴。秦汉以来，政权看似巩固其实暗流涌动，从东汉末年到三国、魏晋时的一百多年中，权臣当道几成定律。曹操的后人曹髦说过一句传世经典的话"司马昭之心，路人尽知"，把它当镜子看，首先照见古人。

司马昭是司马懿的二公子，西晋开国皇帝司马炎的父亲，是替曹魏灭蜀的功臣，更是左右曹魏命运的权臣。从"五马同槽"开始，曹氏王朝已然风雨飘摇，到了司马昭掌权期间，走马灯似的换皇帝，一会曹操的孙子，一会曹丕的孙子，想立就立，想废就废，弄得叔叔不叔叔，侄子不侄子。司马昭死后，司马炎嫌换皇帝太麻烦，干脆自己当，开创了晋朝。

正准备可怜曹魏子孙时，猛然想起了汉献帝刘协，他和父兄的境况似乎比曹魏子孙好不到哪儿去。刘协是汉灵帝刘宏的儿子，汉少帝刘辩的弟弟，登上皇位完全是充当董卓集团的道具。如果一定要说刘协命好，那就是他这件道具的保质期比较长，从189年即位到220年禅让，在位竟然有31年。不但保鲜期亘古未有的长效，而且活跃度比较高。董卓垮了后，他成为李傕、郭汜的座上宾，之后成为曹操的老大。虽然几次谋害曹操，都能够在龙床睡得踏实安稳，即便曹丕篡位，还让他舒坦活了4年。可以说，30多年如一日地当傀儡，一直被模仿，从未被超越，比中国男足坚挺得多。

然而，出来混总是要还的，曹魏篡汉终被司马氏捡了现成便宜，但司马氏灭孙吴后只维持了11年和平稳定局面，就出现了八王之乱，并开启了长达 298 年的五胡十六国和南北朝。所谓的西晋，其实只有 52 年寿命。即便公元 317 年，司马睿到建康称帝建立东晋，仍然摆脱不了八王之乱的厄运，朝廷大权主要由世族掌握，先后发生了王敦之乱、苏峻之乱及桓温专政。总而言之，司马氏的皇帝，几乎没谁当得安稳。

说完东汉到东晋这前前后后的权臣当政，再回顾"司马昭之心"这句话，有了颇多感悟。历史一次次被复制，问题到底出在哪儿呢？

首先是选才机制。 "举秀才，不知书；举孝廉，父别居"，这是东汉桓灵时期的童谣，影射了汉代以来官吏选举制度的黑暗。由于各级官吏均由举荐而来，不可避免就会产生山头主义，大多有举荐资质的官僚滥用权力滥发帽子，从而一人得道鸡犬升天，整个家族跟着沾光并逐渐形成豪强式的利益集团。像羊祜这样内举不避亲外举不避仇的贤达，少之又少。荷尔蒙不够发达的家庭也不怕，可以向董卓、王允学习，多收些义子义女，就连太监都可以收养子，就像曹操的父亲曹嵩，被中常侍曹腾收养，还当上了太尉，位列三公。这种选才机制下，有可能让朝廷人才草绳编麻袋，一代不如一代，也有可能让少数望族做大做强，权高震主。

其次是伦理道德。 毫无疑问，东汉末年至南北朝这几百年，是思想混乱道德沦丧的时期，关二爷受到古人今人的顶礼膜拜，说明他成为那个年代的道德君子和典范。仅凭功绩成就而言，关羽同志乏陈可数，除了温酒斩华雄和千里走单骑这样的小成就，似乎没有可歌可泣的事迹。然而，关羽对刘备之忠、对嫂嫂之义，却是千古传唱的佳话。在那个频繁换老板的年代，能做到关羽这样从一而终实在很难，即便有过"人在曹营心在汉"的污点，也因护嫂有功而淡化屈膝。那时，一句"良禽择木而栖"，就可以把投降和反叛美化成义举，就连刘备都换了多个老板。到了五胡乱华和南北朝时期，那就更加不得了，道德底线不断被突破，出产了北齐这样专当"隔壁老王"的"禽兽王朝"，还出品了（南朝）宋孝武帝这样与生母乱伦的千古混账。那个时候，竹林七贤都有人不讲究，七兄弟中嵇康因不与司马氏合作被杀，而王戎、山涛却成为司马氏的鹰犬心腹。连道德都不讲，谁还跟你讲义气讲伦理讲皇权。

再次是主少臣壮。 幼主即位，是权臣当道的必要条件和显著特点。从汉献帝开始算，刘协 8 岁即位，被曹魏架空；曹魏第三任皇帝曹芳 8 岁即位，被司马氏架空。而西晋的第二个皇帝司马衷虽然即位时 31 岁，却先天痴呆只有小孩的智商，靠老婆贾南风帮他考试作弊骗过司马炎，这才当上皇帝。小孩子就是小孩子，坐在朝堂上只是给权臣掩耳盗铃般的摆设，像康熙这样的千古一帝，照样被权臣们摆弄了 8 年。

后宫干政

后宫不得干政，从周武王伐纣就立了规矩，他说："牝鸡无晨，牝鸡之晨，惟家之索"。意思是说，母鸡是不可以在早晨打鸣的，倘若母鸡早晨打鸣，这一家子就完蛋。然而，历史上后宫干政的事情屡见不鲜，历朝历代难以避免，皇朝因此没落的不胜枚举。

按倒序来罗列，大清朝亡国固有很多原因，但慈禧专政扼杀变法维新，算是加速清朝走向灭亡的重要一击。明朝按道理有家训，开国皇帝朱元璋明令后宫和太监不得干政，但从儿子朱棣重用太监开始，掀起小风小浪的女流之辈还有几个。一有太后，如万历的生母李太后；二有贵妃，如比明宪宗大 17 岁的万贵妃；三有奶妈，如明熹宗的乳母客氏。元朝这样不太尊重女性的游牧政权，也出产过昭慈皇后、钦淑皇后这样的强势女性。宋朝中后期的皇帝大多文艺范、女性化，母后和老婆们正好帮他们弥补这一缺憾，从第三任皇帝宋真宗的皇后刘娥开始算，共计产生 8 个专政的皇后太后。唐朝就不用说了，武则天、杨玉环、太平公主、女驸马这样的噱头，电影电视都快播滥。等等。

于是有个问题需要解答，为什么从周朝立制的后宫不得干政，在历朝无法落实，难道真是阴盛阳衰？不然，归根结底，要怪就怪皇帝们内功不济。

1．虎性不足。汉武帝刘彻驾崩前，干了两件事，一是让画工绘了张周公背幼主辅政图，二是找个茬把最宠爱的钩弋夫人杀掉，目的不容许子少母壮的组合接班。汉武帝的性格与秦始皇太像了，他才不愿意出现死后被戴绿帽子，还让儿子难做人的现象。当然，刘彻同样担心大臣专政，所以把周公搬出来搞思想教育。无独有偶，清朝咸丰帝意识到慈禧包藏祸心，临死只是提醒防范，没有痛下杀手，结果大家都知道了。

2．耳根发软。封建礼制下，总体上还是谁在台上谁说了算，按道理不会出现后宫干政的现象。但是，很多皇帝经不起枕边风，在温柔乡醉生梦死间，就完成权力出让。好色的皇帝不可怕，除了梁武帝萧衍从一而终，没见过不好色的皇帝。然而，又好色又耳根软的皇帝，才是真正的窝囊废。比如唐玄宗李隆基，刚开始干得不错，逼李旦禅让、赐死太平公主都体现了虎性，任用姚崇、宋璟等贤相，开创了开元盛世，但晚节不保，宠爱"一骑红尘妃子笑"的杨贵妃，为唐朝中衰埋下严重隐患。

3．生性懒惰。勤勉的皇帝哪怕国家治理一般，也不至于让大权旁落，老子不可以，儿子不可以，大臣不可以，老婆同样不行。

当朝期间就大权归于老婆的，还有下一代大权归于老婆的，皆因皇帝太懒，不思进取。最典型的就是李治，人家带着皇后上朝是形象工程，他带着武则天上朝是因为偷懒，让娘们在朝堂帮着拿主意。可以说，武则天当皇帝的气质和愿望，是李治亲手培养调教而来。真正的劳动模范是雍正皇帝，当朝13年不出北京城，所有日日夜夜都是在办公桌前度过，时不时搞点制度革新，比如秘密建储和设立军机处。

4．基因变异。一般而言，能够立朝百年以上的朝代，开国前后那一两辈大都属于能人，父高子强。比如清朝，从努尔哈赤和皇太极到康熙和雍正；明朝的朱元璋和朱棣；元朝的铁木真、窝阔台和忽必烈；等等。但龙生九子各有不同，更何况传及几代，早把先祖的优秀基因给弄丢了。把前辈拍在沙滩上的事情当然也有，汉唐以来，大多朝代都有中兴佳绩，但仍然逃脱不出一代不如一代的轮回。所谓的败家子奖项，首先应该颁给这些人。

5．自欺欺人。以孝治天下，是大多朝代的主张，尤其是父死子继的世袭制，成为这一主张的制度保证。然而，儿臣们真的孝顺吗？康熙晚年最大的遗憾，就是众子争储，闹得鸡犬不宁，直接原因是太子胤礽等不及想提前登基，结果事败被废。对于皇家人而言，"孝"字明显经不起检验，但仍然要挂在嘴上，落实在表面行动上，谁也不会公开承认自己不孝。于是，就有空子可钻。皇帝驾崩后，皇后、生母还健在的，有机会打着某种旗号垂帘听政，如果接班的皇帝不愿意，大有不孝之嫌。汉武帝够有性格吧，在太皇太后和皇太后那儿，照样要委曲求全。没办法，孝顺这个词，皇帝自己说了不算。

王朝没落

秦始皇统一全国时，一定没想到大好江山只传及二世，早知如此，何必费尽心力修建长城，干些个劳民伤财的傻事。这正应了一句老话，打江山易，守江山难。

江山难守，难在众志成城。每个王朝最辉煌的年代，同样要面临三大难题。第一，思想难统一；第二，忠奸难辨别；第三，赏罚难摆平。治国理政的思想不统一，就会出现司马光和王安石这样的旧党新党相互掐架，结果斗得两败俱伤；忠臣奸臣本没有参考坐标，像和珅这样大奸若忠的人，往往非常有市场；皇帝的二舅三叔七姑八姨比牛毛还多，再清明的皇帝也很难把赏功罚过厘得清，越是想把水端平越是端不平。解决不了这三个问题，思想是乱的，人心是散的，制度和立法更无法立起标杆，由此，国家迟早由嫌隙而生祸乱，跟千里之堤毁于蚁穴的道理一样。

守江山难，难在军政兼明。按照唯物辩证法，发展国防力量和社会经济，既矛盾又统一。历史上穷兵黩武的皇帝不少，结果严重制约了生产力和生产关系发展，比较典型的是汉武帝刘彻，从小就对匈奴埋下仇恨，一辈子把揍匈奴当事业干，导致人财物三亏空。相反的典型是宋朝，富得流油却成天受欺负。皇帝吃的是赋税，民富则国富，这个道理谁都懂，因此在发展经济的主观愿望上，应当没有障碍。然而，发展国防力量存在两个障碍：一方面，会大量消耗国库；另一方面，兵多将广对外作战是好事，一旦内部造反那也不得了。现如今，玩战略电玩的都有体会：有时闷着脑袋发展经济，不造一兵一卒，结果被对手一小撮人马就给收拾掉；先建防御吧，等钱的日子实在熬人。

正因为有这么多矛盾，所以江山靠守是守不住的。如果说进攻是最好的防守能够成立，那么就江山而言，发展才是最好的守成。没有蓬勃发展的政治、经济、军事、文化，再辉煌的王朝很快就会昙花一现，不知不觉被新的文明所取代，大家最熟悉的就是闭关锁国的清朝。

那么，全面发展的封建王朝，就一定不会没落吗？当然不是。马克思主义认为，生产力决定生产关系，同时指出："各个人借以进行生产的社会关系，即社会生产关系，是随着物质生产资料、生产力的变化和发展而变化和发展的。"这就是说，随着生产力的发展，原来由它所建立并同它相适应的生产关系，变得越来越不能适应，以至不能继续保持其稳定不变的状态。在这种情况下，生产关系就不得不进行部分的变革以继续维持它的存在；而当这种生产关系已经完全不能适应生产力继续发展的客观要求时，就必须进行全面的变革，以新的适合生产力发展状况的生产关系来代替原来的、业已丧失其存在必然性的生产关系。所以，旧生产关系的灭亡、新生产关系的创立，都是客观的必然。

由此说明，任何自我净化自我发展的封建王朝，最终逃脱不了新陈代谢的客观规律，因为无论经济政治、军事文化如何向前发展，作为生产力三大要素的"劳动者""劳动资料""劳动对象"的阶级属性没有改变，从而使得生产资料所有制的属性不会改变。清朝政权从1840年第一次鸦片战争起，被外国列强欺凌几十年都没有亡国，却在1911年短短数月的辛亥革命中土崩瓦解，这就是最好的证明。

宋朝还有没被贬过的高官吗

宋朝是一个很有意思的朝代，真正落实了不杀士大夫，对文人文官都客客气气，实在恼火了就贬下去，眼不见心不烦。上学时最熟悉的一些宋朝历史人物，比如范仲淹、司马光、王安石、苏轼、欧阳修等，无一例外都被贬过，有的几乎可以当常贬冠军。不光这些道德楷模兼劳动模范会受贬，就连开国功臣兼拥立功臣赵普都被贬过，还出过蔡京这样四起四落的奸相太师，出过童贯（太监当了太尉、太师）、秦桧、贾似道这样误国误民的权臣，他们都有过类似被贬的经历。那么，大宋朝还有没被贬过的官吗？

还真有，翻遍大宋所有名人履历，总算找到一个，这个人就是中国首届足球先生高俅。当然，这个高俅能从平民当到太尉，位居权位几十年不倒，光靠踢球讨好宋徽宗肯定不行。他迎合拍马的功力，肯定在踢球之上，因此，徽宗为提拔高俅费尽心力，又是下基层，又是上战场，把任职经历补齐后，高俅回到京城就当了殿帅这样的大官。给高俅当官可以理解，但高俅立而不倒并不是件容易事，同期受到徽宗宠信的太监童贯都被免过职，凭什么一个足球先生就能当不倒翁？没道理嘛！

有道理，只有站在大宋皇帝的角度，才能理解这个道理。皇帝是什么，九五之尊，他应该比任何人要优秀，尤其是治理国家的才能方面，不允许大臣们比他强，否则，他都不好意思当这个皇帝。

首先，这是皇室血统决定的。除了开国皇帝，大宋的后世皇帝们都是捡的现成皇帝当，他们有自己的心理优势，认为他们都是真命天子，能力素质上没理由会输给朝廷的大臣们。被贬的官员们，有一部分是因为叽叽喳喳喜欢提建议，把皇帝惹毛了；有一部分确实犯了错误，被勒令限期改正的。不管怎么样，皇帝贬谪你，就说明高你一筹，至少可以说明，他发现并纠正了错误。

其次，这是心理需要决定的。好大喜功，这几乎是每个人都有的毛病，只不过表现的形式和程度不一样。就拿王安石来说，他应该知道，这么强行推行变法是有风险的，但是，他更想用一时艰险换一世英名，明知不可为而为之。范仲淹也是如此，改革搞不了几天，就把官帽子搞没了。所以，作为一国之君，大宋皇帝们没理由不好大喜功。再英明伟大的人，多多少少总会有点虚荣心，尤其像宋徽宗这样的文艺青年。

再次，这是个性特点决定的。很明显，北宋江山是毁在徽宗手里的，虽然在金兵围困时，徽宗匆匆忙忙把皇位传给了钦宗，拉上个一起背黑锅垫背的。这个时候为时已晚，该负的责任照样跑不掉。而且，刚才说了，徽宗是个文艺青年，办正事一般化，玩点琴棋书画，或者是踢个球什么的，他最拿手，也非常喜欢。他之所以可以接受高俅比他强，因为那只是"玩"，玩玩而已，无所谓谁高谁低。当皇帝的任务他还是清楚的，肯定不是竞争足球先生。

为何范仲淹和欧阳修对狄青态度不一样

范仲淹（公元 989 年－1052 年），1015 年进士出身当官，1043 年出任参知政事，为个人最高官职，不到两年受贬离京；欧阳修（公元 1007 年－1072 年），1030 年考中进士步入官场，1061 年出任参知政事，算是跟前辈范仲淹打个平手。这两人年龄相差 18 岁，当官时间相差 15 年，当副宰相的时间相差 18 年，真可谓无巧不成书。

而北宋名将狄青呢，跟欧阳修基本算一个年代的人，生于1008年，比欧阳修才小一岁，不过去世比较早，1057年郁郁而终。

狄青跟老范和欧阳修不一样，他是代兄受过被黥面充军，16岁就开始军旅生涯。14年后（1040年），狄青还只是一名低级军官，那一年，正好因为边防吃紧，范仲淹升官当了龙图阁直学士，到边疆领军，跟狄青有了交集；而此时的欧阳修因为跟着范仲淹搞改革，贬在夷陵当县令打酱油，眼看范仲淹从受贬之地饶州走马到陕西上任，欧阳修也跟着走运，调回京城恢复职务。

这几年，是老范官运比较顺的时候，两年就把西夏问题解决了。那时，狄青受到老范亲传，慢慢学会了《左氏春秋》，并发愤读书，悉通将帅兵法，屡建奇功，用了12年时间，从一名下级军官当到了宋朝的副军事统帅（回朝后扶正），可谓飞黄腾达。这一年是公元1052年，老范在这年病死，而欧阳修还只是个翰林学士。很明显，狄青进步太快了，这一点，让进士出身而仕途坎坷的欧阳修看不懂。当然，从人品官德而言，老范、欧阳修和狄青都没得说，历史早已有了公论，现在的问题是，欧阳修为什么要向皇帝进谏，请求罢免狄青？

从欧阳修写的奏章可以看出，欧阳修对狄青的人品官德也是认可的，表扬狄青"青之事艺，实过于人""其心不恶，为军士所喜""任枢密使以来，未见过失"等等。这说明，欧阳修讲得还比较客观，并没有用心不良胡乱攻讦。可是，既然请求罢免，总要说个摆上台面的理由，或者说给狄青安个罪名，所以，欧阳修不得不借阴阳五行说，把当年发水灾归罪于狄青。很明显，这过于勉强，仁宗皇帝下不了这个决心，直到被众口铄金，当了几个月最高军事长官的狄青免职归乡。

其实，不是欧阳修不肯认可狄青，而是重文抑武的国体不能容下这员虎将。越是传奇的领军人物，在没有战事的时候，就越是不能让人放心。应该说，欧阳修只是文官集团中的一个代表，变本加厉的人大有人在，因此，以仁宗之仁，都开始真正对狄青不敢放心。狄青罢官回家后，皇帝还时不时派人前去打探，看是否有异心。

那么，老范同志作为进士出身的文官，为什么又看得上狄青，并且亲授机宜呢？道理很简单。一是因为当时作战需要，老范好不容易发现个将才，肯定要重点培养，关键时候才会有人用；二是因为老范是个文武全才，对军事领域具有天生的敏锐性和洞察力，识英雄重英雄的情结多少也会有点；三是老范没能挨到狄青平步青云那一天。如果老范还活着，或是仍然在朝当宰相，会不会做出跟欧阳修一样的动作，谁也说不清。

古代功成身退有多难

韩信死前感叹"成也萧何败也萧何"，看起来把责任算在了老萧头上，但揭示的是封建王朝鸟尽弓藏兔死狗烹的规律。撇开奴隶社会不说，从第一个封建王朝秦朝开始算，开国功臣能够全身而退的，实在找不出几个。有人会说，唐宋两朝就没有杀功臣，没错，所以会马上发生"玄武门之变""斧声烛影"，只不过抢皇位的不是外姓，而是皇室本家。

李渊是大唐的开国皇帝，但真正的最大功臣是李世民，而李渊犯了两个错误，一是不立李世民为太子，二是既然不立李世民又让他执掌重兵。很明显，他没有吸取隋文帝杨坚的教训，结果让李世民当了翻版的杨广。宋朝也差不太多，赵匡胤以为杯酒释兵权就可以了事，没想到赵普（不与赵匡胤同宗）会跟了弟弟赵光义，两个人穿上一条裤子。无论"金匮之盟"或是"斧声烛影"是不是真的，赵普献策让赵光义不要执行母亲制定的"兄终弟及"路线，这应该跑不掉。

所以说，在古代社会，政权能够顺利交接下去的朝代，无一例外执行了杀灭功臣方针，最负盛名的当属汉朝刘邦和明朝朱元璋。在汉朝和明朝开国初年，能够留存的功臣，本身寥寥无几，而且，具有几个共同特点：

1. 主动引退。 越是贪恋红尘，越是容易受红尘所累。韩信就是这样的典型例子，当年帮着刘邦打项羽时，他为了当个齐王，迟迟按兵不动，已经进入找死的节奏。被削夺兵权改封楚王后，又私藏刘邦死敌钟离眛，降为淮阴侯天天发牢骚讲怪话，完全是傻到家，刘邦再有耐心也会忍不住。所以，后世司马迁说："假令韩信学道谦让，不伐己功，不矜其能，则庶几哉，于汉家勋可以比周、召、太公之徒，后世血食矣。"

2. 无将帅才。 仅仅是个人提出主动引退，恐怕不能让皇帝完全放心，尤其是韩信这样能打仗的军事天才，放在谁那儿都可能发挥余热。所以，能够批准引退的人，必须没有将帅之才，比如张良。张良，字子房，与萧何、韩信并称汉初三杰，但只是个运筹帷幄决胜千里的高级参谋，幕后指挥大力士刺杀秦始皇的事情做得来，亲自上阵就不是强项。这样的人只要没有平台，跟废人没什么两样，刘邦允许他辞官，是因为根本不担心他。

3. 救命之恩。 "项庄舞剑，意在沛公"的故事大家都知道，关键时候救了刘邦的，正是张良。首先，张良力谏刘邦退出已经占领的咸阳，尔后又通过与项羽叔父项伯的私交，力挽狂澜救刘邦于"鸿门宴"。所谓滴水之恩涌泉相报，对于一个没有异心、没有夺位之平台、又有救命之恩的谋士，刘邦真的没必要痛下杀手。

到明朝，被朱元璋誉为"吾之子房"的刘伯温就没向张良学习，功成后当了 8 年丞相才退休，每逢过年还要跟着其他朝臣一样去凑热闹。后世传说朱元璋借胡惟庸探病开方让他病死，也就难怪了，这跟徐达之死或有异曲同工之处。

"八王之乱"的直接推手

西晋出了个傻子皇帝司马衷，还出了个丑女皇后贾南风，可谓盲人骑瞎马，夜半临深池，晋朝江山不出问题才怪。说起这个贾南风，长得丑也就算了，偏偏还继承了娘家的所有坏毛病，并且有过之而无不及，忌妒险恶之心远超常人。

能够"征服"皇帝，贾南风凭的既然不是美貌，那就肯定是家世渊源。没错，贾南风的父亲贾充是西晋的开国功臣，官至太尉，受封鲁郡公，深得司马昭和司马炎信任。最直接的原因，就是贾充参与了谋朝篡政悖逆弑君，将老东家魏帝曹髦杀害，而傀儡曹奂立为皇帝后，还被迫给贾充加官晋爵。

在父亲贾充那里，贾南风学到了宫廷权谋；在母亲郭槐那里，她又学会了忌妒与险恶，不但残杀皇帝司马衷的嫔妃，就连曾经帮助她保住太子妃位置的皇太后杨芷也不放过。而且，这个丑女还存在生活作风问题。说贾南风是"八王之乱"的直接推手，主要有以下几个原因：

1. 擅政妄杀。由于皇帝司马衷是个傻子，根本不懂事，大权旁落是肯定的。贾南风深得娘家真传，不可能不懂得如何把握机会，她选择最简单最直接"立威"的方式就是"扬刀"。第一刀，贾南风选择的是外戚集团老杨家族，这里有两个重量级人物，一个是皇太后，一个是太傅杨骏，罪名是百口莫辩的"谋反"。老杨家被夷三族，太后被囚禁饿死。外戚集团解决后，第二刀，贾南风就迫不及待直指司马氏家族，先是矫旨让司马玮（司马炎第五子，司马家族第四代）杀汝南王司马亮（司马懿第四子，司马家族第二代），尔后又嫁祸司马玮是矫诏杀人而除掉司马玮，借刀杀人让司马家族人人自危。

2．祸乱后宫。贾南风当的是皇后，朝廷的事她都管了，后宫的事就更不用说。她不让皇帝司马衷随便亲近嫔妃，自己却与太医私通，还在街头找些美男子小混混偷食虐杀。这种事情到后来已经成为公开的秘密，成为笑谈。

3．谋害储君。由于贾南风生的全是女儿，就担心将来自己日子不好过。于是，一方面她再次以谋反罪名废掉太子司马遹，逼得太子岳父主动奏请女儿与女婿离婚，后来不放心，让个太医用药杵把司马遹杀害；另一方面，贾南风对有孕和已生皇子的嫔妃痛下杀手，自己还演了场诈孕的闹剧，准备把偷偷抱养的外甥韩慰祖立为太子。如果说历史上真有"狸猫换太子"的故事，那么贾南风算得上祖师爷级的人物。

出来混总是要还的，倒行逆施的贾南风最终被司马家族清算。公元300年四月，梁王司马肜和赵王司马伦率兵攻入皇宫，将贾南风及其党羽一网打尽，结束了她罪恶的一生。然而，正是借着这次兵变，司马伦奉司马衷为太上皇，自己当了皇帝，从而开启了司马家族争皇位正统的"八王之乱"。

康熙的烦恼

作为千古一帝，康熙在位 61 年施政可圈可点，文治武功得到后世尊重和认可。然而，在修身齐家治国平天下的四大任务上，唯独齐家这一条留有重大遗憾，两废太子和九子夺嫡成为康熙晚年难以愈合的伤痛。一位除权臣、平三藩、复台湾、剿噶尔丹的硬汉，为什么连家事都料理不好呢？

1. 家事虽小，难在骨肉相连。但凡大家族大家庭都有家规，更何况是皇家。理论上讲，用家规家法都可以约束好子女，实在不行，作为皇帝还可以动用国法来驾驭。然而，这只是理论上的，落在实践中情况就没那么简单。因为皇帝首先是个人，是个父亲，站在江山传承的角度也要兼顾到骨肉亲情。作为皇帝，越是讲亲情，就越容易被情感奴役，管不住儿子们，这就是主要原因。

首先，就太子胤礽而言，是原配初恋赫舍里难产临终所托，即便有悖逆之心，康熙还是不忍心完全抛弃。爱屋及乌能够做到他这样，实在不容易，可见玄烨也是个情种。

其次，面对九子夺嫡，康熙虽然异常痛心和愤怒，但采取的手段比较温和，无非是削权或是圈禁，不像接班人雍正搞人身迫害。所以后世有人猜测，圈起来可能是最好的保护措施，可见康熙爱子之心。

再次，为了不让夺嫡之争演变成更加残酷的父子情仇，康熙想了个不是办法的办法，采取遗诏立储，确定接班人。这个办法的最大问题，就是康熙没有亲笔写诏书，从而让人觉得有猫腻。后来，雍正把遗诏制度发扬为秘密建储，更具科学性。

2. 国事虽大，易在有法可依。管理国家，康熙同样操碎了心，但是相对于调教儿子们而言，他应该没有力不从心的感觉，而且，精力十分充沛，时不时南巡或者亲征。跟雍正这个关在皇宫里的劳动模范比，康熙显然更接地气。无论是南巡还是亲征，康熙离开京城都比较放心，他不是不担心没人篡政，而是很放心国家机器会正常运转。

一方面，大清律法日臻完善。虽然大清律例到乾隆年间才作为基本法典正式刊布，但从顺治元年已经开始编纂，传至康熙朝时，已经比较成熟，算得上有法可依，同时，也得到统治阶级和社会各阶层的基本认同。

另一方面，朝廷中枢人才辈出。康熙年间政治清明，出了很多人才，尤其是出了陈廷敬、李光地、张英这样的汉人能臣干臣，对整个朝廷中枢影响深远。作为实际执法者，这些中枢权力人物，做出了好榜样，基本做到了执法必严违法必究。

3．家事国事天下事，唯女子与小人难养也。康熙的烦恼，不光来源于儿子，更来源于后宫，还有外戚。把女人和外戚搅和起来，影视剧里演得最多的，就是太子与索额图、胤禔与明珠兄妹，二月河的小说更是浓妆重抹写得十分传神。于是，家事跟国事天下事就完全扯在一起，剪不断理还乱。

第一，外戚干预家事，实际私藏祸心。本来家家都有难念的经，自己都摆不平，亲戚们参与只会更加添乱。比如两口子吵架，无论哪方亲戚进来拉偏架，只会让矛盾越积越深。外戚们干预家事，本来就是想拉偏架，希望皇帝对自己这边押宝的皇子高看一眼。皇帝还正值壮年，最忌讳这个，明摆着没指望皇帝当万岁。康熙是个明君，对付小人他一点都不糊涂，所以，索额图处死、明珠失势是必然的。

第二，后宫乱成一团，只因缺个正主。皇后是后宫之主，是帮助皇帝打理后院和私生活的，地位作用还比较重要。但所有影视剧中，对康熙朝的皇后涉及很少，原因很简单，就是后宫长期没有皇后。第一位皇后就是发小兼初恋赫舍里，可惜康熙十三年（1674年）因难产去世；第二位皇后是辅政大臣遏必隆的女儿钮祜禄氏，康熙十六年秋天才上任，不到半年也去世；第三位皇后是佟国维的女儿，运气更差，康熙二十八年当了一天就去世，从此，康熙就不再立后。这个位置空着，就会有人时常惦记，有儿子没儿子的妃嫔们都希望上位，这样皇帝百年之后，至少可以捞个太后来当。于是，女人间的争风吃醋自然少不了。

汉唐国祚

大汉与大唐，是中外公认比较富强的朝代，前者在中国创造最大的民族称谓汉族，后者则在世界范围创造最广泛认同的华人称谓唐人。这两个朝代相隔几百年，历经魏晋南北朝和隋朝，却有着许多相似之处。

1. 断代。汉朝分为西汉（公元前 202 年－公元 8 年）和东汉（公元 25 年－220 年），中间隔个了王莽创建的新朝（公元 8 年－23 年），还有西汉宗室刘玄建立的"更始"政权（公元 23 年－25 年）；唐朝虽然没有区分这唐那唐，但中间也隔了个王朝，那就是武则天创建的大周（公元 690 年－705 年）。严格意义来讲，汉唐国祚在王莽和武则天手里已经划过句号，而不是顿号。

2. 复国。为刘姓汉朝复国的，是牛背上的皇帝刘秀，虽然他是汉高祖刘邦的九世孙，但家道中落已近平民。在新朝末年浩浩荡荡的农民运动中，刘秀审时度势把握机遇，先拥刘玄灭新莽，尔后在河北自立为帝，恢复"汉"的国号。唐朝的复国，没有那么血腥，仅仅是一场由宰相张柬之发动的宫廷政变，病重的武则天被迫传位给太子李显。

3．异都。西汉的国都是长安，东汉的国都在洛阳，当然，刘秀定都于洛阳的原因很多，远不止故都长安毁于战火那么简单。唐朝有点类似，开国时把长安建为首都，把洛阳当成陪都，武则天称帝后，就迁都洛阳，李唐复国后，长安和洛阳先后再次成为都城。

这里有个疑问，为什么其他朝代的改朝换代都不能复国，让国祚连绵下去，而汉唐却可以，而且执掌江山的仍然是刘姓李姓宗室？主要有三个原因：

第一，和平演变的结果仍然需要和平的外衣。王莽和武则天称帝的道路大同小异，都是先掌权再铺路后当皇帝。王莽称帝前，以"安汉公"之名行首辅之责，然后自封为摄皇帝独揽朝政；武则天也是如此，以唐高宗李治"战友"之名当上皇后，并与皇帝合称二圣一起临朝听政，李治驾崩后以皇太后名义临朝称制，直到政权稳固后才登基当了皇帝。由于王莽和武则天都是走的和平演变的道路，执掌政权时自然需要一件和平的外衣，虽然他们也排挤和杀掉一些死敌，但没有搞斩草除根这样的大动作。

第二，刘姓李姓在朝廷失势但地方的根基很深。新皇登基后，排除异己是肯定的，但是，他们只能顾得上朝廷这眼前的一块，各封地各州郡根本看不过来，而且此消彼长的趋势不可逆转。西汉开国以来 210 年，刘姓宗亲遍布全国，在地方局部范围实力本来就很强，联合起来反抗新莽政权，出师名正言顺；唐朝李姓本来就源自西魏八大柱国的名门望族，传至李渊开国建立唐朝，李氏宗亲早就遍布天下，在陇西界更是香火旺盛，想用和平的方式把他们连根拔起没那么容易。

第三，王莽和武则天没有合法合适的继承人。王莽的四个嫡子，三个被他逼死，一个吓得病死，几乎算是绝后。虽然还有几个年轻时风流快活的私生子，但在那时封建礼制下，根本摆不上台面。武则天就更不用说了，女性身份决定了她的儿子是李唐后代，传来传去总是要传回去的。当然，武则天可以把皇位传给武氏宗亲，但是大臣们不会承认，所以才会有张柬之发动的宫廷政变。

楚汉风云

贵族出身的项羽败给混混出身的刘邦，是千百年来值得探究的一个话题。要搞清这个问题，首先要从暴秦灭亡开始说起。

秦始皇作为中国第一位皇帝，其旷古之心不言而喻，但气吞山河的大秦帝国只延续国祚 14 年就土崩瓦解，快得让人简直无法相信。要知道，秦始皇灭六国总共用了 26 年，还不算他的祖先们打下的基础，早知垮庄这么快，当初还不如只当个称王称霸的秦王，让春秋战国以来的诸侯割据形势延续下去。至少，无论是项羽还是刘邦，都不具备统一七国的能力。可历史就是这么现实，甚至有些残酷，花了大半辈子打下的江山，丢起来似乎只需一夜东风来，好比一个富豪，在赌场一掷千金，把一生的血汗输得干干净净。

秦朝的迅速崩溃，很明显起源于秦始皇。**首先，他暴虐不道。**焚书坑儒、修建阿房宫和长城，让民怨与民愤达到极点，反与不反，只在有人振臂一呼"王侯将相，宁有种乎"。即便陈胜吴广起义是在秦始皇死后，这个局面仍然是他造成的。**其次，他攻伐不断。**开疆拓土是每个帝王的梦想，但是，经历了春秋战国数百年的兵火连天，民间更需要休养生息。稳一稳再考虑这个问题，才是最佳选择，然而直到秦始皇驾崩，几十万大军还在南越作战，而这些部队最后成了南越王赵佗的兵马。**再次，他恩宠不明。**长公子扶苏很明显是秦始皇最理想的接班人，以他的人品和性格，更利于开创一个和平盛世的局面。然而，秦朝的二世皇帝偏偏是由混球胡亥来当，不管这里边是否有冒名顶替的嫌疑，没把扶苏带在身边手把手地教，本身就是个错误，至少给了胡亥和赵高机会。

说完秦始皇，再看项羽和刘邦。项羽本是秦王朝的坚决反对者，可是他的行事风格偏偏跟秦始皇最为相像，特别是恩宠不明这一点，让他人心尽失，就连亚父范增都被气死。乱世之年，所谓得人心者得天下，项羽的单打独斗终究敌不过各路诸侯的一顿老拳。

刘邦则不然，与秦始皇和楚霸王风格正好相反。**第一，他绝非暴虐成性。**并且，刘邦甘愿以混混自居，与人称兄道弟。有肉同吃有福同享的做派让他团结了绝大多数人，萧何、张良、韩信这样的"西汉三杰"，随便哪个抛出去都能带个响。**第二，他善于韬光养晦。**刘邦起兵前只是个亭长，比村长大一点点，属于名不见经传的小吏，所以做人做事总体比较低调，养成了吃得起苦更吃得起亏的好习惯，败得再惨都能够东山再起，老爹老婆被抓了也跟没事人一样，说白了，就是厚得起脸皮。**第三，他能够从善如流。**攻下咸阳而不贪功，隔居汉中而厉兵秣马。这些招数刘邦自己想不到，但他能够听得进别人的劝谏，不像项羽耳朵上长驴毛，就连范增的话都听不进去。

把秦始皇与项羽、刘邦一作对比，答案就很明显。所谓历史的偶然之中一定潜藏必然性，可不是运气能说了算。

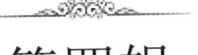

第四辑

历史寓言

叶公好龙

叶公好龙的故事大家都听过，说的是那种表里不一、言行不一的人。这种人历史上有不少，随便把哪个皇帝拿出来考究一番，都是"不一"的杰出代表。比如说，皇帝们鼓吹以孝治国，实际上当太子时哪个不都盼着老爹早死；再比如说，"普天之下莫非王土，率土之滨莫非王臣"这话也完全不可信，果真如此，秦始皇开创的基业应当可传万世。

按照矛盾论的说法，"不一"是必然的绝对的；按照唯物辩证法，"不一"是运动与静止的统一。小时候，一直觉得叶公很可笑，一边说喜欢龙，一边害怕看见龙。现在，觉得叶公同志一点都不可笑，反倒是憨厚实在。其实，在生活中我们每个人都在不停地扮演叶公，只是自己不觉得，或者是只有自己做才不觉得罢了。

比如说，南方人有过鬼节的习俗，天天鞭炮齐鸣，人人笑声鼎沸。试问，鬼真要来了，大家还会欢天喜地不？

再比如说，不少人信佛礼佛，每日焚香参拜。再试问，佛真要把你带去西天极乐世界，大家都愿意不？

这么举例，不是要攻击传统习俗，更不是恶意诋毁宗教。既然存在就是合理的，这两个问题根本不用我们来操心。在这里，只是想说明问题，人的"不一"性与生俱来。

绝大多数人小时候都指天发誓，长大后要如何孝敬父母，要为父母买房买车。但实际情况呢，我们很多人买的房子再大，也容不下老人蜗居之身；买的车再豪华，也没有老人专享专用。恐怕，没让老人掏养老钱，就算是孝子贤孙了吧。这就是"不一"性的劣根所在，话好说，事不易做。

话当然好说，否则现今社会就不该有那么多骗子；事当然难做，否则洪七公的遗子遗孙就不会继续流浪。就像佛说普度众生，永远是众生被渡去"那里"，而佛仍然健在。然而，相信科学的人们都明白，那个"那里"不是向往的"那里"，没有哪个法师有能耐把众生渡过去，否则，首先渡过去的一定是法师自己。就像当年吃仙丹的葛洪一样，自己与夫人一人一颗，只给徒弟黄大仙留下半颗。

说起葛仙和黄大仙，就会想起林林总总的道观，尤其在广东、香港一带，香火较为旺盛，也让人们想起小时候看的鬼片和崂山道士。那时候大家认为，和尚和道士应该属于两个阵营，分别供奉自己的祖宗。

现在终于知道，无论是和尚还是道士，他们供奉着一个共同的神灵，就是空虚。因为空虚，才会心灵空荡、精神虚无。既然空虚，就必然找些东西来填补。好些购物狂和吃货，就是在空虚中疯狂找补。和尚道士也是如此，所谓的心中有佛或是无量寿佛，都是意识形态的，刚好用来填补心灵上精神上的空荡虚无。

佛教道教在中国起源的先后，这口水官司不好打，反正各说各的理，所以只好求同存异，这两家同样在南北朝时期开始鼎盛。尤其是梁武帝萧衍，同时笃信佛、道两教，当了皇帝后三次出家为僧，又亲自讲授《老子》学说，为佛教道教传播狠狠做了长期免费广告。

其实，佛也好，道也罢，跟叶公同志和萧衍老师的心态是一样一样的，崇拜图腾却又害怕图腾，向往天堂却又害怕天堂，否则炼丹吃丹的就不会越来越少。现今市面上那么多的保健品营养品，暂不说功效如何，至少寄托了人们延年益寿的期望。

所以，当和尚喜欢道士时，没什么可以值得惊讶，那只是心灵空虚的另外一种存在形式而已。就像暴发户和同性恋者，一个穷得只剩下钱，一个穷得只剩下情，只好找些刺激的玩意，用于寄托，或是用于彰显存在。

存在是合理的，但未必是美好的。当叶公好不好，大家自己说了算。

掩耳盗铃

掩耳盗铃，说的是春秋时期晋国贵族智伯灭掉了范氏，而小偷潜入范氏家里偷取青铜钟的故事。由于害怕人们听见敲碎钟的响声，偷儿把自己的耳朵蒙上，以为别人同样听不见，结果被抓了现行。这个故事听起来荒唐可笑，似乎很难成立，这个世上怎么会有这么愚昧的贼呢？可笑归可笑，但史上类似于掩耳盗铃、自欺欺人的典故仍有不少。

最典型的史实就是王莽篡汉，如果王莽不是当皇帝立新朝，恐怕把所有人都给蒙骗了。然而，王莽的狐狸尾巴完全暴露后，还想继续玩弄把戏，把人们的目光和注意力转移到改革旧制上来，结果搬石头砸了自己的脚，激起了民变，失掉了人心，当了历史长河匆匆过客。试想，王莽要是不搞自欺欺人的把戏会怎样呢？最起码，社会矛盾不会这么快搅动得不可调和，而本来对汉廷失去兴趣的士大夫们，也不会唤起重振汉室的觉悟，以刘秀这样的放牛娃出身，根本没机会登上舞台。不作死就不会死，王莽称帝的行径，跟掩耳盗铃的偷儿完全一样。

首先，同属偷窃行为。春秋时期那个偷儿，是想从范家偷口青铜钟；王莽从汉室窃取了国家政权。这两件事的过程和结果有较大差异，然而手段和方法属于同门同派。为了达到目的，王莽可谓处心积虑，其耐心和心智，丝毫不逊于卧薪尝胆的勾践。不过，偷就是偷，没有大大方方抢来的江山更有说服力，所以史学家给了一个"篡汉"的名声。

其次，同在自欺欺人。用自己的愚蠢来掩盖别人的智慧，这是偷钟人和王莽最大的悲哀。他们在窃喜高人一筹的同时，已经把自己的卑劣行径大白于天下，等待他们的只能是抓捕与倒台。历史上有很多高人，做人做事就相对"聪明"，宁可当众人拥护之"住持"，也不当众矢之的之"方丈"。比如曹操和司马懿，要想反汉反魏，他们有很多机会，也完全具备实力，特别是汉献帝多次谋害曹操，已经把人头双手奉上，然而曹操没有灭汉，继承人曹丕也没有杀汉献帝。

再次，同样智弱脑残。自欺欺人玩得高明些，也不会在历史上留下话柄，可惜的是，偷钟人也好，王莽也罢，都采用了最脑残的自欺欺人手法，掩的是自己的耳目，还把别人全都当成聋子瞎子。王莽称帝前玩过当摄皇帝的闹剧，意思是告诉大家，他只想当个代理皇帝，仍然是西汉的良民忠臣，结果代理没几天，就觉得装不下去如鲠在喉，干脆把西汉的"大钟"敲碎。

形同王莽这样的人，还大有人在，只不过胜者王败者寇，掩耳盗铃的技术环节处理比较好，还是有成功机会。比如唐朝开国皇帝李渊，高举义旗起兵反隋，偏偏在攻下长安后立了个杨侑当挡箭牌，被三谏五劝才勉强同意登基。其实，大家心里都明白，如果李渊起兵不是跑来摘大隋的铃铛，兵锋剑指的目的地就应该是农民军。

刻舟求剑

有个楚国人摆渡过河时，一不小心把佩剑掉进水里，看客都替他着急，但楚人却不慌不忙在船上做了个记号，等到靠岸时，才沿着记号下水找剑，这就是刻舟求剑的故事。这个故事的寓意，是用静止的思维看待变化的问题。刻舟求剑的人，傻得可笑，而历史上活生生的案例又在反复上演，特别是战争中，这么死脑筋的"楚人"有不少。

比如城濮之战，这是发生在春秋时期的晋国和楚国之间的一场争霸战。晋文公重耳早年流亡楚国时，曾经受到楚君的恩惠，并许诺将来两国开战，他会退避三舍。城濮之战前，晋文公的确"信守承诺"，将大军主动后撤 90 里，重新排兵布阵。楚国人信以为真，认为晋文公还是当年那个重耳，那个流浪的文艺青年，不管不顾地出击导致大败。这时他们才知道，重耳已经变了，流浪歌手已经成为睡在上铺的兄弟，凡事都压过自己一头，所谓的退避三舍，其实是一个诱敌歼敌的连环计。

第一计，远交近攻。打这一仗，是晋国给宋国帮忙，从道义上讲，他这是义举善举，容易赢得同情和互助。开战前，晋国已经部署好外交策略，团结了秦、齐这样的大国，从而相对孤立了楚国联军。同时，晋国迅速攻下曹、卫两国，还暗自许诺，让曹、卫两国复国，让他们与楚国断绝关系，并扣留楚国使者，从而对楚国形成众叛亲离的外交压力，诱使楚国大将子玉速战速决。

第二计，树上开花。开战初期，晋国有一路军队由下军副将胥臣统率，专门迎对楚国联军的陈、蔡两国杂牌军。为了迷惑对手，胥臣用蒙着虎皮的战马冲向敌阵，造成凶猛假象，从而乘乱乘势击败陈、蔡军队，成功瓦解和动摇了楚国联军。拉大旗做虎皮用好了确实管用，这场小胜为后来的大胜奠基了士气基础，也为后来的佯败创造了条件。

第三计，以逸待劳。重耳既然动了那么多心思跟楚国开战，目的就是打垮楚国，建立自己的霸业，这个道理很明显，自然不会把退避三舍这样的承诺当回事。不过，他还是这样做了，只不过没安好心，这是他诱歼楚军的关键一步，也是最后一环。楚军统帅子玉不但是个急脾气，还是个死脑筋，不会辩证看待晋军退避三舍的真实意图，只当是文艺青年投桃报李秀个场子，一口气追上去钻进了晋军的圈套。当吃饱喝足睡够的晋军战略反扑时，累得气喘吁吁的楚兵只有招架之功没有还手之力，基本上一触即溃。

"刻舟求剑"的楚人，有可能是真实的，也可能是吕不韦的故事班子编撰的，但城濮之战的楚人却是真实存在的。"退避三舍"这样的历史记号，只不过重耳流亡时说了一句发自肺腑感恩戴德的话。时过境迁之后，这个记号的意义早已发生变化。顺着这个记号能够摸索到的，只能是颠沛流离的流浪歌手重耳，而不是雄才大略的晋文公。

买椟还珠

买椟还珠的故事出自《韩非子》，说的楚人卖珠宝给郑人，结果郑人出了珠宝价，只拿走做工精美的盒子。这个故事的寓意，是讽刺舍本逐末、取舍不当的人和事，讲白一点，就是捡了芝麻，丢了西瓜。不过，也有人对这个故事提出另外一种看法，认为楚人是打着卖珠宝的旗号来推销包装盒，这属于营销模式，不能完全怪郑人没眼光。仔细一想，这有点像时下的一些直销产品，卖的是直销理念，而不是产品本身。

好吧，既然有分歧，那就求同存异，把目光聚焦在郑人身上，不去管楚人到底是卖珠宝还是卖营销。郑人只看重做工精美的盒子，这是什么心态所致呢？首先，买卖源于需求。郑人买走盒子，肯定是看中盒子，或者说正好需要这么一个盒子。如果郑人是想买珠宝，他把珠宝带盒子一并拿走便是，没必要多此一举留下历史谈资。其次，价值源于欣赏。常理推断，珠宝的价值一定高于包装盒，但这只是理论上的。好比现在的文物市场，有的是有价无市，有的是有市无价，愿意出多少钱收藏文物，大多由收藏家们的欣赏水平和取向决定。至于专家鉴宝之类的估价，根本就作不得数，即便被拍卖过的藏品，只能是理论上有多少价值，而不是实际的财富拥有。因此，一直就有盛世古董乱世黄金的说法，值不值钱，市场交易时说了算。

历史上，也存在一些类似"买椟还珠"的典故，一度不被世人接受和理解。当真相大白于天下时，或者情形发生实质逆转时，人们才知道，有舍才有得，舍得西瓜，芝麻种子才能有机会发芽结果，这就叫战略眼光。比较经典的案例，应该是刘邦把入主咸阳的机会还给项羽。当时，刘邦很难理解，好在他有张良这样高瞻远瞩的谋士，硬是把到手的称王机会让了出去，这才免遭杀身之祸，从而留有在汉中积蓄力量的机会。如果刘邦硬要守着咸阳这块宝地，以项羽剿灭秦军主力的余勇，拿下投机取巧的刘邦基本不费吹灰之力。

张良不愧为秦末汉初的首席军师，他让刘邦拿走一个汉王的空"盒子"，把"珠宝"奉献给西楚霸王，看似吃了天大的亏，却让项羽犯下天大的错。项羽得到咸阳，把刘邦的安民告示变成镇压宣言，让反秦的义军充当屠杀秦地百姓的刽子手，导致民心尽失，根本没办法在咸阳呆下去，只好把镇守秦地和监视刘邦的任务交给了秦朝降将章邯。这位章邯按理说也不是省油的灯，称得上一代名将，然而，他的嫡系部队跟着一起投降后，全部被诛杀，留了章邯一个光杆司令，后来章邯统帅的楚军，怎么可能跟着这样的将军卖命打仗？明修栈道暗度陈仓的汉军固然有奇兵之效，但真正让章邯无能为力抵御汉军的原因，是主将没有威信。

画蛇添足

画蛇添足的典故出于《战国策》，讲的是楚人祭祖后，准备把祭祀用的一壶酒赏给办事员，为了解决僧多粥少的矛盾，搞了个小游戏，约定地上画蛇越快越好者享用，原本有个人早就画好了，为了显示自己多才多艺补了几条蛇腿，结果功败垂成而贻笑大方。这个故事的寓意，是嘲讽节外生枝、故作聪明的人。三国时期的杨修，就属于代表型人物。

中学时代有篇课文《杨修之死》，说了几个关于杨修画蛇添足的"找死"故事。

1．关于字谜。杨修给曹操当主簿时，看见曹操在正在修建的曹府大门写了一个"活"字，就立刻叫人把门拆了重盖。他觉得，曹丞相肯定是嫌门太窄，事实果真如此。

2．关于鸡肋。曹操对刘备用兵，仗打到进退两难的境地，就开始寻思退兵，并随口说了"鸡肋"两字。杨修听说后，思忖鸡肋食之无味弃之可惜，就推断曹操准备班师，于是告诉身边的魏兵收拾行装。曹操明知杨修看穿心思，却以动摇军心的罪名把杨修杀了。

然而，杨修之死真是因为聪明绝顶、扰乱军心吗？事实没有这么简单，曹操虽有"宁可我负天下人，休教天下人负我"的毛病，却仍有尊重和爱惜人才的雅量，所以身边能够团结大量人才。杨修最大的败笔，是在本职工作以外添了足，不好好干主簿的活，参与到夺嫡斗争中来。

诚然，当时曹操几个儿子中，曹丕和曹植都有上岗的机会，曹氏集团董事长曹操一直拿捏不定到底扶谁上位。也许杨修聪明惯了，每次都能看懂东家心思，从而提前作准备，把宝器压在了曹植身上。这一次杨修终究聪明反被聪明误，最后曹操默认的接班人是曹丕，而不是曹植。

道不同，则不相为谋。拥护曹丕的文臣武将们，本来就看不惯杨修那副文酸样，暗地里自然会使绊子。曹操说打仗如同鸡肋，听懂的肯定不止杨修一个，但只有他非要显得与众不同，送给别人一个打小报告的机会。曹操又是个头痛症资深患者，大部分时间很清醒，一有头痛脑热就容易思维短路犯糊涂，当年在荆州杀蔡瑁、张允就是如此，看见人头落地马上思维清晰，知道上了当。杀杨修后，曹操也后悔不已，之后又给杨修父亲杨彪很多好处。

还有一种说法，说曹操杀杨修，是为了政权的平稳过渡，以免在他死后，曹植一系会节外生枝。这种说法有一定道理，而且曹操是在杀杨修之后7个月就病逝，看起来应该有一定关联。但是，杨修是一个有智商没情商的人，说到底没有"江湖经验"，让他来辅佐曹植，未必能够掀起什么风浪，也很难玩得过司马懿、陈群这样的老江湖。最重要的一点，在战乱年代，秀才造反三年不成，杨修是一个不带兵的文官，还只是一个主要为相府服务的主簿，说曹操防着他将来捣乱，有点小题大做。

自相矛盾

可能古代先贤都对楚人有偏见，编故事总喜欢用楚人作为代表，这个出自《韩非子》的"自相矛盾"的故事也不例外，又拿楚人开涮。说战国时期一个楚国人上街卖长矛和盾牌，先吹牛自己的盾牌无坚可破，再吹嘘自己的长矛无坚不摧，结果被路人抬杠，用他的矛刺他的盾会怎么样，楚人对此哑口无言。

自相矛盾的结果就是难以自圆其说，从而所说的所做的都不攻自破。这样的故事，历史上不胜枚举，随便拉个帝王出来，都可以找出自相矛盾的地方。比方说，大多朝代都号称以孝治天下，但自古又有"最是无情帝王家"的说法，这就是明显的自相矛盾。我们拿秦皇汉武、唐宗宋祖来举例，这些帝王就是集矛盾于一身的杰出代表。

1. 秦始皇。作为千古第一皇帝，秦始皇的历史功绩显而易见，虽然他开创的秦朝只维系几十年，但所建立的大一统中央集权制度，对中国乃至世界历史产生深远影响。秦始皇人生最大的败笔，不是焚书坑儒，后世有比他焚得更多坑得更惨的皇帝；也不是大兴土木，修建宫殿大多皇帝干过，修建长城属军事设施本有佑民意图。真正的败笔，是对几个儿子自相矛盾的态度。在内心里，秦始皇希望让长公子扶苏接班，但平时动不动加以训斥，让人觉得他更加喜欢带在身边的胡亥，这也给了胡亥、赵高、李斯矫旨夺位的机会。其他人怀疑归怀疑，谁也说不出一二三来。

2. 汉武帝。汉朝开国以来，一直以黄老学说治国，目的是休养生息。到了汉武帝执政，他一面独尊儒术，一面穷兵黩武，在政治和军事上，采取完全矛盾对立的两种理念。在这种情况下，儒家学说与其他被罢黜的百家学说有一定结合，形成了完全用以巩固统治地位的"儒术"，与孔孟之儒有了千差万别。

3. 唐太宗。李世民作为大唐头号开国功臣，值得称道的事迹太多了，其开辟的贞观之治是中华民族政治、经济、文化、军事"四强合一"的盛世，大唐盛名从此远播海内外。但李世民同样是一个自相矛盾的人，他一边找了三面"镜子"（以铜为镜、以史为镜、以人为镜）摆出从善如流的姿态，一边对喜欢直言相谏的魏徵恨得牙痒痒，乃至掀了墓碑。自古朝廷从来不缺拍马屁起家的奸臣，就是因为皇帝们喜欢听好话，没人真喜欢魏徵这样的人。

4. 宋太祖。赵匡胤的矛盾就更突出，到目前为止，就连死因都没能调查清楚。他也是这四位大帝中，唯一按照兄终弟及来传承江山的皇帝。从死因和皇位传承来审视，兄终弟及本身就是一个自相矛盾的制度。选皇帝和选人才其实应该差不多，所谓的"立长不立幼"，或是"兄终弟及"，都不是选拔皇帝制度，而是托付江山制度。说实话，康熙、雍正开创大清的秘密立储制度还是蛮先进的，选的接班人都还有些特点，只是寿命方面有点问题。自咸丰之后，屡屡以少年天子登基，那就没办法控制局面了。

滥竽充数

齐宣王喜欢听吹竽，并且是 300 人的集体合奏，于是有个只会吹牛不会吹竽的南郭先生混入其中；等到齐宣王的儿子继承王位，改为一个一个地吹，南郭先生马上脚底抹油溜之大吉。这是《韩非子》收录的一个寓言故事，后人总结出成语"滥竽充数"。

在历史上，凭借滥竽充数获得高官厚禄的人有不少，这些人当南郭先生并不可怕，最可怕的是当了南郭先生还不自知，喜欢搞外行指导内行的人。这种极品南郭先生，在明朝时期最多，主要集中在宦官群体中。

自从明宣宗朱瞻基开办了太监学校"内书堂"，明朝宦官就开始登上政治舞台，成为协助皇帝处理政务的重要力量。要说这个内书堂不愧为高等学府，教书先生都是翰林院的高手，也确实培养了一批学贯古今的太监。不过，翰林们当先生有个问题，他们只教"国文"不教"体育"，军事这一块，连选修课程都没列入。可是，皇帝们不管这些，他们宁可相信太监，也不肯信任外臣，只要开战，就会安排太监前往一线督军，从而造就了很多南郭太监。

太监们可能在东厂、西厂统兵威风惯了，以为打仗跟带着锦衣卫站岗和抓人是一个道理，本来到前线是监军身份，非要自兼"顾问"，直接干预军事谋划和调度，做得过分的，干脆代替将领当了实际统帅。比如导致土木堡之变的太监王振，把几十万明朝大军连同皇帝一起送给瓦剌。那么，明朝的太监为什么有当南郭先生的嗜好呢？

首先，皇帝惯的。齐宣王喜欢听吹竽，惯出了根本不会吹的南郭；明宣宗喜欢用宦官当公务员，惯出了根本不着调的太监。现在看，宦官是一个不受尊重的职业，但从明宣宗开始到明朝灭亡，当宦官一度成为朝阳产业，所以，早已成家立业的魏忠贤自阉入宫，凭借钻营本领当上了群监之首。

其次，朝臣惯的。明朝有个有趣的现象，跟皇帝叫板的士大夫不少，但敢跟太监叫板的不多。因为他们心里很清楚，跟皇帝斗嘴顶多挨顿板子，但跟太监贫嘴，会有杀身灭族的风险。就连一代名相张居正，都要跟内宫宦官搞好关系，才有机会把持朝政10年。

一旦太监的风向变了，张首辅的待遇也变了，死后还要受辱，儿孙们跟着受罪。既然朝廷大员都敢怒不敢言，南郭先生的土壤就迎来"蓬勃生机"。

再次，自己惯的。当南郭先生的习惯，主要还是自然养成。由于皇帝宠信，大臣们又不敢冒犯，宦官一度成为左右明朝政权的核心。对于太监而言，生活上没有更多乐趣，顶多喝个花酒来解馋。他们宣泄精力最好的方式，就是"俯首甘为孺子牛"，大事小事、内事外事、政事战事，全都要管上一管。不懂没关系，装腔作势指手画脚一通，反正没人敢顶撞言语。

还有一句话挺有意思，"流氓不可怕，就怕流氓有文化"，反思明朝灭亡，跟太监乱政有千丝万缕的关系。也许，朱元璋是对的，早看出太监不可怕，就怕太监有文化，对内宫制度作出了英明伟大的规定，只可恨子孙们不听话，坏了规矩，也乱了江山。

亡羊补牢

亡羊补牢的故事出自《战国策》，讲的是战国时期的楚襄王，因为重用奸臣，导致国家日益衰败，而且楚襄王还把敢于直谏的庄辛给赶走，导致五个月后楚国被秦国攻陷都城，后悔不已的楚襄王只好把庄辛请回来，并受到庄辛亡羊补牢、为时未晚的鼓励，从而改过自新，振兴了楚国。

但凡先衰后兴的朝代和王室，都经历过亡羊补牢的工程期，而它的反面，就是死不悔改，破罐子破摔。比如唐玄宗李隆基，在安史之乱中被迫杀了杨贵妃，回朝后没有痛定思痛，反思开元盛世迅速衰败的教训，仍然对杨贵妃之死耿耿于怀，还秘密派人跑到马嵬坡寻找杨玉环遗体。老子这么痴情，儿子李亨就没那么客气，在叛乱中即位后，只给了父亲一个太上皇的名号。

明朝多次有亡羊补牢的机会，但都被皇帝们奢侈地浪费了。平心而论，朱元璋奠基的明朝官吏体制，是封建王朝中央机关运转最为正常最为顺利的一套制度，所以，明朝出了那么多不理政事的皇帝，朝廷仍然运转正常。明朝先后三次出现衰亡危机，第一次是土木堡之变，靠于谦化解，第二次是万历怠政时期，努尔哈赤发布"七大恨"并起兵反明，被熊廷弼暂时化解，第三次自然是末代明帝崇祯时期，这一次大明江山尽毁其手。

从勤于政务和杀身成仁的角度看，必须要为崇祯帝朱由检点上几个赞。朱氏子孙传到这一代，终于找回点朱元璋和朱棣的遗风，可惜他来得不是时候，智勇指数也赶不上开国前辈。朱由检做得最正确的事，就是铲除阉党，可是，他有了亡羊补牢之心，却乏力挽狂澜之策，还干了三件错事，让羊圈的窟窿越来越大。

一是杀袁崇焕。 朱由检于1627年登基，马上重新启用被阉党魏忠贤排挤过的袁崇焕，却又在1629年将勤王之师的统帅袁崇焕逮捕，次年凌迟处死。这件事情，不管历史上有多少争论，支持皇帝也好，支持袁崇焕也罢，从"用人之际"角度出发，杀袁是大错特错。没了袁崇焕，明军不再有"帅"字级别的军事人才，这是重大损失。

二是频繁换将。 在应对国内起义军方面，明军屡战屡败，于是朱由检不断换将，前线战况不景的总督巡抚抓的抓杀的杀，搞得人人自危，不敢统兵御敌。在当时两线作战的背景下，还有将领肯卖命就不错了，况且胜败本是兵家常事，皇帝这么玩法，导致山海关外主战方向平安无事，后院的火势直接烧进北平城。

　　三是优柔寡断。 除了拼死抵抗，崇祯还有两个选择，一是议和，二是退守南京。议和的心思，朱由检早就动过，但少年天子觉得有失面子，不敢最后下决心。退守南京本来也是个好办法，至少国本仍在。其实，让李自成跟后金军队打得两败俱伤，再伺机由南向北反攻，把太祖爷朱元璋的开国道路重新走一遍，或许还有挣扎抗争的一线生机。

捕风捉影

　　捕风捉影源出《汉书》，记载了中年无子的汉成帝刘骜大搞封建迷信求子的事迹。大司农谷永给刘骜举了两个例子，劝谏皇帝不要迷信一些捕风捉影的事。第一个故事，讲的是周朝史官苌弘和楚怀王，企图依靠祭祀神灵的办法来保佑国运，结果加速了王室衰败；第二个故事，秦始皇派徐福寻找仙药，结果劳民伤财一无所获。

　　既然是捕风捉影的事情，说明缺乏事实证据，可是想直接驳倒也没那么容易，于是在论证层面可以诞生一个新词"莫须有"。你说捕风捉影的事情是假的，是没有依据的，那么，一句"难道没有吗"，就把举证的责任推了回去。没错，证明不了假的，也证明不了真的，捕风捉影和莫须有就有了广泛生存空间。

　　历史上因为捕风捉影和莫须有的事情而含冤九泉的名人不胜枚举，韩信、杨修、岳飞、于谦这些人，没有谁死得心服口服。那么，捕风捉影的事情凭什么有这么大的杀伤力呢？

　　首先，封建王朝人治大于法治。 自古就有"王子犯法，与庶民同罪"和"礼不下庶人，刑不上大夫"两种相对立的说法，这说明在封建王朝，执行哪种规则，是由说了算的人来定调。在大宋年间，就有不杀士大夫的说法，犯事的官员最多被贬或者流放。六起六落、七起七落的中央大员多得很，像苏轼这么多的被贬次数，绝对挤不进前五名。到了明朝，士大夫的待遇一落千丈，当众廷杖算是轻的，动不动就被罚跪，或者腰斩剥皮，戴着刑具开衙建府更是开创历史一绝。

其次，需要是可信的唯一真理。 捕风捉影的事，本来就是信不信由你，需要的人就信，不需要的人就不信。好比风水这样的东西，现代很多人在办公室和家里都讲究风水，有的甚至不惜重金靠改风水来改变命运。不需要改变命运的人，自然就不会相信风水，对周边人大搞风水学说还会嗤之以鼻，认为人家破坏科学搞封建迷信。如果没有特殊的需要群体，捕风捉影的方向就会自然市场调控，进行战略转移。

再次，说不说由我信不信由你。 以前有句话叫"众口铄金，积毁销骨"，达到这种目的需要依靠群众的力量。但捕风捉影和莫须有没必要这么麻烦，只要关键的人说了，还有需要的人信了，这顶帽子就算给别人戴上了。有些事情，不是人越多越算数，而是谁嗓门大谁说了算，说了就行，算数就行，至于有多少人相信，还真不是个事。

最后，讲不清道不明的事情任由后人评说。 历朝历代都有谜案，让后人议论纷纷争论不休。本来嘛，即使记录详细的史录，也未必全然可信，更何况一些捕风捉影似是而非的事情。而且，有些事情古人既然做下了，当时必有可行的道理，这个"道"是否合乎"理"，只有当事人自己清楚。

守株待兔

话说战国时期的宋国，有个农民捡了只撞死在树根的兔子，大喜过望，看到了不劳而获的"商机"，于是不再下地耕种，成天守在树旁等着下一只兔子，结果被宋国人耻笑。这就是《韩非子》收录的守株待兔的故事，我们上小学时就知道，这个故事的寓意是讽刺侥幸心理，用来教育人们不要痴心妄想。

从辩证法角度讲，事物总会有两面性，用作贬义时，守株待兔是个笑话，但用在实处，也许能够创造奇迹。比如，抗日战争时期，我八路军 129 师在七亘村的伏击战，三天两伏于一地，堪称伏击之经典战例。

第一次伏击，八路军动用一个营又一个排，以伤亡 10 余人的代价，毙伤日军 20 师团辎重部队 300 余人；第二次伏击，八路军动用一个营又一个连，以伤亡 20 多人的代价，又消灭日军 100 余人。在抗战初期，国民党军队与日军交战的伤亡比例是 7 比 1 左右，我八路军能够在装备处于更大劣势情况下，取得这么辉煌战果，除了战斗精神和作战素养等因素外，要归功于"战神"刘伯承对守株待兔战法的妙用。

第一仗，打的是出其不意。就像那个宋人，本来在用心种地，没想到会捡到一只撞死的兔子；那只兔子本来在逃命，没想到一头撞死在树根上；那个树根更无辜，躺在地上还被兔子撞了一下，承担了"杀生"的"罪名"。一连串的想不到，造就了一次出其不意。由于日军过于骄狂，疏于戒备，这一次伏击打得顺风顺水，创造出中国军队对日军 1 比 30 的悬殊伤亡比率。以后的各次战斗战役，这种情况基本没再出现过。出其不意，就是谁也想不到。伏击需要眼光，需要胆略，还需要点运气，如果任何一个环节有人事先预料到，那么七亘村的伏击战就可能变成诱伏战，结果不堪设想。

第二仗，打的是心理战。按照兵法，叠伏的风险非常大，在敌强我弱的情况下更要慎重使用。日军虽然上次吃了亏，再次途经七亘村时加强了警戒，但仍然没想到八路军会等着他们这帮兔子钻进口袋。那位宋人就没这么好运气，兔子毕竟就是兔子，只知道逃命，不懂得什么心理战和伏击战，当人们的期望只能寄托在运气上时，往往就不会有任何运气。

从七亘村战例看，守株待兔不是不可行，而是要具备"守"的时机，更要选准"待"的地方。像那个宋国农民的守法，可能一辈子不会再有不劳而获的机会。如果他稍加变通，放弃农耕专职于狩猎，在适合"守"的地点，多弄点树桩和陷阱之类的，或许可以坐待猎物上门。当然，寓言是用一批脑残粉的荒唐事来教育大众，情节设计只能剑走偏锋。即便这样的宋国农民真实存在，等上几天就应该想明白，天上不会白白掉下馅饼，机会永远倾心于有准备的人。

第五辑

历史谜案

秦始皇到底姓什么

正史记载，中国首位封建皇帝秦始皇，姓嬴名政，是秦庄襄王异人之子，秦孝文王之孙。公元前 259 年正月出生于河北邯郸，当时属于赵国。后世广泛传言，嬴政其实不是秦庄襄王的儿子，而是吕不韦与赵姬所生，因此，他应该要么姓吕，要么姓赵。

同意这个观点的人不少，而且列举了不少证据。**第一，嬴政出生时间不对。**据传吕不韦是先让赵姬受孕，然后献于在赵国当人质的异人为妾。从第一次见面到嬴政出生，怀胎的时间都不够月数。**第二，赵姬生性风流。**当了太后的赵姬，先是与吕不韦勾搭不止，后与嫪毐公开狼狈为奸，还生了两个儿子。**第三，嬴政尊吕不韦为仲父。**当了国君后，嬴政根据母亲赵姬安排，尊称吕不韦为仲父。这个"仲父"，可不是二叔那么简单，始于春秋五霸之首齐桓公尊称管仲为仲父，既沾亲带故又有特定的政治意义。**第四，嬴政不杀吕不韦。**嬴政的反击，起于嫪毐的反叛，这位少年国君车裂嫪毐的同时，顺手关了母亲，并流放吕不韦。吕不韦是绝望自杀，并非嬴政有意加害。等等。

从这些证据看，吕不韦成为嬴政的生父可能性极大，前因后果都能对得上，且紧密关联环环相扣，基本上是一条不可争辩的证据链。首先，赵姬是嬴政生母肯定不会错，那个年代还没有代孕技术，二分之一的血脉传承于赵姬，这是不争的事实。而且，作为吕不韦的歌姬，在献于异人之前没理由保清白之身，吕不韦又不是柳下惠，也就是说，送给异人前赵姬已孕，理论上完全成立。其次，以赵姬在秦国的所作所为看，人品确实一般，事先与吕不韦串通，设下这个滔天篡国圈套，完全有可能。再次，让吕不韦居于一人之下万人之上，并且总揽朝政的，是当上王太后的赵姬。这既像是回报，更因于保护，让吕不韦保护自己，保护儿子，比别人当政明显更靠谱。最后，赵姬干了这么见不得人的事，嬴政不杀生母，而同案者吕不韦和嫪毐的结局完全两样，这似乎不符合他的性格。最有可能的原因，就是嬴政知道生父是谁，终究于心不忍。

从证据和推理来看，似乎秦始皇的身世已经明晰，但是还有个问题必须解释，我们现在知道的推断的，难道当时的古人就不知道？解铃还须系铃人，这事还得从异人说起。现在很多影视剧，一般把异人塑造成懦弱无为的形象，事实果真如此吗？

异人在赵国当人质时，恐怕真是这个惨样。那时因为没办法，秦赵两国动不动开战，当人质的滋味实在不好受，惨一点还可能活久些。当上秦国国君后，异人还是很有作为的，虽然在位时间仅仅三年就去世。

1．广施德政。 能够施行德政的君王，不是生性懦弱，而是有战略眼光。史记记载："庄襄王元年，大赦罪人，修先王功臣，施德厚骨肉，布惠于民。"自商鞅变法以来，秦国的施政素以严刑峻法著称，就连商鞅本人都没有逃脱，敢于革新祖宗之弊政的人，怎么可能是个怯懦的无能之辈？

2．攻灭东周。 六国亡于嬴政是没错，但结束东周政权的却是秦庄襄王。虽然东周政权自春秋五霸开始，已经名存实亡，但延至战国七雄，仍然是名义上的帝王，也有自己的兵力和属地。在攻灭东周后，异人做得还算地道，给了周朝后人一小块地作为祭祀之用。

3．扩张领土。 对内，秦庄襄王施行德政；对外，仍然奉行军国主义，三年时间伐韩、攻赵、征魏，让韩国割让成皋、巩等地，领土伸至大梁，设置三川郡。赵国则连丢太原、榆次、新城、狼孟等37座城池，令异人好好出了口寄人篱下不受待见的恶气。魏国亦连丢高都和汲两地。可以说，异人三年时间打下的江山，不比前辈们少，说他是无为之君，那谁算有为之君呢！

既然异人不是窝囊废，那么有些事情就要重新审视，特别是立储这么事关国运的大事。如果异人只有赢政这么一个儿子，那没办法，戴上绿帽子也要打掉牙往肚里咽，但事实上他还有一个儿子，就是赢政即位后投降赵国的弟弟长安君成蟜。异人自己也不是长子，不可能考虑立长不立幼，怎么也要让毫无争议的小儿子继承大统。退一万步来讲，即便异人真糊涂，不知道大儿子并非亲生，难道成蟜和他的母亲会善罢甘休，坐视舶来的大哥当秦王？今天我们能想到的，古人必定也想得到。这么简单的问题，本来也不用费多少脑筋想。

汉献帝的反击

汉献帝刘协有两项世界冠军头衔，前无古人后无来者。一个头衔是在位时间最长的傀儡，从公元 189 年即位，到 220 年被曹丕逼退，在位时间长达 31 年；另一个头衔是摄政大臣兼 CEO 最多的皇帝兼董事长，但他一直能稳居皇位，这种情况尤其少见。

第一个 CEO 是董卓，189 年董卓入朝，废掉汉少帝刘辩，立刘协为皇帝；第二个 CEO 是个混混组合，郭汜、李傕趁着董卓被杀攻入长安，挟持了刘协，后因郭李内讧，导致刘协流离失所，屡受劫持；第三个 CEO 任职时间最长，从公元 196 年至 220 年，挟天子以令诸侯 24 年，这个人就是曹操；最后一个 CEO 任职较短，就是让他退位享清福的曹丕。4 年后，54 岁的傀儡大王刘协寿终正寝。

刘协并非天生心甘情愿当甩手掌柜，把大权扔给 CEO，某种意义上讲，他还是充满反抗斗志和复权精神。为摆脱董卓控制，刘协曾密派刘和潜出武关寻求外援；趁着郭汜、李傕打得难解难分，刘协毅然逃离长安，过上流浪生活；最动真格的，是两次密谋除曹。第一次除曹行动，是公元 200 年，刘协写好密诏，让车骑将军董承藏在衣带中带出，准备借助刘备、种辑、吴子兰、王服等人力量，除去曹操，只是事情败露，董承被杀而功亏一篑。第二次是 214 年，刘协的皇后伏寿写信给父亲伏完，请求父亲除曹，但伏完不敢轻举妄动，且信件内容被泄露，导致伏氏宗族一场血腥屠杀。

由此想起康熙大帝凭借除权臣鳌拜而大权在握，少年玄烨能够办到的事情，为什么刘协屡屡失手？

原因一：泄密。汉献帝困居皇宫，没有机会与外界接触，只能靠书信方式通风报信、联络外臣。这种方式看似隐秘，其实最不安全。首先，信使和收信人的忠诚度和办事能力很关键。董承和伏完就是办事不牢靠，才让曹操提前嗅到异常味道。其次，信件容易成为证物。不用别人提醒曹操也知道，刘协不可能甘于寂寞，他时刻都想杀鸡骇猴，把皇帝身边的暗流涌动者全部除去。而类似这样的信件，就是最好的借口和证物。当然，即便没有泄密事件，能不能除去曹操，还得另说。

原因二：思路。玄烨擒鳌拜，没有动用兵力，而是一帮少年摔跤手，这等异想天开的境界不得不令人佩服。也正因为这样，鳌拜才大意失荆州，这位大清开国第一勇士倒在一帮娃娃手上。论权谋，鳌拜未必输给曹操；论武力，想必应当在曹操之上。谁也不会想到，小康熙会采取这种"政变"方式。思路决定出路，刘协也一直想政变，但总是想借助外力而坐享其成。从除董卓开始到两次除曹，他选择的方式完全一样，没有第二招。曹操想防范刘协，只需要多布设几个眼线。

原因三：勇气。 刘协一辈子当傀儡的核心原因，还是缺乏慷慨赴死的勇气，哪怕伏寿皇后因他而死，都没敢说一句话。说实话，在曹操彻底平定北方那些年，朝中遗老们反对曹操的情结还比较旺盛，只不过看到刘协这个软绵绵的样子，没几个敢主动鼓起勇气。如果在朝廷上刘协敢于振臂一呼，或许真能造出个蜂拥而上的局面。可惜，刘协爱权力，更珍爱生命，他在曹丕提出禅让时，满脑子想的只是再多活几年。

最后再作个假设，把玄烨和刘协的生存年代对调，"汉献帝玄烨"是否能够让汉朝社稷再延绵几百年？"康熙刘协"是否会让大清江山提前易手？

王安石变法

宋神宗即位第二年，开始重用王安石，并由他推行新法，史称熙宁新政。这场变法，围绕解决冗员、冗兵、冗费的"三冗危机"，推行了青苗法、方田均税法、市易法等富国之法，施行了保甲法、裁兵法、将兵法等强兵之法，颁布了贡举法、三舍法等取士之法，是一场政治、经济和军事体制的全面改革。

作为官员的王安石，史学界对他的评价比较一致，就连政见不一的司马光都承认"介甫文章节义过人处甚多"，但作为政治家，褒贬不一没有定论。至少，在这场轰轰烈烈的改革中，他是个失败者，皇帝怀疑过他，大臣排挤过他，老百姓上访告过他。王安石直到辞官归隐也没想明白，他的一番"好心"，为什么不受世人待见。

关于熙宁新政最终被全盘否定的原因，古人和前辈们历数了很多，这里不作引述，只想站在直接导致变法失败这个角度，谈一谈自己的看法。

1. 改革动力。 宋神宗刚当皇帝不久，就时常对大臣们说："天下弊事甚多，不可不革。"这位 20 多岁的年轻皇帝显然是一个不甘寂寞不安现状的人，在他的心目中勾勒着一幅国富民强的宏伟蓝图。于是他找到了惺惺相惜的王安石，两人一拍即合，迅速组建改革领导班子，并大刀阔斧开始变法，当年就颁布均输法、青苗法和农田水利条约等，可谓顺风顺水动力无限。

2. 改革阻力。 可谓成也萧何败也萧何，熙宁变法的动力来自皇帝，最大的阻力同样是皇帝。熙宁七年（公元 1074 年）和熙宁九年，王安石两次罢相，都是宋神宗赵顼向守旧势力妥协的结果，以至王安石心灰意冷，求退金陵不问世事。这么看，宋神宗应该对这次变法失败承担主要责任，正是他的意志不坚定性，推倒了改革大旗。

事实果真如此吗？宋神宗坚定不移地高举大旗，变法就一定能够成功吗？我看未必。从某种意义上讲，这次改革像是给老式 T34 坦克加装最新款法拉利跑车发动机，听点轰鸣声还像回事，跑两步就可能趴窝。一个完全不配套的产品，不可能会有生命力。

首先是理念问题。 王安石的确是个聪明人，很多改革理念非常先进。比如保甲法，将村民抽编保丁，利用农闲组织军事训练，不但节省了军费开支，还在民间储备了大量可以直接征调参战的兵员。虽然跟现代的民兵制度有较大差异，但从藏兵于民的思想前瞻性看，王安石算得上是"民兵之父"。再比如市易法，政府设立专门机构，出钱收购滞销货物，在市场短缺时再卖出；还有均输法，按照"徙贵就贱，用近易远"的原则，国家统一调度收购和运输，既稳定了市场，又增加了政府财政。这两项法令似乎有些计划经济的萌芽。曲高则和寡，这么先进的改革理念，不是每个人都能看得懂，否则人人都是王安石。

其次是利益问题。有人说，王安石的改革触动了大地主大官僚的利益，又没有真正让老百姓得到实惠，所以才会弄得天怒人怨，玩不下去，仅仅一个青苗法，就把他推进"失道寡助"的深渊。说实在话，能够想出青苗法的人，对老百姓肯定有阶级感情，至少该项法令的初衷是解决贫困线农民的温饱问题。然而，王安石不与民争利，他所设定的法令漏洞，却帮助一批贪官污吏跟老百姓抢食。可以说，青苗法是让王安石上下不讨好的一个典型败笔。在利益面前，任何改革都需要用完善乃至完美的制度来保障和武装。

再次是配套问题。法拉利的发动机功率再强大，仅仅适合它那一款跑车，不可能成为牵引坦克的动力。这次变法失败，最直接的原因还是主张与现实根本不配套。王安石的创新理念求破求快，没有面对现实稳扎稳打，一旦矛盾对立到足以动摇皇帝本人地位时，结果就是不得不丢车保帅。那时，大部分官僚不希望变法，是因为北宋还没到积贫积弱的地步，大国形象仍然成为共识。他们习惯现有的制度和生活，享受着拥有带来的快感，希望上上下下都能够按套路出牌。当王安石用新的套路来变革旧的套路时，这些人作出懒驴上磨的姿态，也就可想而知。

南慕容为何无法复国北燕

金庸先生的《天龙八部》中有个重要角色就是"北乔峰南慕容"

中的慕容复。在小说中他是大燕皇族后裔，一心一意只想复国，重振大燕雄风，最后他采取了寄身西夏的方式，想借兵伐国。小说中的人物当然是虚构的，但映射了南北朝各国兴亡的一段真实历史，实际上，慕容家族的后代子孙们，始终未能美梦成真。无法复国，自然有无可逆转的历史原因，从亡国开始就注定这是历史必然。

1. 慕容氏败于家族叛乱。大燕国在历史上区分为前燕（公元337年－370年）、后燕（公元384年－407年）、南燕（公元398年－410年），均由鲜卑族慕容氏开创。另外还有个与南燕相呼应的北燕（公元407年－436年），由于领导人不是慕容氏，算不上正宗的大燕。从年代表可以看出，前燕与后燕断代14年，后燕与南燕交叉9年，这就说明，慕容家族这些年发生了意想不到的大事。

首先，前燕灭亡，始于吴王慕容垂被逼出走前秦，帮着老冤家苻坚对付本家兄侄，直接导致前燕兵败而亡。

其次，后燕的创始人，就是前燕的叛将慕容垂，他再次造反，这次与前秦为敌。虽然他开创了大燕千古基业，成为当时纵横几省的霸主，但仍然摆脱不了内乱的命运。在他死后，慕容家族在外患面前自乱阵脚，慕容德自起炉灶建立南燕，慕容宝、慕容崇、慕容策、慕容熙等人你方唱罢我登场地过皇帝瘾，而没能挤进去就身败名裂的慕容子孙不胜枚举。其实，与后燕同时建立政权的，还有个慕容泓创建的西燕，由于跟后燕创立之期基本重合，且存在法统之争，10年后还被后燕所灭，就不单独介绍。

再次，南燕由慕容德所创，因为没有儿子，只好传位给兄长慕容纳的儿子慕容超。这哥们年少时吃太多苦，还装过疯要过饭，当了皇帝就不知天高地厚地胡闹，导致人心尽失。慕容宗亲对他实在忍无可忍，于是就有了慕容法、慕容统、慕容根等人的叛乱。从南燕开国皇帝慕容德去世到南燕灭亡，仅仅5年。

2. 慕容燕国亡于姓氏更替。前燕是由前秦所灭，这才有了后燕，尔后又派生出北燕、南燕。南燕仍然是慕容氏掌权，但被刘宋所灭，而北燕虽然国号为燕，皇族姓氏却发生了变化，源于连续三次政变。

第一场是家族内乱。公元397年，后燕第二个皇帝慕容宝的儿子慕容会发动叛乱，被高云平定，于是慕容宝收高云为养子，跟着自己姓，改叫慕容云，这个时候已经种下祸根。

第二场是宫廷政变。公元407年，冯跋发动兵变，杀害后燕皇帝慕容熙，拥立慕容云上位。虽然国号仍然是大燕国，但皇帝改回本家姓，又叫高云，此时的燕国史称北燕。

第三场是权臣叛乱。公元409年，冯跋再次发动兵变，杀死慕容云后自立门户。不过，冯氏家族仍然没有改国号，仍然叫燕国，直至公元436年为北魏大军所灭。

由此可见，慕容家族的败亡，首推祸起萧墙相互攻讦，内部很不团结，所以，传到几百年后的大宋王朝，无论哪一支慕容后裔，也不可能振臂一呼，把子子孙孙们都凝聚起来。小说中的慕容复，也许在现实生活中有，但命运和历史都不可能"斗转星移"。

史上哪有陈世美

陈世美的知名度堪比当代网红，但凡谈过恋爱的人不可能不知道他这个大名鼎鼎的"负心汉"，尤其是男方出现劈腿时，必定被冠以陈世美的雅号。可惜，历史上根本就找不出这么一个人物，他在《铡美案》的出现，完全是场戏剧闹剧，据说是戏班子为了救场，把宋朝和清朝两个剧搞了场"串串烧"。

　　既然包公没有铡过陈世美，为什么又众口铄金"捧"出个陈世美呢？原因肯定不是一场江湖闹剧那么简单，更何况，古代信息不够发达，不像现在网络世界，可以让"陈世美"一夜爆红。后世对陈世美也作过一些考证，还有人牵强附会，把清代的陈年谷与陈世美划上等号，认为是一场冤假错案。其实，这些人忽略了一个重要事实，戏剧就是戏剧，是超脱于史实以外的虚构艺术。比如元末明初的小说家罗贯中，他写的《三国演义》就有太多与历史不相符的情节，而且，现在很多人研究三国，竟然还是以演义为蓝本。从某种意义来讲，正史也是后人所书，且容易被统治阶级所操纵，所以古人们对戏剧人物可能更感兴趣，口口相传不亦乐乎，还不用直接承担妄议朝廷的风险。

　　说起陈世美，就不得不先说说老包。包拯是个清官和断案能手，历史已有公论，但是，老包入主开封府，是在 58 岁"高龄"，在这里只呆了一年多。这个开封府，既没有公孙策，又没有展昭，更没有张龙、赵虎和王朝、马汉，他的工作精力也主要在实干兴邦上。把开封府尹神化成平冤专家的，是清代的石玉昆，他写的《三侠五义》，后来拍了不少电影电视。本来嘛，作为首都开封的最高行政长官，不可能天天当公安局长或法院院长，所谓的龙头、虎头、狗头铡就算真有，也不可能放在一个地方行政衙门。

　　因为有需求，才会有创造。古人并不傻，他们自然懂得这个道理，写戏剧写小说的懂，听众观众也懂，但没有人计较这些，因为人们心目中，需要这么一位"包青天"来替他们伸张正义、主持公道。尤其是在元明两朝的老百姓，受压抑和委屈太多，从而涌现了一批元代明代的戏剧家小说家，用戏曲和演义为老百姓讨个公道。所以，清官包拯是真的，但很多事迹是后人编出来的，包括大反派陈世美，是编出的一个对立人物，用来衬托包青天的伟大。

存在，是因为合理。其实，就算没有这个"陈世美"，戏剧家们也会创作出那个李世美、王世美。非要纠结陈世美起因源于冤假错案，是对小说和戏剧的过于较真，同时，把相隔几百年的清代人抬出来考证，完全没有必要。如果这都需要考证，那《三国演义》需要考证的内容太多了，大学专门开一科专业，拿完博士学位也未必能说清一小半。

马家寨为何后人都姓吴

通常来讲，以姓氏开头命名的村镇，大多源于宗族群居，比如《西游记》的高老庄，住户大多是高姓。但也有例外，在贵州岑巩县马家寨，有上千人口，男丁没有一个人姓马，全都姓吴，不能不说是件怪事。据专家考证，这个马家寨，是清初吴三桂部将马宝护送陈圆圆和吴氏后裔所建。20 世纪 80 年代，有学者在马家寨寻访到陈老太婆（陈圆圆）的坟墓，还有清朝雍正年间立的墓碑为证，还留有儿孙们的姓名落款。可以推测，这个村寨之所以命名为马家寨，应当有两个考虑，一是让吴氏后人记住马宝这位大恩人，二是隐居乡野躲避清兵的现实需要。

按理说，故事到这里就可以结束了，可是，仍然还有疑问需要解答。

首先，公元 1678 年吴三桂称帝，死后由孙子吴世璠继位，这是为什么？吴三桂死时是 66 周岁，虽然长子吴应熊被康熙杀了，但其他儿子应当有 30 至 40 岁左右的接班人，而且这个年龄正是执政壮年，不让给儿子而直接传位给孙子，理论上行不通，难道吴三桂就不怕吴氏子孙自乱阵脚相互仇杀？唯一行得通的解释，就是这个吴世璠有大才，值得托付衣钵，而且其他子孙还没有任何意见。

其次，除了当人质被杀的吴应熊，吴三桂还有一个参加南征北战的儿子吴应麒，据说跟着侄子吴世璠退守云南后失踪。这两个人至少可以说明，吴三桂的儿子们是"应"字辈，但马家寨给陈老太婆立碑的儿子叫吴启华，并非"应"字辈，而孙子们仍然是"世"字辈，这就难以解释了。儿辈避祸改名可以理解，孙辈应当一起效仿才能更好掩人耳目，凭什么只改吴启华的名号呢？在非常重视辈分的封建礼制下，这种情况应该不会随便出现。

再次，吴三桂起兵反清前，经营云贵多年，把后代偷偷送到贵州安置，属情理之中。但是，这也是一把双刃剑，吴家的人方便经营，爱新觉罗家的人也方便找到，这是很明显的道理。况且，自秦朝以来，中国就有了户籍制度，在马家寨平白无故冒出一个村庄，地方官吏会不知道？恐怕，就算多出一个人来，地方保长们也能很快把人给揪出来。古代律法中，对于人口的动迁和盘查非常严格，户籍制的发明家商鞅就是因为出门没带身份证（路条），住不了店吃不上饭，而且还被人揭发被捕。再者，一代圣君康熙可以不追查吴氏后人下落，朝廷的人口登记普查制度也可以把马家寨的吴氏挖出来，就这么堂而皇之地隐居，并且在雍正年间就公开立墓碑，实在要打个大大的问号。

当然，疑问归疑问，从目前来看，马家寨的吴氏更像平西王的后人，而且宗族内部的传说和传统延续几百年，也不会打几个问号就能推得翻，除非时过境迁，又能找出一个新的"马家寨"。

公主屡遭骗婚

明朝是平民驸马比较多的年代，据说是因为朱元璋不喜欢搞政治婚姻，导致外戚集团做大做强，最后危及朱氏子孙权威乃至皇位。既然不搞政治联姻，那只能在民间选驸马，于是很多偷懒的皇帝们把招女婿的决定权放给了太监们。

众所周知，明朝出过几个好太监领袖，但大部分太监头都是坏蛋，从而调教出一帮子胡作非为的小坏蛋，他们就连皇帝都敢糊弄和欺负，更何况是小小的公主。所以，选驸马被太监们弄成卖公主，谁开价高就可以把公主娶回家。

按理说，公主婚配的对象，不能是王公大臣出身，就必须是民间德才兼备、品貌合一的青年才俊，这样才能符合皇家威严。但是，太监们一旦当起人贩子，管他三七二十一，就只认钱不认理。比如嘉靖年间的永淳公主，就是典型被骗婚的牺牲品。起初，太监们找了个叫陈钊的人，嘉靖皇帝或许心血来潮，看了看对方家谱，竟然是一个小妾所生的庶子，立马不干悔了亲事，可是，太监重新推荐的谢昭，居然是一个秃顶的丑八怪，还比不上原先那个陈钊。由于婚期已至，最终永淳公主只能下嫁谢昭。万历年间的永宁公主就更惨，作为当朝皇帝的亲妹妹，选了个病入膏肓的梁邦瑞当老公，结婚当天驸马就猛流鼻血，一个月后就守了寡，这样的事情也成为明朝皇室被嘲弄的一大丑闻。也许，周星驰拍的《九品芝麻官》，就是从中获取的婚配素材。

话说回来，是太监们胆大包天，还是皇帝们对女儿视若草芥，竟然允许这种事情反复发生。查一查明史就可以推断，朱元璋重男轻女的思想，祸害了明朝公主几百年。在大明江山传至朱氏第七代以前，所有受封的公主大多数没有留下姓名，从第八代明世宗朱厚熜开始，公主们的姓名才记录详实。然而有名有姓并不能完全改变受歧视的命运，上述两个故事，就发生在朱氏第八代、第十代皇帝执政时期。这么说，太监们这么大胆，这么使坏，起因还是公主们的地位太低下，别说比不上皇子，就连普通大臣的女儿都比她们强。

纵观中国古代历史，宋朝以前国祚百年以上的朝代，都会有名号响当当的公主。比如，汉景帝时期的长公主、汉武帝时期的平阳公主，唐朝的太平公主、安乐公主。或许是出于吸取前朝教训，宋朝开始，对于女儿们管理十分严格，防止江山被女儿当嫁妆送给驸马。明朝自第三代起，朱姓子孙有女性化趋势，出了像万贵妃、客奶妈这样的女强人，但是公主们的待遇仍然不见改善。也许，正因为大明王朝的公主们被压抑得太久，民间才会有"独臂神尼"九难这样的传说，可是，当明朝末代皇帝崇祯挥剑斩向她时已经注定，公主在皇帝眼中永远是牺牲品。

六次上位五次下岗的皇后

一般情况下，皇后都是明媒正娶的女性佼佼者，一生之中也许不止侍奉一个皇帝，但先帝的皇后再次被立为皇后的非常罕见，尤其是被多次册封为后。羊献容就是这么一个身处西晋"八王之乱"时期的"幸运儿"，六次当皇后，五次被废，直到换了老公，才尝到母仪天下的尊严。

第一次当皇后，是公元 300 年，傻儿皇帝司马衷的首任皇后贾南风被赵王司马伦所杀，羊献容以自己是尚书右仆射羊瑾的孙女身份，被选为皇后，跟傻皇帝还生了一个清河公主。公元 304 年，成都王司马颖打进京城，将羊皇后废为庶人。

　　第二次当皇后，是第一次下岗后五个月，东海王司马越打败司马颖，又恢复了羊献容皇后名号。这次当皇后被废，跟复出一样时间飞速，张方打败司马越进入洛阳，又废黜羊献容。

　　第三次当皇后，是张方把傻儿皇帝带到长安之后，张方在长安设西留台，在洛阳设东台，出于需要，又恢复皇后名号。而到公元305 年，张方第二次废黜羊献容。

　　第四次当皇后，仍然是 305 年，周权在洛阳自称平西将军，让羊献容复位当皇后，但好景没几天，洛阳县令何乔灭掉周权，又废了皇后。也就是说，从 304 到 305 年，一年之间这个皇后已经四下三上。

　　第五次当皇后，是公元 306 年，傻儿皇帝终于回到洛阳，让羊献容继续当皇后；直到晋惠帝司马衷被毒死，晋怀帝司马炽继承大统，仍然尊称为惠帝皇后，算是过了几年安生日子。由于西晋于公元 311 年灭亡，羊皇后自动下岗，并当了前赵将领刘曜的小姜。

　　第六次当皇后，是公元 319 年，刘曜称帝后一年，又将羊献容立为皇后。这次时间不算最长，但得到善终，直到 322 年去世，羊献容始终被宠爱有加。

　　前赵皇帝刘曜非要立羊献容当皇后，属于萝卜青菜各有所爱，没什么可探究的。值得思考的问题是，晋惠帝在位期间，为什么司马家族的人偏爱废立皇后，而不是把皇帝直接废黜？要知道，司马衷虽然傻，但法统名正言顺，"八王之乱"乱在争权夺利，而不敢轻易触碰家族法统，否则，无论是哪个王自立为帝，都会招致群起而攻之。既不能废皇帝，又要宣示主权，怎么办？最直接有效的方式，莫过于把皇后废掉。能够废皇后的人，自然就具有废皇帝的本事；不废，既是尊重法统，又是证明自己忠于朝廷。

当然，这等伎俩纯属于掩耳盗铃，每次废黜皇后前，叛王叛将们都会写道奏章做做样子，反正皇帝傻不经事、任人摆布。从司马颖开始，大家就看出其中门道，于是竞相模仿，一方面摆弄皇帝当傀儡，另一方面折腾皇后当棋子，羊献容在这种环境下，能够忍气吞声等到彻底翻身做主，实在不容易。

李唐开国要感谢瓦岗军

唐朝开国，征战功劳首推李世民，但从隋朝灭亡细数，无论是李渊还是李世民，不得不默默致谢最强大的一支农民武装瓦岗军。从公元611年翟让逃亡到瓦岗聚众起义，到618年李密向李渊投降，7年间瓦岗军牵制、消耗了隋朝大半家底。而李渊从617年发动晋阳兵变，到自立唐朝仅仅与隋朝战斗了一年，其间，还拥立过隋代王杨侑为皇帝，真正比拼实力和血性的时间更短。

因此，从推翻隋朝建立唐朝的角度讲，真正的主力是瓦岗军，只不过应了一句古话，鹬蚌相争渔翁得利，在隋朝与瓦岗军拼得你死我活的时候，李渊轻而易举捡了现成便宜。瓦岗军最火的时期，来自616年李密的加入，首先攻取荥阳、洛口仓和回洛仓，对杨广政权给予重创，直到李唐宣布独立，还与隋军进行了一场损失惨重的消耗战，最终败给宇文化及。而618年在江都兵变杀掉隋炀帝杨广的宇文化及，又被农民军领袖窦建德所杀，隋朝的灭亡，跟李渊沾不上太多边。说到底，唐朝开国初期的主要任务，是消灭割据的军阀和镇压农民起义，从 618 年至 628 年的 10 年间，先后灭薛仁杲、刘武周、王世充、窦建德、萧铣、林士弘、梁师都等，实现了全国统一。

说李唐要感谢瓦岗军，这可不是一句空话。**首先，李渊起兵实力不足。**617 年，李渊在太原誓师时，东拼西凑才 3 万兵马，那时的瓦岗军有 20 多万，如果真要这两家先打起来，结果可不好说，瓦岗军不缺乏谋士和大将。**其次，进军京城阻力不大。**由于这个时候，瓦岗军跟王世充在中原发生激战，谁也顾不上李渊，结果让李渊一路顺畅地攻占了长安，并拥立杨侑为帝。这个过程，有点像当年刘邦攻进咸阳，只不过结果不一样，刘邦担心项羽收拾他，原封不动又把咸阳让了出来。**再次，周边没有直接战场。**好不容易占了长安，李渊没有把到嘴的肉轻易吐掉，不到半年就宣布建立大唐。这时，隋朝已经灭亡，但军阀与农民军在相互征讨，而且战场距离长安比较远，不但有利于休养生息，还可以厉兵秣马、结交拉拢，罗艺就是这个时候投靠李唐的。所以说，刘邦没有李渊这样的好运气，舒舒服服当了皇帝，还可以坐山观虎斗。

当然，称帝后的唐朝也不是吃素的，尤其是李世民善于结交天下豪杰，手下网罗一批能征善谋的弟兄，用了一年建立皇朝，再花费 10 年统一全国，凭借的不仅仅是运气，因为运气永远偏爱有准备的人。可以这么说，虽然李渊是开国皇帝，但没有李世民，就不可能有唐朝。所以，虽然李世民发动了玄武门之变，又留下一个祸害李唐几十年的武才人，但后世仍然把他当作一代明君，给予了较高评价。

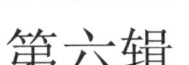

第六辑

历朝正宫

西汉

按理说，秦朝是我国第一个中央集权的封建王朝，公元前221年立国，公元前207年亡国，共历二帝（另有一王，子婴），国祚14年。可能因为立国时间太短，也可能因为秦始皇担心立后会败坏门风，中国历史上的第一个皇后出于西汉，正宫皇后史只能从西汉开始介绍。

1. 汉高祖刘邦之皇后：吕雉。生于公元前241年，逝于公元前180年，是中国历史第一位皇后、皇太后、太皇太后（因临朝称制，没这么叫），也是第一个临朝称制的女人。在成为皇后前，吕雉算得上贤妻良母，下嫁给中年亭长刘邦后，工作任劳任怨，上得厅堂下得厨房，耕织农桑，照顾子女，还当过楚军的俘虏。也许因为夺嫡风波，昔日低调隐忍的吕后一反常态，从一个极端走向另一个极端，大兴诛戮，当上皇太后就更加不得了，刘家天下全部由吕氏执掌，直到吕后病逝，"称制"8年之久。

2. 汉惠帝刘盈之皇后：张嫣。是刘盈的亲姐姐鲁元公主的女儿，也就是吕后和刘盈的亲外甥女。这是一个娃娃皇后，10岁嫁给比她大9岁的舅舅刘盈，4年后守寡被幽禁，仍然是个处女。不过这位历史上第一位处女皇后有个优点，就是心地善良，为了不让外婆为难未央宫的嫔妃，还假装过怀孕。

3. 汉（前）少帝刘恭之皇后：没有。刘恭3岁登基，当了4年傀儡后，7岁就死了，还没来得及行成人礼。

4. 汉（后）少帝刘弘之皇后：吕氏（吕禄之女）。刘弘的命运跟刘恭差不多，生来就是傀儡，死因也是傀儡，挂了4年皇帝名而已。唯一不同的是，刘恭死于吕后，刘弘死于周勃、陈平，所以吕后把侄子吕禄的女儿吕氏，嫁给娃娃刘弘。这位吕皇后命不好，同样是挂个名，结果也要跟着一起死。

5．汉文帝刘恒之皇后：窦漪房。由于存在正统之争，刘弘被杀，刘邦的第四子代王刘恒被拥立为皇帝。窦漪房母以子贵，因儿子刘启被立为太子而当上皇后。在孙子刘彻继位后，她成为历史上第一位名副其实尊称的太皇太后。这位太后有个怪毛病，对长女刘嫖和幼子刘武特别娇宠，唯独不太喜欢当了皇帝的儿子刘启，做了不少出格的事。好在她没有吕后那么霸道，关键时候能够收手。

6．汉景帝刘启之皇后：王娡。在王娡之前本来有个薄皇后，因为没有儿子被废黜。王娡也是母凭子贵，儿子刘彻当上太子，她就当上皇后，之后又当了太后。这是中国历史上第一位改嫁皇后，首任丈夫是金王孙，并生有一个女儿，后来送到太子刘启那里，生了三女一子，总算峰回路转看到希望，通过与长公主刘嫖套近乎并定下娃娃亲，依靠政治联姻，王娡成功让儿子刘彻当上太子。王娡当皇后时还比较老实，什么事情都能沉得住气，一当上皇太后就把窦漪房的坏毛病全学会了，大肆干预朝政、培植外戚势力，跟前任太后相比有过之而无不及。

7．汉武帝刘彻之皇后：卫子夫。在卫子夫之前，有一个"金屋藏娇"的主人公陈皇后，因为性情乖张和没有儿子等原因被废。卫子夫原本是汉武帝姐姐平阳公主府上的歌女，也是后来成为汉朝征讨匈奴的两位大将军，卫青同母异父的姐姐、霍去病的姨妈。卫子夫是一位德行优秀的皇后，母仪天下38年从来没有大的过错。谁会想到，因为江充借用巫蛊案陷害太子刘据，导致刘据无奈起兵政变。作为刘据的母亲，卫子夫无奈站到太子这一边，在刘据失败后自杀身亡。

8．汉昭帝刘弗陵之皇后：上官氏。这是历史上第二位处女皇后，因为是汉武帝托孤大臣霍光的外孙女、上官桀的孙女，上官氏6岁就嫁给了时年11岁的刘弗陵。汉昭帝病死时，上官氏才15岁，之后陆续当了皇太后、太皇太后。

9．汉废帝刘贺之皇后：没有。由于刘贺在位时间太短，仅仅27天就被托孤重臣霍光所废，来不及册封皇后。这个刘贺，就是后来因坟墓发掘而名噪一时的海昏侯。

10．汉宣帝刘询之皇后：许平君。说来也怪，刘据因为政变失败自杀，他唯一幸存的孙子刘询（刘病已）捡了个皇帝当，成为汉朝又一位有名的贤君。他所开创的"孝宣中兴"，使汉朝国力达到最强盛时期，也正是他，让汉匈之争作了个了结。这么英明神武的皇帝，爱情故事也颇为传奇，"故剑情深"演绎了一段王子与灰姑娘的浪漫爱情。这位灰姑娘就是许婕妤，她收到中国历史上唯一用诏书写成的情书，一道皇帝对贫女的许诺。可是这个爱情故事的结局很悲惨，霍光的妻子霍显为了让女儿霍成君当上皇后，派女医生淳于衍将许皇后毒死。后来，霍成君真的当上皇后，却没能给刘询生下一男半女，终因霍氏家族密谋政变而被废自杀。

11．汉元帝刘奭之皇后：王政君。由于刘奭是"故剑情深"故事结晶，由他继位当皇帝是必然的，但这个家伙没父亲那么争气，一身的文艺青年范，同时宠信权臣导致皇权衰弱。他的皇后就是大名鼎鼎的王政君，她的侄子王莽结束了西汉国祚。这是中国历史上第一位长寿皇后，在位61年，历经皇后、太后、太皇太后，辅佐4个皇帝，重启西汉外戚专权的帷幕，王凤、王音、王商、王根、王莽"五王"轮流掌权，把汉朝一步步推向灭亡。不过，王政君对汉室还算比较忠诚，王莽篡汉时，她把秦始皇期间制作的传国玉玺砸在地上，导致和氏璧崩碎一个角。

12．汉成帝刘骜之皇后：赵飞燕。刘骜起初册封过一位许皇后，因为被赵飞燕等人揭发涉嫌巫蛊，废黜后赐死，接班人就是告密者赵飞燕，一位形容可以在手掌上跳舞的美女。赵飞燕和妹妹赵合德两个人对汉朝最大的"贡献"，就是让汉成帝刘骜亲手掐死了唯一幸存的儿子，导致刘骜只能立侄子刘欣为太子。赵飞燕可以称得上西汉第一位绝嗣的毒妇，虽然她当上太后，仍然逃不出冤冤相报的命运。

13．汉哀帝刘欣之皇后：傅氏。傅皇后是孔乡侯傅晏的女儿，她的命运实在糟糕透顶，先是以姑母的身份嫁给侄子刘欣，后又因侄子是个同性恋而守活寡。没办法，傅皇后只能忍气吞声，直到刘欣荒淫早逝，被权臣王莽所废而羞愤自杀。

14．汉平帝刘衍之皇后：王嬿。这位西汉的末代皇后，就是王莽的女儿，11岁时嫁给刘衍成为皇后，14岁因为父亲王莽毒死刘衍守寡，当上了太后。16岁那年，王莽自己当了皇帝，把女儿改称"黄皇室主"。后来，因为绿林军攻占长安，王嬿在火海中自杀。

把西汉的皇后们作个归纳总结，主要有四个特点：一是太后、太皇太后多，说明皇帝们比较短命，女人们相对命长；二是出嫁年龄小，守活寡的多，十四五岁就当皇太后的都有几个；三是干政乱政的多，从吕雉开始算，但凡因儿子称帝当上太后的，无一例外成为政坛女强人；四是自杀的皇后多，除了心如蛇蝎的赵飞燕、霍成君，其他几位自杀的皇后，人品都算不错。

东汉

在西汉与东汉之间，王莽建立了"新"朝，国祚14年，他娶了汉朝宜春孝侯王咸的女儿，并立为皇后。新朝立国时间太短，皇后难有作为，所以这位王皇后鲜为人知。这里介绍的，是东汉帝国12代皇帝所册封的皇后。

1. 汉光武帝刘秀之皇后：阴丽华。 在阴丽华册封为皇后之前，还有一个郭圣通皇后，因为元配夫人阴丽华考虑刘秀根基不稳，有政治联姻的必要，把皇后的位置让给了郭圣通，直到郭圣通被废，36岁的阴丽华被封为皇后。阴丽华不但是个美女，而且不苟言笑，行为中规中矩，很有大家风范，刘秀还没发迹时，就有"娶妻当得阴丽华"的豪言壮语。阴丽华还有两件鲜为人知的事情：第一，她是管仲的后人；第二，她是中国历史上享受皇后谥号制度的第一人，这种后谥加帝谥再加本谥的定制，一直沿用到唐朝初年。

2. 汉明帝刘庄之皇后：马氏。 马氏皇后是东汉名将马援的女儿，所谓"马革裹尸"就由马援首创。这位马皇后为人不错，又谦虚又低调，所以后来当了太后也没有做过什么出格事，是继阴丽华又一位东汉贤后。可惜，马皇后没有子嗣，因抚养太子刘炟而尊为太后。

3. 汉章帝刘炟之皇后：窦氏。 这位窦皇后是大司空窦融的曾孙女，东海恭王刘疆（刘秀长子）女儿沘阳公主所生，算起来又是近亲结婚，又是外戚联姻。所以，窦氏当皇后、皇太后期间，作风比较强悍，并曾以皇太后身份临朝听政，与西汉的窦漪房有点类似。

4. 汉和帝刘肇之皇后：邓绥。 在邓绥当皇后之前，阴丽华的宗亲后人阴氏捷足先登，当了几年皇后，但一生无子，就开始祸乱后宫，终究被汉和帝打入冷宫抑郁而终。邓绥也出身名门，祖父和父亲都在朝廷为官，天生就对政治很敏锐，当皇后时能够中规中矩，当太后时开始控制朝政，掌权长达16年。

5. 汉殇帝刘隆之皇后：没有。 刘隆是刘肇养在民间的儿子，不到一岁登基，刚满周岁就驾崩，成为中国历史上登基最早、寿命最短的皇帝，哪来得及有皇后。

6. 汉安帝刘祜之皇后：阎姬。 虽然出身名门，但阎皇后是一个典型的醋坛子和权力控，为了得到皇帝专宠，不断陷害其他嫔妃，为了能够执掌朝政，矫旨另立新帝，扶北乡侯刘懿上位（汉少帝）。不到一年，刘懿就病死，原来的太子刘保在一场新的政变中拥立上位，而阎皇太后被迁往离宫，相当于软禁。

7. 汉顺帝刘保之皇后：梁妠。 她是一个靠抽签"中奖"的皇后，也是一个历四朝掌三朝，把东汉政权推进火坑的女人。

8. 汉冲帝刘炳之皇后：没有。 刘炳两岁即位，两岁驾崩，在位不到5个月，没来得及纳后。

9. 汉质帝刘缵之皇后：没有。 刘缵本来是个聪明的娃娃皇帝，8岁登基，9岁就被梁妠太后的哥哥梁冀毒死，没有纳后。

10. 汉桓帝刘志之皇后：梁女莹，邓猛女，窦妙。 刘志的"丰功伟绩"是把梁氏外戚集团铲除，但把政权又交给了宦官集团，导致出现"举秀才，不知书；举孝廉，父别居"的荒谬局面。刘志的第一个皇后是梁妠的妹妹梁莹，这位梁皇后与梁太后不愧是亲姐妹，做派完全一样，最后因无子忧郁而死。第二个皇后是邓猛女，是邓绥的侄孙女，她的风格和结局跟前任梁莹基本一致。第三个皇后窦妙，出身窦氏宗亲，继承和发扬了老窦家的光荣传统，后来当上太后，因为想扳倒宦官集团，被宦官反制，被迫迁宫。

11. 汉灵帝刘宏之皇后：何莲。 何莲的名字不够响亮，但她的哥哥何进，就是《三国演义》开场的汉朝大将军。何莲生育汉少帝刘辩，被尊为太后，并设计毒杀刘宏的生母董太后，最后因董卓入京，刘辩被废，何太后只能接受董太后同样的命运。

12. 汉献帝刘协之皇后：伏寿，曹节。 刘汉皇朝的末代皇帝刘协，先后立了两个皇后。第一个是伏寿，因为写信密除曹操，被幽禁而死。第二个皇后是曹操的女儿曹节，她跟西汉的王政君有点类似，面对兄长曹丕逼宫，愤怒地将玉玺掷在地上，而且大声斥责："老天有眼，决不让你长久"。可见，曹节嫁鸡随鸡，对汉室同样忠诚。

东汉的皇后们有两个共同之处：一是非富即贵，且除了何莲出身屠户人家，因家里富有行贿入宫外，其他皇后都出身名门，这就给外戚集团死灰复燃提供了平台，也为后来的宦官集团乱政埋下伏笔；二是难得善终，除了前两任皇帝的皇后外，其他皇后、皇太后的结局都不怎么样，好不容易熬成太后的那几位，结果不是被整死就是被气死。女人代表不了政治，但反映了政治，从东汉皇后的结局，也能映射到皇朝的兴替。

魏

由于曹魏代汉立朝，且先后灭蜀、吴，东汉以后以曹魏为正统。曹魏的奠基人是曹操，他在世期间，有很多机会自立为帝，但是始终没有取而代之。曹操死后，曹丕迫不及待逼妹夫刘协禅让帝位，从而成为曹魏的开国皇帝。也许应了曹节那句话，曹魏政权只维持46年，就被司马家族的西晋所取代。

1. 魏文帝曹丕之皇后：郭女王。这个郭女王是曹魏第二任皇帝曹叡的养母，也是将曹叡生母甄氏置于死地的直接责任人。虽然她对曹叡有养育之恩，有拥立之功，但仍逃不脱恶有恶报的命运。曹叡一上台，就让贵为太后的郭女王自杀，并以其人之道还治其人之身，蓬头垢面草草下葬。

2. 魏明帝曹叡之皇后：郭氏。曹叡册封了两个皇后，第一个是安国侯毛嘉的女儿毛氏，失宠后被赐死。第二个是郭氏，河西望族郭满的女儿。郭氏运气比前任好一些，当了一年皇后，就被养子曹芳尊为皇太后。

3. （齐王）曹芳之皇后：甄氏，张氏，王氏。曹芳是魏朝的第三任皇帝，在位 15 年，后来被司马师废为齐王，他共册立三个皇后。第一个是甄皇后，当了 8 年就病逝。第二个是张皇后，光禄大夫张缉的女儿，在当上皇后的第二年，其父张缉因反对司马师失败，受牵连被废。第三个是王皇后，奉车都尉王夔的女儿，皇后当了不到半年，因曹芳被司马师废为齐王，她也成了齐王妃，住进了齐王宫。

4. （高贵乡公）曹髦之皇后：卞氏。曹髦是魏朝的第四任皇帝，与前任是兄弟关系，在位 6 年，宫廷政变失败后，被司马昭所杀。他的皇后是曹操妻子武宣卞皇后之弟卞秉的曾孙女，曹髦被弑后，卞皇后让出后位。

5. 魏元帝曹奂之皇后：卞氏。曹奂与曹芳和曹髦不一样，他是曹操的孙子，即曹芳和曹髦的叔叔，他册立的皇后卞氏，是前任曹髦所立皇后的堂姑。由于曹奂只是司马氏的傀儡，她的皇后名号也只能是个虚名，没有什么作为。曹奂禅位给司马炎后，当了 3 年皇后的卞氏与曹奂一起迁到邺城定居。自此，曹魏不再有帝王，亦不再有皇后。

曹魏时期的皇后，有三个共同点：一是大多名字失考，除了曹丕的郭皇后，其他皇后只留下姓氏，名字都没有留传后世，从这里也可以看出，曹魏时期的皇后并没有多少实权，也不那么受待见，废黜率远远高于西汉和东汉两朝；二是大多没有参与政务，或许曹魏吸取了东汉外戚集团专权的历史教训，立朝开始就没有给后宫干政的机会，即便是曹叡的皇后郭氏当了太后，也因司马家族控制朝野，没能走上前台；三是皇后与皇后之间、皇后与皇帝之间的关系错综复杂，大多可以找出血缘关系，从立后的规则也可以看出，曹魏巩固政权的方式与汉朝大相径庭，只有内联没有外合，这也可能是曹魏迅速衰败的一个重要原因。

晋

晋朝是由司马懿和司马师、司马昭父子三人奠基，再由司马炎逼曹奂禅让而立朝，在历史上分为西晋和东晋，由于不像西汉、东汉中间有"新朝"间隔，所以对皇后们一并介绍。

1. 晋武帝司马炎之皇后：杨艳，杨芷。这两位皇后是堂姐妹，杨艳病逝前，担心傻儿子司马衷被废，于是向司马炎推荐了堂妹杨芷。这位续弦皇后人品和做派都挺好，在后宫人缘和名声不错，只是她没想到，会死在姐姐的儿媳贾南风手里，而且是活活给饿死的。

2. 晋惠帝司马衷之皇后：贾南风，羊献容。司马衷是众所周知的傻儿皇帝，第一个皇后贾南风是历史上第一个丑女皇后，这对绝配搭档诱发了著名的"八王之乱"，给南北朝的诞生奠定基础，贾南风自己也在动乱中被赵王司马伦所杀。第二个皇后羊献容，在八王之乱中受尽沉浮屈辱，几经废立，最后竟然成为南北朝前赵皇帝刘曜的皇后，总算过上太平日子。

3. 晋怀帝司马炽之皇后：梁兰璧。司马炽是司马衷的弟弟，在动乱中扶为皇帝，册立梁芳之女梁兰璧为皇后。梁皇后只当了5

年，就在永嘉之乱中被胡人俘虏，从此下落不明，梁兰璧也成为第一位失踪的皇后。

4．晋愍帝司马邺之皇后：没有。 司马邺是西晋的最后一位皇帝，虽然在位4年，但其实是个草台班子，辖属地区仅为京城周边，不立皇后也属正常。

5．晋元帝司马睿之皇后：虞孟母（追封）。 司马睿是东晋的开国皇帝，在位期间没有册立皇后，只追封早死的元配虞孟母为元敬皇后。

6．晋明帝司马绍之皇后：庾文君。 本来当皇后是件大快人心的事，但对于庾文君来说，不见得能高兴得起来。首先，司马绍不喜欢大家闺秀，而庾文君恰恰就是；其次，司马绍继位以后迟迟不立皇后，最后被大臣们唠叨得没办法才勉强同意；再次，司马绍立后时，写了一道诏书，讲了很多稀奇古怪的话，意思是告诫皇后不要太得瑟；最后，庾文君好不容易熬成皇太后，就被叛乱的苏峻祖逼死，时年32岁。

7．晋成帝司马衍之皇后：杜陵阳。 关于杜皇后，曾经有一个传奇故事，说她结婚第二天才长出牙齿，可惜天妒佳人，杜皇后与世无争，偏偏21岁时就因病去世。

8．晋康帝司马岳之皇后：褚蒜子。 司马岳的皇帝位置是捡来的，所以褚蒜子的皇后位置也是喜从天降。可惜仅仅两年，司马岳就病死，褚蒜子年纪轻轻成为太后，带着两岁的儿子司马聃临朝称制。不过那时先后有权臣庾冰、庾翼、桓温掌实权，褚太后受了不少气。熬了十几年，总算让儿子司马聃亲政，没几年儿子又病死，褚蒜子只能重出江湖，稳定东晋政局，又先后辅佐司马奕、司马昱、司马曜。加起来，褚太后四度垂帘听政，对于制衡权臣，保护司马氏江山起到至关重要的作用。更难能可贵的是，褚太后一点都不贪恋权力，每次复出都是被逼的，功成之后自动退休幕后。

9. 晋穆帝司马聃之皇后：何法倪。由于司马聃19岁就病死，何法倪守了40多年的寡，又没有子嗣，所以历经晋朝6代皇帝，一直默默无闻，于66岁病死于建康。

10. 晋废帝司马奕之皇后：庾道怜。她是权臣庾冰的女儿，嫁给司马奕当了一年皇后就病逝。后来权臣桓温说司马奕阳痿，不知道跟庾皇后的死有无关联。

11. 晋简文帝司马昱之皇后：王简姬（追封）。王简姬是兴禄勋王遐的女儿，在世时是会稽王司马昱的王妃，因为失宠幽禁而死。司马昱称帝后良心发现，发誓不再立后，并追赠王简姬为顺皇后。

12. 晋孝武帝司马曜之皇后：王法慧。王皇后是尚书左仆射王蕴的女儿，经谢安推荐进宫当了皇后。刚开始王皇后表现马马虎虎，还像个大家闺秀，但在后宫呆得时间长了，性格越来越古怪，还特能酗酒，以致当了5年皇后就因病去世。

13. 晋安帝司马德宗之皇后：王神爱。这位皇后的祖父、父亲是大名鼎鼎的王羲之、王献之，而王皇后自己也是一位书法家。只可惜，王皇后身处东晋末年动荡时期，生于忧患，死于惶恐，29岁就病逝。

14. 晋恭帝司马德文之皇后：没有。作为东晋末代皇帝，司马德文只是"替"刘裕当了一年皇帝，然后把东晋江山禅让给刘裕，当了回皇位的搬运工。

晋朝的皇后们的命运很难总结，唯一的交集就是出身名门，如果还需要增加一条，就是除了丑女贾南风，其他皇后的心地都比较善良，鲜有祸乱后宫和朝廷的人和事。让一个丑女败坏皇后集体的名声，恐怕也只有晋朝这一个朝代吧。

隋

隋朝（公元581年—618年），是中原文化回归大一统的一个过渡王朝，立国时间短，没能出现叱咤风云的皇后、太后，但这一朝的皇后承上启下，与前面的北周和后面的大唐都有深厚渊源。

1. 隋文帝杨坚之皇后：独孤伽罗。这位独孤氏皇后，是北周卫公独孤信的女儿，她与杨坚育有五子，是隋文帝后嗣的全部家当，因此，独孤氏在当皇后时，就极受尊重和恩宠。皇帝上朝时，都由皇后同辇送至朝堂门口，下朝后，杨坚还会时常听取她的意见，宫中之人将他们合称"二圣"。独孤氏出嫁时就让杨坚发誓，一生不能碰其他女人。这种誓言很多人都宣誓过，但只有后来贵为皇帝的杨坚做到了，除了杨坚信守诺言，说明独孤皇后管理上抓得很严格，没有哪个佳丽敢于冒险。独孤氏的二儿子杨广正是看清母亲这一点，所以曲意奉承，做出只对元配夫人好的假象，让母亲成为废立太子的急先锋。唯一值得庆幸的是，独孤皇后在杨广发动政变前已经逝世，没有目睹自己犯下的大错。

2. 隋炀帝杨广之皇后：萧氏。萧皇后是梁朝太子萧统的曾孙女，西梁孝明帝萧岿的女儿，本身就是前朝公主，后来嫁给晋王杨广为妃。杨广密谋夺嫡时，得到萧氏的积极支持和配合，每当独孤皇后派宫女来探视晋王时，晋王妃与宫女同寝同食搞外围公关。萧氏当上皇后以后，鲜有劣迹，只是对杨广的胡作非为不敢说得太明白，写了篇《述志赋》委婉劝谏。公元618年，杨广在江都政变中被宇文化及所杀，萧皇后带着部分子孙流落到聊城，之后居于窦建德所部。由于突厥可汗的妻子义成公主是萧皇后的小姑子，又被突厥迎往定襄。到了公元630年，唐太宗李世民灭了东突厥，把萧皇后迎回长安，并给予礼遇。到了 647 年，81 岁高龄的萧皇后病逝。

3. 隋恭帝杨侑之皇后：没有。 杨侑本来就是李渊用来掩人耳目的工具，唐军打进长安时，他才 12 岁，没有婚配。理论上讲，杨氏政权可以算到 630 年，但由于杨侑代天禅让，李唐王朝的起始时间为 618 年，其他的杨氏小朝廷，顶多算小军阀。

作为女人，隋朝的两个皇后没有开过杀戒，后宫始终保持比较平稳状态，这在历朝历代都比较罕见。作为皇后，独孤氏和萧氏都能尽力辅佐皇帝，既要相夫教子，又能谈朝论政，是不可多得的才女，这些本领，或许源自家族渊源。独孤伽罗的姐姐妹妹，分别是北周明帝的皇后和唐高祖的亲妈，将三个朝代串联起来，使家族不因朝代变迁而衰亡。萧氏出身皇家，其侄子萧铣在隋朝灭亡后，曾经建立梁国，624 年才被唐所灭。有人传言萧皇后多次改嫁，被皇帝们疯抢 60 年，纯属野史笑料，不足为信。

唐

唐朝是中国女性大解放的时代，出了很多著名女性，有中国唯一称帝的女皇武则天，有权倾朝野的女宰相上官婉儿，有骄横淫乱的公主太平公主，这一朝的皇后注定不会简单。

1. 唐高祖李渊之皇后：窦氏（追封）。 这位追封的开国皇后，在隋朝年间已经去世，她是北周文帝宇文泰的外孙女，定州总管窦毅的女儿。据说窦氏头发长但见识广，3 岁时头发跟身高一样，6 岁时就会劝说舅舅周武帝与皇后搞好关系。这样的女娃注定会加强培养。父亲窦毅通过"比武招亲"，让李渊"雀屏中选"成为女儿夫婿，年轻的李渊应该是个神箭手，连续两箭从屏风上两只孔雀的眼睛射入，其难度可想而知。嫁给李渊后，窦氏的主要成就是当好公关经理，经"劝夫献马"让李渊取得隋朝皇帝的信任，从而为起兵奠定基础。

2.唐太宗李世民之皇后：长孙氏。长孙皇后是隋朝右骁卫将军长孙晟的女儿，唐朝宰相长孙无忌的妹妹，她13岁嫁给李世民，17岁就成为唐国公府里的当家主妇。后来由于李世民常年征战在外，功高震主，长孙氏主动四处打点关系，替夫君孝顺李渊，并广泛与后宫嫔妃交往，总算保住李世民的性命和地位，为玄武门兵变留有余地。当上皇后，长孙氏还让哥哥长孙无忌辞去相位，又保护了像魏徵这样敢于直谏的名臣。遗憾的是长孙皇后在位10年就去世，没能继续辅佐李世民，而唐太宗失去监督后逐渐有所变质。

3.唐高宗李治之皇后：武则天。在武则天之前有个王皇后，是西魏大将王思政的玄孙女，因为涉嫌害死武则天的女儿和巫蛊案被废，后来又被武皇后所杀。武则天的家境更不寻常，她的父亲武士彟因资助李渊成为唐朝开国功臣，母亲杨氏出身隋朝皇室。武则天原本是李世民的嫔妃，被封为才人，唐太宗驾崩后当了两年尼姑，又被李治召进宫中，从此一发不可收拾，顺利排挤王皇后，自己当上皇后，并被尊为天后，与皇帝李治合称"二圣"。李治死后，武则天在唐中宗、唐睿宗时期以太后身分临朝称制、擅权废立，对李唐王室展开大屠杀，并于洛阳建都称帝，在"神龙革命"中，被宰相张柬之率兵逼宫，被迫禅让给太子李显，从而李显复辟重新登基为帝。

4.唐中宗李显之皇后：韦氏。在韦氏立后之前，李显的结发妻子是赵氏，李渊的外孙女，算起来长李显一辈，没来得及当皇后就被恶婆婆武则天废黜，并活活饿死。后来是李旦复位，追封赵氏为皇后。韦皇后在历史上也是个好强斗狠的角色，在李显第一次登基时，就以太子妃之名立为皇后，李显下岗后失去皇后名号。由于共患难，李显曾私下誓约，如果有机会复辟，就让韦氏随心所欲不加任何限制。很不幸，这一天真的来了，重新为后的韦氏也真的随心所欲胡作非为，跟武则天相比，有过之而无不及。为了达到武则天这样的境界，韦后与安乐公主合谋毒杀皇帝李显，被临淄王李隆基和太平公主发动政变斩杀。

5. 唐睿宗李旦之皇后：刘氏。李旦是历史上唯一两次上岗、两次禅让的皇帝，第一次是禅让给自己的老妈武则天，第二次是李隆基。一个毫无作为也没有血性的皇帝，皇后的命运也好不哪去，作为刑部尚书刘德威的孙女，刘皇后没过上几天安生日子，就被婆婆武则天秘密杀害。

6. 唐玄宗李隆基之皇后：王氏，杨氏（追封），武氏（追封）。王氏的先祖是梁朝冀州刺史王神念，她是李隆基的原配，在玄宗登基时被立为皇后，后来因巫蛊案被废，不久郁郁而终。后来的两位皇后杨氏、武氏都是死后追封，在世时没有当上替补。杨皇后的曾祖父杨士达与武则天的母亲杨氏是宗亲。武皇后叫武则天姑祖母，算是李隆基的小表妹，遗传了武则天聪慧阴险的基因，王皇后被废和太子李瑛被杀等龌龊事，全都跟她有关。不过武氏千算万算，没想到自己在世时当不上皇后，更想不到自己铺的道路，让杨氏捡了现成，杨氏的儿子李亨接任李隆基当上了皇帝。

7. 唐肃宗李亨之皇后：张氏，吴氏（追封）。张皇后是唐肃宗的第一任皇后，她的祖母窦氏是李隆基的姨妈。或许受到武后、韦后的影响，张氏对政治和权力非常有野心，但由于情商一般，与李辅国勾结篡权反遭李辅国暗算杀害。另外一位吴皇后，是唐代宗李豫生母，她在李豫4岁时就去世，皇后、太后的名号，均为后面追封。

8. 唐代宗李豫之皇后：沈珍珠（追封）。事实上，沈珍珠在李亨继位前，已经在安史之乱中被俘失踪。据说李亨当皇帝后，身为兵马大元帅的李豫曾经在洛阳找到了沈珍珠，但不愿把沈珍珠带回长安，在洛阳再次沦陷后，沈珍珠失踪。李豫即位后，立沈珍珠的儿子李适为太子，这才开始四处寻访沈珍珠的下落。到李适称帝时，更是不惜一切代价寻找生母，以致多次出现冒名顶替的人。后来，德宗追封沈氏为皇太后，顺宗追封沈氏为太皇太后。

9. 唐德宗李适之皇后：王氏。由于唐德宗在位前期不立后，王氏淑妃之名行皇后之责。公元 783 年泾原兵变开始，大唐王朝已经岌岌可危，无心立后的唐德宗在王氏重病之时，册封她为皇后，3 天后王氏去世。

10. 唐顺宗李诵之皇后：王氏。由于李诵只当了 7 个月皇帝，就让位于儿子李纯，所以，王氏当太后的时间远远多于当皇后。王氏性格谦和，当了 11 年太后都没有干预朝政，总体上默默无闻，直到终老。

11. 唐宪宗李纯之皇后：没有。从唐宪宗开始，唐朝连续 8 个皇帝没有册立皇后，后面的唐穆宗李恒、敬宗李湛、文宗李昂、武宗李炎、宣宗李忱、懿宗李漼、僖宗李儇，都是有样学样，不再册立皇后，据说主要原因是不愿意被皇后管住私生活。

12. 唐昭宗李晔之皇后：何氏。公元 896 年，因李茂贞叛乱，唐昭宗逃离长安后，于 897 年册立何氏为皇后，这是自唐顺宗李诵立后以来，唐朝一百多年间首位皇后。李晔遇害后李柷继位，何氏被尊为皇太后，一年后被朱全忠叛乱所害，还被诬为秽乱宫闱自杀谢罪。唐朝的末代皇帝唐哀宗李柷，13 岁继位当了傀儡皇帝，在位3 年就被迫禅让给朱全忠，没有册立皇后。如此算来，何氏是大唐最后一位皇后、皇太后。

大唐王朝是继秦朝以来，第二个不愿意册立皇后的王朝，20 个皇帝中，有 11 人在世期间没有册立皇后，超过了一半。其中有个重要原因，应该是唐朝宫闱总体上阴盛阳衰，皇帝们担心出现太多像武后、韦后这样的超级女强人，祸害了大唐江山。

宋

宋朝是历史上母慈子孝的一个朝代，总体上皇后、太后们都比较仁道，虽然也会参与或干预朝政，但基本没有掀起腥风血雨。

1. 宋太祖赵匡胤之皇后：贺氏（追封）、王氏、宋氏。宋太祖共册封三个皇后，第一任皇后是死后追封的贺氏，赵匡胤的结发元配，是后周右千牛卫将军贺景思的女儿，后周时期已经去世。第二任皇后王氏是开国皇后，生了三个子女全都夭亡，郁郁而终。第三任皇后宋氏，出身名门，父亲是后唐庄宗的外孙宋偓，母亲是后汉太祖刘知远的女儿永宁公主。王皇后去世后，宋氏进宫直接当了皇后，这样的继弦皇后历史少见。由于宋太祖的儿子没能继承皇位，宋氏没有机会当上太后，开始过上凄苦生活，甚至死后发丧也没有安排合理规格，这也成为赵光义是否矫旨篡位的一个边角佐证。

2. 宋太宗赵光义之皇后：尹氏（追封）、符氏（追封）、李氏。宋太宗共册立三个皇后。第一个皇后尹氏，是滁州刺史尹廷勋的女儿，在赵光义登基前已经去世，后来追封为皇后。第二个皇后符氏，出身非常显赫，有两个姐姐都被周世宗册立为皇后，父亲符彦卿是天雄军节度使，在后周时期就嫁给赵光义，被后周册封为楚国夫人。她和尹氏一样，没能等到夫君称帝就去世，被追封为皇后。第三个皇后李氏，是大宋开国元勋李处耘的女儿，她是典型的慈母形象，对人也比较宽厚。宋真宗继位后，尊李氏为太后，李氏生病时，真宗还亲自侍候汤药，演绎一段母慈子孝的佳话。

3．宋真宗赵恒之皇后：潘氏（追封），郭氏，刘娥。宋真宗共册立三个皇后。第一个皇后是潘氏，北宋名将潘美的女儿，是赵恒的元配夫人，但没等到赵恒继位就去世，属追封的皇后。第二个是郭氏，宣徽南院使郭守文的女儿，在皇后任上病故。第三个皇后是声名远播的刘娥，也是宋朝第一位摄政太后，不过，刘后有吕雉武则天之才，但没有吕后武后之恶。刘娥还破了两项纪录，一是成为先嫁平民（银匠龚美）后嫁天子（时任襄王的赵恒）的平民皇后，二是依靠"借腹生子"有了自己的子嗣，影视剧中的"狸猫换太子"情节或不可全信。因为有了儿子赵祯（宫女李氏所生），44 岁的刘娥终于当上皇后，成为宋真宗的贤内助。在赵恒驾崩后，刘娥当了皇太后，首先废黜奸相丁谓，然后开始垂帘听政。有人劝她学武则天，但刘娥犹豫再三没有采取行动，最后主动还政给赵祯，所以得到善终。由于赵祯的生母是李氏，养母是杨氏，在赵祯继位后，帮老爸又追封了这两个皇后，算起来赵恒一朝就有 5 个皇后。

4．宋仁宗赵祯之皇后：郭氏，曹氏。赵祯册立两个皇后，第一个是郭氏，平卢节度使郭崇的孙女。因为仗着太后刘娥撑腰，郭皇后行为有些乖张，是个醋坛子，后来以没有儿子的名义，成为宋朝第一个被废的皇后。第二个皇后是曹氏，北宋开国功臣曹彬的孙女，德貌双全她只占一半，德行好而容貌一般，不怎么被皇帝喜欢。即便她出力平息一场小规模宫廷叛乱，功劳却被记在另一宠妃张美人头上，这一切郭氏都能低调宽容，从而守住皇后位置达 28 年。仁宗死后，英宗、神宗相继上位，曹氏成为太后、太皇太后，虽然她也曾经垂帘听政，强行干预过一些政事，但是总体上做的都是好事。苏轼因写诗被捕，还是曹氏出言相救，用贤良淑德来评价她，一点都不为过。

5. 宋英宗赵曙之皇后：高滔滔。高氏是上一任皇后曹氏的外甥女，与曹氏一样，先后成为太后、太皇太后，并在曹氏去世后，于宋哲宗年间以太皇太后身份临朝称制。就是她把王安石的变法新政全盘否定，重新启用司马光当宰相。不过，反对当反对，否定归否定，高氏是个贤德的女强人，并没有动用皇权进行人身攻击，哲宗一朝总体上算是太平盛世。

6. 宋神宗赵顼之皇后：向氏。向氏是大宋宰相向敏中的曾孙女，她这辈子选对一个皇帝，即宋哲宗赵煦，又用错一个皇帝，即宋徽宗赵佶。在徽宗年间曾以太后之尊短暂听政，但没几个月就主动还政给皇帝，这说明向氏不是什么权力控，只是眼光不够好。赵顼还有两个嫔妃朱氏、陈氏被后代追封为皇后，因为朱氏是宋哲宗赵煦的生母，陈氏是宋徽宗赵佶的生母，儿子当上皇帝，亲生母亲自然跟着沾光。

7. 宋哲宗赵煦之皇后：孟氏，刘氏。孟氏绝对是中国历史上一位因祸得福的传奇皇后，两次被废两次复出，两次出家当女道士，"靖康之难"后，两次挽救大宋江山。第一次，在宋徽宗和钦宗被俘北上后，傀儡政府张邦昌将女道士孟氏奉为"宋太后"，没想到孟氏将计就计暗自下诏，让宋徽宗的第九子赵构在南方登基称帝，挽救了宋室江山；到了南宋的临安城后，又遇到苗傅、刘正彦发动兵变，想拥立太子赵旉替代赵构，并请孟太后垂帘听政，孟氏再次将计就计，先让赵构退位，后联络韩世忠、张浚等大将勤王，平息叛乱后，又主动让赵构复位，自己功成身退。宋哲宗还有一位皇后刘氏，是让孟皇后两次下岗的始作俑者，到了宋徽宗登基，还以嫂嫂的名义当太后，让赵佶很不爽，结果干了 3 年太后就被逼自杀。

8．宋徽宗赵佶之皇后：王氏，郑氏。赵佶册封过两个皇后。第一个是王皇后，德州刺史王藻的女儿，她还是钦宗赵桓的生母，为人性格温良，在后宫斗争中被诬告郁郁而终。第二个皇后郑氏，本来是太后向氏身边的侍女，颇有心计，靠勾引文艺青年赵佶飞上枝头，并因赵佶主动让位给儿子赵桓当上太后。只是好景不长，48 岁的郑太后被金兵俘虏到五国城，沦为妓女，受尽折磨而死。

9．宋钦宗赵桓之皇后：朱琏。她是武康军节度使朱伯材的女儿，赵桓唯一册封的皇后，只母仪天下两年，就被金兵俘虏，为保名节投水自尽。朱皇后死后，就连金世宗完颜雍都称赞她"怀清履洁，得一以贞。众醉独醒，不屈其节"。这说明，朱皇后是被俘的几千大宋王室成员、大臣和宫女中，不多见的忠烈之人。

10．宋高宗赵构之皇后：邢秉懿，吴氏。赵构是南宋的第一个皇帝，他册封的第一个皇后邢氏，并没有享受过一天尊荣，因为她早在"靖康之难"中被金兵俘虏，从此过上生不如死的妓女生活，直到死去都没能见到赵构。第二个皇后吴氏，是唯一跟皇帝走完金婚的女人。由于赵构也是个多情种子，一直惦记在金国受罪的邢皇后，吴氏从结婚到册封为皇后，等了 15 年，好在她是老寿星，熬得起。赵构死后，吴氏寡居 10 年才去世。

11．宋孝宗赵眘之皇后：郭氏（追封），夏氏，谢氏。郭氏是奉直大夫郭直卿的孙女，也是宋真宗的郭皇后宗亲，她没等到赵眘当太子就已经去世，在赵眘登基后追封为皇后。夏氏是百姓出身，曾祖夏令吉只当过县主簿这样的小官，可能红颜薄命，只当了 3 年皇后，夏氏就病逝。谢氏和夏氏一样，都是老寿星吴太后的侍女，性情也差不多。由于出身低微，后来贵为太后的谢氏，还被出身官家的儿媳妇羞辱过，只可惜赵眘已经退位当了太上皇，只有拍桌子发脾气的份。

12．宋光宗赵惇之皇后：李凤娘。李氏是庆远军节度使李道的女儿，生了太子赵扩，她也是宋朝唯一的骄悍皇后，隶属毒妇系列。比如，赵惇只夸奖宫女的手长得白，第二天李凤娘就给他送来宫女的一双手；太上皇赵昚病重，李凤娘也不允许赵惇前往探视，直到大殓当天仍然没有露面。这样的皇帝和皇后古今罕见，激起满朝文武愤怒，给赵昚出殡当天就拥立太子赵扩登基，让赵惇和李凤娘当了太上皇和太上皇后。

13．宋宁宗赵扩之皇后：韩氏，杨桂枝。赵扩在位期间册立两个皇后，第一个是北宋名臣韩琦的六世孙女韩氏，结婚15年即病逝。第二个是杨皇后，她继承了大宋皇后、太后的优良传统，典型的慈爱宽仁形象，虽然当了太后，只把垂帘听政当作荣誉象征，从来没有过多干涉朝政。

14．宋理宗赵昀之皇后：谢道清。谢氏是南宋宰相谢深甫的孙女，也是南宋第一位太皇太后。她19岁受封为皇后，57岁被尊为皇太后，65岁当太皇太后，主宰后宫50余年，宫闱一直太平无事。宋恭宗年间，太皇太后谢道清垂帘听政，在忽必烈大军压境之时，能够沉着应对，一边安排宰相文天祥出城谈判，一边安排赵氏后嗣避祸，自己坚决不肯逃亡，终被元兵俘虏，7年后病故。

15．宋度宗赵禥之皇后：全玖。全氏是杨桂枝的侄孙女，在南宋奄奄一息的时候当了皇后、皇太后，临安城破，与谢道清和儿子赵显一起被俘，在元朝的大都出家为尼，从而成为历史上唯一一位出家终老的皇后、太后。

16．宋恭宗赵显之皇后：没有。赵显4岁即位，6岁亡国，没搞明白怎么回事就当了40多年俘虏。后面的宋端宗赵昰和宋怀宗赵昺，都是流亡海上的小朝廷拥立的娃娃皇帝，没有机会立后延嗣。

元

元朝是一个武力大朝，但治国方略不容恭维，整体就一个字评价，"乱"。后宫这一块亦是如此，真正贤德的女人没有几个，能够对元朝政局稳定产生决定性影响的更是罕见。无独有偶，有野心的皇后倒是不少，但可能因为男人们过于强势，瘦死的骆驼比马大，所以没有一个女人能成气候。

1.元世祖忽必烈之皇后：帖古伦，察必，南必。元朝开国皇帝忽必烈在世共册立三个皇后。第一个是开国皇后帖古伦，册封当年就病逝。第二个是察必，作为忽必烈的贤内助，察必为巩固元朝开国基业作出贡献，而且她性情宽仁，对宋朝的全太后礼遇有加。第三个是南必，与察必皇后同宗，但没有察必那么待人仁爱。忽必烈年迈时，大臣们奏请政务，必须经过她才行，这种情形一直延续到忽必烈驾崩。

2.元成宗铁穆耳之皇后：失怜答里（追封），卜鲁罕。铁穆尔是忽必烈和察必的孙子，他册封的第一个皇后是追封已故的失怜答里，之后册封卜鲁罕。由于铁穆尔唯一的儿子德寿已死，铁穆尔驾崩前又没有明确继承人，卜鲁罕以皇后名义想趁机与左丞相阿忽台勾结摄政，拥立安西王阿难答，结果被海山和爱育黎拔力八达抢先一步操控政局。海山继位后，废去卜鲁罕皇后头衔并赐死。因此，卜鲁罕成为元朝第一个搞政变的女人。

3.元武宗海山之皇后：弘吉剌真哥，弘吉剌速哥。海山册立的两个皇后，是一对亲姐妹，姐姐真哥当了 14 年病逝，由妹妹速哥接替后位。

4.元仁宗爱育黎拔力八达之皇后：阿纳失失里。这是一位唐朝长孙皇后的粉丝，时时事事以长孙皇后为榜样，元英宗继位后，被尊为皇太后。做人做事来讲，阿纳失失里没得说，她犯的唯一错误就是没有劝阻元仁宗把帝位传回给海山的下一代，有失盟誓，这也为元朝后来的帝位之争埋下隐患。

5．元英宗硕德八剌之皇后：速哥八剌。速哥八剌跟阿纳失失里一样，比较喜欢汉学，促进了蒙汉文化交流，在协助硕德八剌废除选汗制度的革新运动中，与硕德八剌一样，受到旧贵族刺杀而死。

6．元泰定帝也孙铁木儿之皇后：八不罕。这是元朝第一个泼辣强悍的皇后，比卜鲁罕厉害百倍的角色，先是把泰定帝管得服服帖帖，随意把泰定帝喜欢的女人拿去送给大臣和将军；泰定帝死后，还指望依靠年幼的儿子阿速吉八当上摄政女皇，结果导致朝廷大乱，两个国都两个皇帝，9岁的阿速吉八称帝两个月就被杀。最后，这位想当女皇的八不罕成了叛乱功臣燕帖木儿的妻妾。

7．元天顺帝阿速吉八之皇后：没有。年龄尚小就被乱军所杀。

8．元文宗图帖睦尔之皇后：卜答失里。这是继八不罕之后，元朝第二位具有传奇色彩的皇后。元文宗第一次登基，册封卜答失里为皇后，后来文宗让位给兄长元明宗，卜答失里成为太子妃。文宗把明宗毒死复位，卜答失里再次当上皇后，由于害怕因果报应，册立明宗的儿子懿璘质班为太子，在元宁宗年间被尊为太后。元宁宗死后，卜答失里当上太皇太后，并与权臣伯颜勾结架空元惠宗。元惠宗则与脱脱发动政变，废了太皇太后并赐死。

9．元明宗和世㻋之皇后：八不沙。她是元成宗铁穆耳的外甥孙女，元宁宗的生母，在元文宗毒死明宗后，被弟媳卜答失里推进烤羊的火坑里烧死。

10．元宁宗懿璘质班之皇后：答里也忒迷失。她在6岁的时候，嫁给7岁的元宁宗，被册封为皇后，只当了两个月，元宁宗暴毙，守寡 36 年，直到元朝灭亡那一年去世。

11. 元惠宗妥懽帖睦尔之皇后：钦察答纳失里，伯颜忽都，奇氏。元惠宗是元朝的末代皇帝，也是元宁宗的哥哥。他的第一任皇后是答纳失里，因掩护谋反的唐其势弟弟塔剌海逃跑，被废去皇后位，之后又被权臣伯颜毒杀。元惠宗第二任皇后是伯颜忽都，这又是一位贤德的皇后，死后遗留的衣物破旧不堪，还被继任者奇皇后耻笑。元惠宗的第三位皇后奇氏，是元朝的最后一位皇后，也是蒙古族以外册立为皇后的唯一一个。她是高丽贵族奇子敖的女儿，明军攻入大都前，奇氏随元惠宗北逃建立北元。

明

明朝的开国皇后就是一位贤妻良母，为整个朝代的后宫树立了好榜样。在整个明朝 200 多年间，后宫很少直接干预政务，值得称赞的皇后有好几位，坏得透顶的妃嫔也大有人在，但皇后中顶多出了个别小肚鸡肠的人，没有造成太监弄权这么严重的危害。

1. 明太祖朱元璋之皇后：马氏。马皇后是明朝开国皇后，朱元璋的结发元配、患难之交，是以残暴著称的朱元璋唯一敬重的人。马氏是红巾军元帅郭子兴的养女，她的下嫁让朱元璋有了更好的平台，在战争岁月中，帮朱元璋收养了几个侄儿外甥，还有 20 多个养子。有一次朱元璋被关禁闭，马氏担心朱元璋挨饿，把刚出炉的炊饼藏在怀里送给朱元璋，并极力帮朱元璋摆脱困境。马氏贵为皇后期间，主动扮演和事佬角色，把后宫打理得井然有序，并架成织布机织布制衣，实乃皇朝以来第一勤俭皇后。关于马皇后爱民如子、保护忠臣的故事就更多了。总之，比才干她未必超越李世民的长孙皇后，但贤德两字，古今中外无人能匹及。

2．明惠宗朱允炆之皇后：马恩慧。马皇后是光禄少卿马全的女儿，朱元璋在世时，就被封为皇太孙妃，属正统的接班皇后。朱元璋死后，四子朱棣以清君侧名义发动兵变，在靖难之役结束时，朱允炆失踪，马皇后则自焚而死。

3．明成祖朱棣之皇后：徐氏。徐皇后是开国大将徐达的长女，在朱棣受封燕王时就出嫁，成为燕王妃，朱棣登基后册立徐氏为皇后。徐皇后的贤德之名，虽然没有开国皇后马氏那么著称，但朱棣对她同样言听计从，非常尊重。

4．明仁宗朱高炽之皇后：张氏。张氏是彭城侯张麒的女儿，朱高炽的元配，也是明朝第一位皇太后、太皇太后，明英宗继位初期，由张氏摄政。按理说朱高炽身体残疾又肥又胖，不太适合当皇帝，正是张氏生了个皇子朱瞻基，让朱棣很喜欢，这才接班当了第四任皇帝。张氏唯一的遗憾就是心太软，在世期间没能帮孙子朱祁镇杀掉太监王振，结果为土木堡之变留下隐患，使明朝江山出现第一次震荡。

5．明宣宗朱瞻基之皇后：胡善祥，孙氏。朱瞻基算得上大明朝比较有作为，也比较善良的一个皇帝，他人生最大的污点，就是以"无子"为由把首任皇后胡善祥废黜，让她去当了道姑。事实上，朱瞻基废后的真正原因是想把孙氏立为皇后。朱瞻基死后，孙氏当了皇太后，在"土木堡之变"和"夺门之变"中，扮演了两面派，先是采纳于谦建议拥立朱祁钰为帝，后又拥护朱祁镇复辟除去于谦，是非功过不太好说清楚，但政治手腕确实高明。

6．明英宗朱祁镇之皇后：钱氏。明英宗在世唯一的皇后，是都指挥佥事钱贵的女儿。在朱祁镇被瓦剌俘虏期间，她变卖家产托人到瓦剌打点，整天呜呼哀哉求天祷告，导致一条腿和一只眼睛伤残。在朱祁镇被瓦剌放回京城后，还是钱皇后与"太上皇"朱祁镇相依为命，并拖着残疾之身，做些手工活换取食物。这份恩情，朱祁镇没齿难忘，复辟后坚决不肯让太子朱见深的生母周贵妃篡取皇后之位，临死前还特意留有遗嘱，让儿子朱见深尊重钱氏，并明诏钱氏百年之后，是唯一与他同葬的女人。只可惜，朱见深没有听父亲的话，对钱太后越来越差，而对生母周太后睁一眼闭一眼，致使钱氏终究没能与朱祁镇"生同衾死同穴"。

7．明代宗朱祁钰之皇后：汪氏，杭氏。汪氏家族世代都是明朝的金吾左卫指挥使，而汪皇后却是明朝第二个被废的皇后，原因是反对朱祁钰废掉朱祁镇所立太子朱见深，由此也因祸得福，在被自己丈夫废为庶人后，又被明英宗封为朱祁钰的王妃，活到80岁才去世。与汪皇后的命运正好相反，继任的杭氏当上皇后没几年就去世，而英宗复辟后，又被削去皇后名号，就连陵墓也被毁坏，可谓结局悲惨。

8．明宪宗朱见深之皇后：吴氏，王氏。朱见深在世册封两个皇后。第一个吴氏是明朝在位时间最短（一个月）就被废黜的皇后，原因是朱见深贪恋比他大17岁的宫女万氏。那时，钱太后和周太后还健在，本该坚决制止，然而，周太后为了跟钱太后唱反调，搞"敌人反对我就支持"，使得吴氏上岗一个月就下岗，被打入冷宫。在那里，吴氏做了一件对大明江山积功德的事，偷偷抚养了唯一逃脱万贵妃毒手的朱祐樘，使得朱见深不至于绝后。周太后捣乱归捣乱，但她同意废掉吴氏，不可能同意迎立万阿姨当国母，因此，吴氏被废后，王氏捡漏当上皇后。她吸取了吴氏的教训，处处小心谨慎与人为善，终于媳妇熬成婆，后来当了皇太后、太皇太后。

9．明孝宗朱祐樘之皇后：张氏。张氏的父亲是国子监生张峦，嫁给太子朱祐樘被册封为太子妃，朱祐樘上位后，张氏立为皇后。朱祐樘是明朝唯一搞一夫一妻制的皇帝，对张皇后和张氏家族特别尊重优厚，使得几个国舅爷闹腾得不像话，后来连续被两个皇帝整。正因为朱祐樘不纳妃，留下的唯一儿子朱厚照（另一子夭折）又不争气，导致张氏当了太后仍然要受冷宫之苦。

10. 明武宗朱厚照之皇后：夏氏。朱厚照是个典型的贾宝玉，浑身上下充满逆反情绪，如果他只是一个带兵的元帅，应该历史评价会接近于霍去病。他还自降身份封自己为镇国公，让兵部存档、户部发饷。而且，朱厚照还有个毛病，就是爱玩，什么稀奇古怪的玩意都愿意尝试，包括搞同性恋，都觉得特别刺激，就这样玩来玩去，忘记给朱家留点血脉，活到30岁驾崩，没留下一男半女。据说，朱厚照册封的夏皇后，一直保持处女之身。到朱厚熜即位，夏皇后因为与皇帝成为叔嫂关系，没能当上太后。

11. 明世宗朱厚熜之皇后：陈氏，张氏，方氏。明世宗在位时间比较长，总共册封三个皇后。陈氏是都督同知陈万言的女儿，是朱厚熜的第一任皇后，由于怀孕期间被皇帝呵斥受到惊吓，流产时去世。第二任皇后是张氏，因帮孝宗的国舅爷说情而被废黜。第三个是方皇后，虽然她在宫女杨金英谋逆中救了明世宗，但借机排除异己，把毫不相关的几个嫔妃一起凌迟处死，手段极为残忍。

12. 明穆宗朱载坖之皇后：李氏（追封），陈氏。李氏是朱载坖的元配，没等到丈夫登基就已经去世，被追封为皇后。另一位陈氏是锦衣卫副千户陈景行的女儿，是隆庆帝在世期间唯一册封的皇后，并被明神宗朱翊钧以嫡母身份尊为皇太后，与他的生母李贵妃待遇一样。

13. 明神宗朱翊钧之皇后：王喜姐。王氏是万历朝48年唯一册封的皇后，与朱翊钧在同年先后离世。王皇后最大的遗憾是没有儿子，她最大的功劳，就是保护了朱常洛，让万历皇帝在"国本"之争中留有余脉。

14. 明光宗朱常洛之皇后：没有。朱常洛是明朝的"一月天子"，盛年登基，一个月就纵欲而亡，连册立皇后这么大的事都没来得及办，实在是可惜可叹。

15. 明熹宗朱由校之皇后：张嫣。张皇后是美女选秀直接当上皇后，号称古代五大艳后之一，她为明思宗朱由检上位起到关键作用，避免明朝被魏忠贤所操控。不过，张皇后结局很悲惨，在李自成攻进京城时，自杀身亡。

16. 明思宗朱由检之皇后：周玉凤。周皇后是张嫣帮朱由检选的，她是贫民出身，跟开国皇后马氏一样，保持了艰苦朴素的本色，在后宫设置了 24 台纺车。为了防止魏忠贤投毒谋害，周皇后还亲自做饭。甲申之变中，周皇后先于皇帝自杀而亡。

清

清朝立国之初，全凭与蒙古人联姻结盟，因此，刚开始的皇后都出于蒙古草原。从康熙皇帝开始，政权稳固的焦点转移到满洲内部矛盾，从而政治联姻的对象变成满洲旗人。

1. 清世祖福临之皇后：孟古青，博尔济吉特氏。孟古青是科尔沁卓礼克亲王吴克善的女儿，由于喜好奢华被福临废黜，降为静妃，这是历史上第一个受降职处分而没有脱离体制的皇后。清世祖第二个皇后是博尔济吉特氏，也出自科尔沁草原，是贝勒绰尔济的女儿，孟古青的侄女，在康熙朝被尊为太后。玄烨对她的尊重，不亚于对孝庄太皇太后和生母孝康章皇后（尊太后名号后，追封皇后）佟佳氏。还有一个皇后是顺治自己追封的，就是那位搅动大清第一谜案的董鄂妃。她是满洲人，内大臣鄂硕的女儿，绝不是民间传说中的汉人。

2. 清圣祖玄烨之皇后：赫舍里氏，钮祜禄氏，佟佳氏。赫舍里是辅政大臣索尼的孙女，领侍卫内大臣噶布喇女儿（不是索额图之女），因生皇子胤礽难产去世，她也是第一位在世册封为皇后的满洲人。第二位皇后钮祜禄氏也属政治联姻，她是开国名将额亦都的孙女，辅政大臣遏必隆的女儿，还是辅政大臣鳌拜的义女。可见满清在康熙朝前期，政局比较微妙，当皇后的全与辅政大臣有血缘关系。这位皇后天年不假，在位半年就去世。玄烨的第三任皇后，是生母的亲侄女佟佳氏，她是历史上在位时间最短的一位皇后，没有超过 24 小时。还有一位皇后乌雅氏不是康熙封的，而是接班人胤禛对生母的尊封（太后）。

3. 清世宗胤禛之皇后：乌喇那拉氏。雍正朝册封一个皇后，是结发元配，内大臣费扬古的女儿乌喇那拉氏，当了 9 年皇后去世。另一位皇后是钮祜禄氏，是乾隆的生母，在儿子登基后被尊为太后，直到乾隆四十二年（公元 1777 年）才去世，是清朝太后中的第一寿星，享年 86 岁。

4. 清高宗弘历之皇后：富察氏，乌喇纳喇氏，魏佳氏（追封）。乾隆的第一位皇后是察哈尔总管李荣保之女，满洲镶黄旗（上三旗之首旗，皇帝亲统）人，这个家族还出了一位三朝元老马齐，属于清朝名望世家，所以富察皇后自幼知书达礼，性情温纯，当皇后 13 年深得乾隆宠爱信任。可惜所生皇子夭折，没能继承大统，富察氏从此抑郁寡欢，死于伴随乾隆东巡的船上。富察氏去世后，满洲正黄旗的乌喇纳喇氏接了班，她是大清唯一被"精神处分"的皇后，没有剥夺皇后名号，却被大量裁减宫女，去世后还按低于嫔妃礼制出殡。其中原因众说纷纭，总之肯定得罪了乾隆，让乾隆恨得咬牙切齿却又找不到废黜的把柄。乾隆帝最后一位皇后是入旗的包衣，本来姓魏，入旗后改姓魏佳氏，因生育颙琰而被乾隆追封皇后。

5. 清仁宗颙琰之皇后：喜塔腊氏，钮祜禄氏。嘉庆帝的第一位皇后是正白旗人，内务府大臣和尔敬额的女儿喜塔腊氏，只当了一年皇后就病逝。第二位皇后是礼部尚书恭阿拉之女钮祜禄氏，历经嘉庆、道光两朝，因推荐旻宁有功，被清宣宗尊为太后。

6. 清宣宗旻宁之皇后：钮祜禄氏（追封），佟佳氏，钮祜禄氏。道光帝的第一任皇后，是户部尚书布彦达赉的女儿钮祜禄氏，嘉庆十三年（公元 1808 年）已经病逝，旻宁登基后追封为皇后。真正在位的首任皇后是佟佳氏，她是世袭三等承恩公舒明阿的女儿，于道光十三年（公元 1833 年）病逝。道光的最后一位皇后，又是出于钮祜禄氏家族。或许这位钮祜禄氏从小长于苏州，承袭了苏州女子聪慧贤淑的优秀基因，让旻宁十分宠爱，甚至在她去世后，道光帝不再立后，还让她的儿子接了班，即清文宗。

7. 清文宗奕詝之皇后：萨克达氏（追封），钮祜禄氏。咸丰帝的第一位皇后萨克达氏，是太常寺少卿富泰的女儿，也是满洲旗人，道光年间已经去世，被奕詝追封为皇后。第二位受册封的皇后，是广西右江道三等承恩公穆扬阿的女儿钮祜禄氏，即中国近代史有名的东太后（慈安），后来伙同西太后（慈禧）发动辛酉政变，杀了咸丰指定的 8 个顾命大臣，开启顺治朝以来首度垂帘听政。另外一个皇后不是咸丰册封的，因为她是同治皇帝的生母，从而当上皇太后，这个人就是名震晚清、埋葬大清的叶赫那拉氏（慈禧）。同治年间，由于是两宫共同听政，相互有所制约，施政还算公道，有"同治中兴"的迹象。在慈安太后去世后，慈禧独掌朝政，发动"甲申易枢"罢免老伙计恭亲王奕䜣，又发动"戊戌政变"杀六君子，终于掩藏了清朝最后一点游丝气息。1908 年，光绪驾崩后，慈禧在被尊为太皇太后的次日就去世，把大清江山留给了 3 岁的末代皇帝溥仪。

8. **清穆宗载淳之皇后：阿鲁特氏。** 同治皇帝只册封一个皇后，是蒙古人，八大顾命大臣郑亲王端华的外孙女，同治十一年（公元 1872 年）上岗，在位两年，载淳驾崩不久相继离世。

9. **清德宗载湉之皇后：叶赫那拉氏。** 从姓氏也可以看出，这个叶赫那拉氏跟慈禧是亲戚，她是慈禧的亲侄女，被钦点为皇后。由于光绪皇帝跟慈禧不对付，她这个皇后当得也比较难受，两头不是人。不过，在光绪和慈禧相继去世后，她作为末代太后也过了几年垂帘听政的瘾。辛亥革命后，这位尊为隆裕太后的女人，成为让清朝逊位的实际负责人。

10. **清废帝溥仪之皇后：婉容。** 按理说，1912 年溥仪已经退位，末代皇后应该是光绪皇帝的叶赫那拉氏。由于 1922 年溥仪与婉容大婚时，仍然居住在紫禁城，还拥有一个圈内的小朝廷，婉容的皇后身份也被世人认同。然而，这位末代皇后与清朝的命运一样，已经是明日黄花，没有任何实际意义。

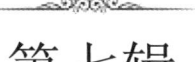

第七辑

奸臣名录

从王莽篡汉说起

王莽，生于公元前 46 年，是西汉皇室外戚王氏家族的重要成员，于公元 8 年篡汉改制，建立新朝，公元 23 年国破失踪（或被杀）。有的史学家认为，他是中国历史上第一个富有远见卓识的社会改革家。

这倒未必。王莽这个人，最大的特点就是身居高位而不以己尊，能够礼贤下士、清正俭朴，常把自己的俸禄分给门客、平民，甚至卖掉车马接济穷人，因此，在民间深受爱戴，在朝野颇具声望。而且，王莽家教非常严厉，次子王获棒打家奴，竟被他严厉责罚被逼自杀，在那个封建礼制的年代，实在别出心裁，令人匪夷所思。

如果不是因为篡汉，王莽这个道德君子的美名，将毫无瑕疵而且没有争议，比孔夫子更有资格当上中华两千多年的道德楷模。毕竟，王莽与孔子的身份地位完全不在一个层次，在封建社会，一人之下万人之上还能够做到王莽这样低调、谦卑、爱民的没几个。偏偏在 54 岁那年，王莽忍不住露出狐狸尾巴，在"拥戴"声中废汉称帝。

很多人会说，皇帝本来就是轮流坐庄，有为者居之，汉朝也是推翻大秦才坐的庄，凭什么王莽就不行？行，当皇帝当然行，但打着道德君子的旗号就不行。从以下三个方面可以看出，王莽是地地道道的伪君子。

1. 站在朝廷角度看，王莽先忠后奸，实则心怀鬼胎。由于汉代官吏大多来自举秀才举孝廉，因此，王莽对先后担任汉廷大司马的三个叔父王凤、王商、王根特别恭敬恭顺，以至于王凤临死留有遗嘱要关照王莽，而王商则上书汉成帝，要把自己的封邑分一部分给王莽。当侄子当到这个份上，的确不容易。终于，公元前 1 年，王莽自己当上大司马，并通过拥立 9 岁的汉平帝即位，当上"安汉公"和四辅之首，代理国政，之后再立 2 岁新君，当了摄皇帝，达到为人臣子的权力巅峰。得到这些，王莽只用了一招"装"。

一是装孝顺。除了用孝顺糊弄几个当权的伯父叔父，王莽最需要装模作样的对象就是太后王政君。为了让王太后支持他，王莽不惜血本，甚至从王太后的"闺蜜"们入手，但凡在太后面前能够递得上话的姐妹，给予爵位和采邑优待。这叫什么？赤裸裸的假公济私，慷国家之大慨。王莽心里很清楚，这些封赏不是他的，但他迟早还要拿回来。

二是装忠义。忠于皇帝，是封建王朝为人臣子的本分，王莽不但身体力行，还做得令人感动涕零。公元 5 年，汉平帝病重，王莽焚香祷告，声称愿意代帝而死。这个动作反过来看就很清晰，即便真有这份心，也应该为皇帝求寿，而不是找人替死。也就是说，王莽内心里巴不得 14 岁的汉平帝早死。他很明白，再过两年平帝成为青壮年，辅政王的地位不复存在，自己的好日子可能到头，所以，公元 6 年平帝驾崩后，王莽毫不犹豫立了个 2 岁的刘婴当太子，也就是大名鼎鼎的"孺子不可教也"的"孺子"。请注意，王莽立的是太子，不是皇帝，老皇帝死后不立新皇立太子的，王莽是独创，更是前无古人后无来者的绝学。他这么做，是为了让自己当摄皇帝。仅仅一年之内，王莽翻脸比翻书还快，先是祈求替皇帝死，后又自己当起了假皇帝。跟后世很多"摄政王"相比，他这个"摄政皇"野心昭然若揭，妖精尾巴已经露出一大半。据传，汉平帝刘衎暴毙，是因为王莽在他病重期间献上了千年人参酒。

三是装仁爱。严于律己、宽以待人，是王莽的仁爱标签，可惜这一切都是装出来的。除了前面说的那些体恤下人的典故，公元 2

年，全国大旱加蝗灾，王莽带头并要求官吏拿出俸禄救济灾民，博到"圣人之德"；公元3年，王莽长子王宇因吕宽案被贬为庶民并受诛。说王莽装，不是没有道理，让官员们捐俸禄，明显是取之于民用之于民，这种掩人耳目的做法，只能欺骗善良的老百姓。在封建社会的官僚，有几个是靠吃皇粮安身立命？而吕宽案，王莽的儿子虽受贬被诛，但在他正式称帝后又被封王，而其他涉案人员和牵连处死的多达数百人，就连皇帝的兄弟姐妹敬武公主、梁王刘立也被胁迫自杀。仁爱的外衣，自此被剥离。

2. 站在宗族的角度看，王莽前恭后倨，实则包藏祸心。 西汉末年，王氏家族无疑是权倾朝野的名门望族、外戚世家，先后有9人封侯、5人出任大司马。一个家族连续出5个宰相，恐怕历史上绝无仅有。王莽自己这一支嫡亲不争气，从入仕到显贵，必须凭借族亲提携。所以，在王氏子孙中，唯独王莽生活简朴、为人谦恭、独守清净，服侍养母也能竭尽孝心。然而，这一切都是做给别人看的，从头到尾，王莽心中只装着自己。

首先，恭敬只因从命。 王莽命不太好，父母死得早，从小跟养母相依为命，靠亲戚周济生活。所以，王莽少年老成逆来顺受，练就一身为人处世本领，做人做事特别有眼力。有一次伯父病重，王莽连续几个月衣不解带地侍奉左右，弄得蓬头垢面，比病人还病人，比亲儿子还亲儿子。"久病床前无孝子"这句话，对王莽来说属于无稽之谈。当然，他这么做是为了能有机会"举孝廉"，事实上他也达到了目的。说实话，这就是钻政策空子，利用"孝廉"之政博得"孝廉"之名，从而有机会步入仕途。面对命运不公，王莽表现得恭敬顺从，其实是无奈的选择。如果他自己父亲是大司马，叔叔伯伯们恐怕要靠边站。

其次，从政只为上位。 也许，王莽一开始并没有当皇帝的野心，他只想一步步往上爬，到了顶楼后，才想起天台有无限风光。爬楼阶段，王莽不是一个人在战斗，他擅长内联外合，几乎利用了所有可以凭借的资源，前面说过，就连"闺蜜"级的人物，都不肯轻易错过。野心的膨胀，来源于目标的迷茫，出人头地当了大司马后，王莽已经追平了前辈，开始找不到努力方向，于是当起了摄皇帝。要说这人还真有点创造性思维，别人想不到的，他总能想得到。然而，摄皇帝终究不是真皇帝，宗族中已经有人开始流露出对他的不满，这让王莽寝食难安，干脆一不做二不休，摘掉老花镜，撕掉仁慈外衣，假戏真唱开辟新朝。这个时候，他一定没有想过，刘氏家族复辟时，会给王氏家族带来什么。

再次，亲人不如草芥。所谓虎毒不食子，王莽的名声，却是靠杀几个儿子奠定了基础。第一个是次子王获，因为打奴才而丧命；第二个是长子王宇，因和小舅哥吕宽串联装神弄鬼被逼饮毒自尽；第三个是幼子王临，因与婢女原碧通奸当了父亲的情敌而自杀。对嫡亲儿子尚且如此，王氏宗族的人就更不用说，吕宽案中，被祸连诛死的亲戚不计其数。宗亲的性命在王莽眼中，比百姓和草芥都不如，苦心栽培王莽的几个叔父地下有知，该明白养虎为患是何道理。

3. 站在百姓的角度，王莽虚与委蛇，实则对人不对己。后来有人说，王莽的新政有社会主义萌芽，这种学术问题公说公理婆说婆理，无需辩白，用事实说话更加简洁明了，让人可以看清王莽内心的虚伪与黑暗。

第一，平等没有等价天平。儿子王获杀奴，王莽以"杀人偿命"把他逼死，看起来像是王子犯法与庶民同罪，在当时确实享有盛名。但是，这种象征性的平等，一切以不危及王莽自身利益为前提。他号称主张人人平等，自己却私买侍婢用来讨好后将军朱子元，当了皇帝后，册封一千多嫔妃供自己享受，跟后来的洪秀全完全没有两样。洪秀全打着太平天国的旗号，干的却都是赤裸裸不平等的勾当，自己纳多少妃子不让人管，别人讨多少老婆他专门颁布诏令来管，天朝士兵根本不允许过夫妻生活，否则以奸淫罪处死。王莽倡导的平等，是排除他以外的平等，这叫什么平等？

第二，改革没有利国惠民。 新朝自然有新政，王莽当皇帝最喜欢干的事情，除了迎娶新欢，就是改革旧制。币制，他改了几次，就像国民党垮台前一会印法币一会金圆券，让老百姓搞不懂啥是钱，民愤不大、经济不混乱那才怪。官制和官名，也让他老人家改得乱七八糟。只因滥行封赏滥发官帽，结果很多人有官当没薪水领，只好在老百姓身上薅羊毛。土地改革和国有工商业改革就更乱套，要求别人平均主义自己却课税盘剥，所谓的王田制和五均六筦制，看起来功德无量，实际上就是自欺欺人。可以说，没有新政改革，王莽的新朝不可能垮庄那么快。

第三，攘外没有坚定安内。 新朝的改革，一方面是王莽拍脑袋决策，另一方面对人不对己，肯定没有生命力，而且造成了官逼民反的不良结局。公元 14 年开始，三边尽反，盗贼群起，大规模的农民起义四方不断，被老前辈刘彻打怕的匈奴又来侵扰，准备趁火打劫。这个时候，大司马严尤建议，匈奴扰边的问题放一放，集中精力先打击山东盗贼，可惜王莽不听，还罢了严司马的官。匈奴问题，从东周到大秦、西汉，历来像曹操的头痛病一样，弄不死也治不好。严尤的策略明显是正确的，但王莽根本没有想到，人民群众的力量汇集成洪流时到底有多么可怕。直到国破家亡，王莽可能还在幻想，老百姓应该一如既往的好骗。

王莽在历史上有争议是正常的，于忠于奸，这人棱角不够清晰分明，不像京剧的生旦净末丑那么容易辨别，一不小心就被认为天大的"好人"。事实上，后世包括当代，有许多学者的确是这么认为的，有的甚至还准备给王莽平反。但是，透过现象看本质，只要看清这个"好"的立足点和目的地，忠奸自明。

李林甫这样的人

与王莽靠"装孝廉"而一路升迁不同，李林甫的官运是"拍马屁"所得，史学界对他的评价也比较一致，公认他无才学、善钻营、会机变，是一个口蜜腹剑的阴险之徒。可是，偏偏唐玄宗李隆基喜欢，认定他是忠臣，并且让这个宗室亲戚当了 19 年宰相。对李林甫的拨乱反正，是在他死后，这个奸相得以善终，却让子孙们遭了大难。

李林甫步入仕途，首先凭借宗室关系，因为他是大唐开国皇帝李渊叔伯兄弟李叔良的曾孙，刚开始在皇宫当侍卫千牛直长（从七品下，属于七品官员第三级），慢慢通过舅姑夫的叔叔乾曜，当上国子司业（从四品下，属于四品官员中第四级）。从拐弯抹角的关系可以看出，李林甫搭天线的本领实在高强，而他的唯一手段就是拍马屁。要知道，在唐朝能当四品官已经很大了，六部尚书也只是正三品待遇。当上四品官后，李林甫有更多机会接触高层，拍马屁的回报越来越优厚，很快升迁为御史中丞、刑部和吏部侍郎，开始跻身中枢，直面皇帝和后宫。

宗室关系不足以让李林甫升官后，他毫不犹豫盯上后宫，开始拍宠妃武惠妃马屁，还声称帮她儿子李瑁争夺太子之位。这次"买马"，李林甫是认真的，可惜他押错了宝，在献谗言让李隆基废了太子李瑛后，让李亨捡了现成当上太子。于是，李林甫开始算计李亨，先假装跟太子妃的大舅哥韦坚拉关系，并委以重任，然后找个茬端了韦坚全家，并准备罪连太子妃并牵连太子。好在李亨是个明白人，休了太子妃并断绝一切关系。李林甫这么卖命，武惠妃当然投桃报李，为李林甫歌功颂德的枕边风吹得哗啦啦，把他捧为礼部尚书，当上三品官。

最后一步，李林甫拍马屁的对象自然是皇帝本人。为了对症下药，他不惜重金收买后宫的嫔妃宦官，培植大批耳目，使得他任何时候都能曲意奉承，想皇帝之所想，急皇帝之所急，问什么知道什么，说什么应对如流。这样的奴才就像肚子里的蛔虫一样，难怪李隆基要宠信他。

位高权重后，李林甫与王莽的行事风格截然不同，主要有三个区别：

1．一个靠说假话，一个靠办假事。拍马屁的人，全凭嘴皮子利害，不但说得令人舒服，还要坚信不疑，李林甫就有这个本事。刚开始，李隆基手里有个名相张九龄，是个能人贤臣，因为反对玄宗提拔李林甫和牛仙客这些草包，结果反而被李林甫抓住时机反戈一击，把张宰相拉下马，自己上了位。与张九龄恰恰相反，李林甫不但支持提升目不识丁的牛仙客，而且假意主张让牛仙客当宰相，这些话让皇帝心里很舒服，一方面觉得自己英明睿智得到拥护和欣赏，另一方面认为李林甫有胸怀识大体，是个大大的忠臣。李隆基哪里知道，这次人才逆淘汰行为，已经为安史之乱埋下严重隐患，把责任全部推给后来出场的杨玉环，实在有失公允。王莽口才没那么好，他主要靠实际行动来证明一切，伯父病了，他可以几个月如一日侍奉左右，从而换取同情、信任和赞赏。相比较而言，王莽付出的成本更高，两人唯一相同之处，就是为达目的不择手段。

2．一个骄纵蛮横，一个谨小慎微。李林甫当上首席宰相后，暴发户心态一览无遗，府第修得比皇宫还靓，出门必须前呼后拥，到处跟人耍态度、结梁子，最后不得不每晚换几个睡觉地方，生怕被人谋害。儿子李岫劝谏父亲急流勇退，但李林甫哪听得进去，还假说现在是骑虎难下。为了体现蛮横，李林甫炮制了"马料论"，意在万马齐喑堵塞言路，而他确实做到了，大臣们变得很乖，史称"由是谏诤路绝"。王莽则不然，即便当假皇帝摄政期间，他都没有嚣张跋扈过，仍然装出一副温良恭俭让的姿态，貌似以德服人。能装到这个份上，实在是不容易，说明他在贪图皇权的同时，比较在意外界的评价和自己的名声。

3. 一个浑身长刺，一个广纳群贤。不学无术的人最大的心病，就是担心别人比自己厉害，而比李林甫贤达的人实在太多，这令他寝食难安，必须一个个排挤走才能踏实。所以，任何才高权重和受到玄宗信任的大臣，全都是李林甫的敌人，哪怕只是被皇帝夸奖一句的人都不肯放过。有一次，兵部侍郎卢绚骑马的英姿得到李隆基赏赞，第二天就被李林甫贬为华州刺史，不久便沦为庶人。对于张九龄、裴耀卿、李适之这样的贤相，李林甫更加不敢放过，一个个被他排挤罢官。可以说，这位李宰相就像只刺猬，无论谁露头露脸都要扎上一下，并且不死也得扒层皮。王莽则不然，他的理想不仅是当皇帝，还想当个开天辟地的皇帝，因此，在打击异己巩固政权的同时，他需要一批志同道合的人才当帮手，只不过，良莠靠意愿和眼睛是很难分得清的。

隋朝以来，已然开启开科取士门路，唐太宗李世民执政期间将这项制度发扬光大。像李林甫这样的人，本就不应出仕为官，更不应该掌权。一个没有真材实料的人，考进士肯定考不上，当官也不可能出政绩。靠保送和拍马屁可以当官，这是封建王朝的政策漏洞。用错一个人足以打击一大片，而用一个李林甫，更会毁伤一大片。

开元盛世迅速败落，首在人才遭逆流而凋零，李林甫是罪魁，李隆基是祸首。

秦桧是典型的卖国贼

令秦桧稳坐奸臣席次、永负卖国贼骂名的故事妇孺尽知，就是以"莫须有"罪名杀害抗金名将岳飞，至今他的铜像仍然跪在杭州、朱仙镇、泰州等地。历史上想为他翻案的只有几个，最负盛名的一个是康熙大帝，一个是汪精卫。康熙帮秦桧说话，出于祖宗立场，宋朝时期的金国与清朝前身后金，发祥地本是一母同胞，想翻案说得过去，但根本不可能翻得了；汪精卫是众所周知的民国第一汉奸，自己的屁股都不干净，帮同为卖国贼子的秦桧翻案更加无能为力。

秦桧在北宋钦宗时期，曾经是坚定的主战派，并因执少数派立场升任御史中丞，当上国家最高监察机构的掌门人。这样的人说他是卖国贼，仅凭"莫须有"案显然很难站住脚，必须还有其他真凭实据。证据当然有，而且是一条完整的证据链。

证据一：被俘。与后世很多软骨头一样，秦桧被俘是铁证如山，并且在南归后，一度成为他自吹自擂的资本，这一点无需争辩。当然，被俘只是为变节创造了条件，光这一条远远不够，与秦桧一同被俘的还有张叔夜、孙傅、司马朴等一干朝廷大员，他们就没卖国。

证据二：劝降。秦桧被金太宗赐给同胞兄弟完颜挞懒后，被任命为参谋军事，受到重用，这也是不争的事实。当然，秦桧可以说自己跟三国时期的徐庶一样，没有为"曹营"献一计，算不上真正意义的汉奸，可是他曾经给被围的楚州（江苏淮安）守军写过劝降书，白纸黑字总不好强行抵赖。

证据三：**南归**。秦桧自己说，他是杀死监视自己的金国小兵，抢了小船逃回南宋属地的，关键是，他不但自己逃回，还带上了家眷。如果秦桧这样的鬼话也可以相信，那当年苏武白白放了几十年的羊，一个人想逃跑，总是比拖家带口要方便。这种奇异事件，发生在武侠小说的概率应该比较高。

证据四：**主和**。钦宗给秦桧升官当御史中丞，是因为秦桧主战，而高宗给秦桧拜相，是因为秦桧主和。虽然其间秦桧因为出了"南人归南，北人归北"的馊主意而罢相，但过了几年又东山再起，原因是金太宗去世，秦桧的老主子挞懒主政。这样的人复出当属用在其时，这说明秦桧在金国有人脉支撑。

证据五：**冤狱**。除了帮助赵构杀害抗金名将岳飞，秦桧办过不少冤狱，最为典型的就是大兴文字狱，因一句话一句诗词被治罪的屡见不鲜，上至大臣下至戏子，全都不放过。虽然大兴冤狱有自保成分，但自保目的归根结底还是降金乞和，而且客观上造成了主战派人才严重缺失。

证据六：**贪婪**。秦桧专权 18 年，公开卖官鬻爵，向各级府衙索要珍宝，他家里的财富是朝廷国库的几倍，真正的富可敌国。与此同时，其党羽大肆搜刮民脂民膏，把好端端的富庶江南弄得饿殍遍野、民不聊生。

证据七：**称臣**。杀害岳飞后，秦桧加紧议和步伐，并代表最高当局向金国称臣，签订了丧权辱国的"绍兴和议"。打了胜仗还签跪地条约，历史上恐怕只有秦桧一人。这一次赵构卖了个乖，躲了起来，让秦桧挡在身前。大清末年是签了不少类似条约，但都是因为战场打不赢，采取没办法的办法。康熙大帝打俄国人时，签的《尼布楚条约》可不这样。

上述七个证据加起来，如果还定不了秦桧的卖国罪，谁也没办法，因为他的卖国行为得到最高领导赵构的默许。某种意义上讲，秦桧跟赵构是一条绳的蚂蚱，连卖国行径都不予追究，贪污行径自然也得到默认。那么，宋高宗赵构为什么要这样做呢？他又不是聋子瞎子。这事可以从岳飞被害说起。

岳飞是坚定不移的主战派，浑身上下都充盈着"靖康耻，犹未雪；臣子恨，何时灭"的正气。精忠报国、忠君爱国本是好事，但赵构必须担心，岳元帅会不会只是忠于他的父亲和兄长。所以，当岳飞收复失地，打到朱仙镇时，赵构反倒坐不住了，再往前推进几十公里，就是北宋故都开封，真要让岳飞打下来，势必会演绎一场迁京复国风波。要知道，岳飞打到朱仙镇是公元 1141 年，距离 1127 年北宋亡国只有 14 年，北宋的臣民们对老皇帝还在念念不忘，关键是赵构的哥哥宋钦宗赵桓还没死，金国一直养着他当人质用。赵构好不容易捡漏当上皇帝，怎么可能允许这样的事情出现？国土面积再小，也是由他一个人说了算，而赵桓真要回来了，朝臣们拥戴谁还很难说。于是，赵构与秦桧一拍即合，12 道金牌把岳飞召回朝廷，从此，宋军的锋芒再也没有离故都这么近。

至于岳飞遇害，是赵构还是秦桧的主意，这个问题并不重要，反正这个时候的关键问题就是抓紧机会议和。他们相信，岳飞把金国打得一败再败，而他们可以杀了岳飞，谈判的时机和条件完全成熟，最终向金国称臣并签订"绍兴和议"，至此金宋边界完全确定。这个和议有四大看点：一是打胜仗的南宋向打败仗的金国称臣，二是打胜仗的南宋准备用岳飞的脑袋向打败仗的金国换回赵构生母的遗体，三是打胜仗的南宋向打败仗的金国割让已被岳飞收复的唐州、邓州以及商州、秦州的大半土地，四是打胜仗的南宋每年向打败仗的金国进贡银两 25 万两、绢 25 万匹。之所以说得那么拗口，是想反复强调，这个和议签订的历史背景和双方态势。

由此说明，最大的卖国贼也许不是秦桧，而是赵构，只不过赵构出卖的是父兄和祖宗，换回的是自己苟安的半壁江山，他至死都不肯为岳飞恢复名誉，就是有力的证明。至于用岳飞的生命换取迎回母亲遗体的噱头，那是皇家子弟的惯用伎俩，看官可以信，反正我不信。

冯道的立身之本

冯道，生于 882 年，死于 954 年，历仕后唐、后晋、后汉、后周四朝，先后效力于 10 个皇帝，始终位列三公、三师，是风云变幻的五代十国唯一不倒翁，病逝后还被追封为瀛王。难不成冯道有经天纬地之才，让四朝十皇如此倚重？不然，就连冯道自己都说，他是个无才无德的痴顽老儿。那么，冯道靠什么安身立命呢？

1. 为人处世之道。冯道写过一首诗，最能表明他的为人之道："莫为危时便怆神，前程往往有期因。终因海岳归明主，未省乾坤陷吉人。道德几时曾去世，舟车何处不通津。但教方寸无诸恶，虎狼丛中也立身。"很明显，冯道是一个见风使舵、识时务的人。每次改朝换代，冯道不但能逢凶化吉，而且屡屡加官晋爵，没点应对乱世的实用真理，恐怕早都身首异处。

2. 对己刻苦俭约。与很多官吏不同，冯道做官是因为有瘾，一天不做都要不得，但他做官从来不盛气凌人，始终保持刻苦勤俭的模样，不贪财，不好色，不拉帮结派打击异己。有一次，后晋与后梁对阵，冯道自己住在军中茅草屋，却安置军士抢献的民女住别的房间，从来不去招惹；在父丧丁忧期间，冯道尽己之财救济饥荒乡里，亲自种田背柴，还不声不响在夜里加班帮邻居种地。就连一直瞧不起冯道的欧阳修都承认："道为人，能自刻苦为俭约。"由此可见，冯道的刻苦俭约，不像王莽装出来的，他的风格就这样，也可能是劳苦命。

3. 谄媚别出心裁。要论拍马屁的本事，冯道可以称得上是祖师爷，他的阿谀奉承总能跟别人想得不一样。比如，后唐明宗得到一个玉环，上刻"传国宝万岁环"，其他人要么对玉环频频点赞，要么对明宗表示热烈祝贺，只有冯道说："这是前世遗留下的有形之宝，不足为奇；陛下身怀无形之宝，才是旷世罕见。"把明宗说成国家的无价之宝，这马屁拍得何等之高明，恐怕再不喜欢马屁精的人，也会半夜笑出声来。

4. 用人公正公平。冯道这人比较奇怪，当官有私心，反正有奶便是娘，不管谁当皇帝，他都是这样。但是，他做官做事基本循规蹈矩，尤其是用人方面能够做到公平公正。在担任宰相期间，凡是贫穷的、没背景且有真才实学、有事业心的读书人，都能够得到提拔重用，而品行不端、办事浮躁的世家显贵，必定被抑制或冷遇。能做到这一点，真是不容易；在封建社会历史条件下，那是太不容易了。因此，这个人不停跳槽，仍然拥有一帮忠实粉丝，人缘确实不差。

把冯道批斗为奸臣的，当然是后人，司马光同志称之为"奸人之尤"，主要对他的政治道德进行严厉抨击。若论人品道德，冯道确有可圈可点之处，不管他是不是刻意装模作样，对老百姓而言，终归没干过什么伤天害理的事。但论政治道德，仅凭四朝为相，又向契丹称臣，说他是中国历史上首奸首恶，一点都不过分。那么，就这样一个没有能力实绩和政治操守的人，后朝后世的皇帝们为什么还要反复任用并重用呢？其实原因很简单。

首先，五代十国和南北朝一样，是一个政治黑暗、操守沦丧的时期。冯道生存的时代，平均每 3 年多换一个皇帝，每 6 年多换一个朝代，不是他非要跳槽换老板，而是新老板非要换旧老板，冯道顶多算墙头草，哪边风劲倒哪边。换句话说，他只是敏于跳槽，从来不祸害老公司老单位，从这个层面看，他的操守比改朝换代的老板们略强些。所以，作为换掉旧老板的新老板们，根本没有资格指责冯道什么。

其次，任用部分老员工，有利于迅速稳定局势和政权。冯道虽然自己没多少本事，但是他资格够老，懂得套路，而且人际关系处得不错，新朝立国，迫切需要一批未经培训直接上手的官吏来安抚人心、稳定局势。让冯道来驾驭老臣，有心理优势，以前本来就归冯道领导；驾驭新秀，冯道的为人处事风格也有帮助，不至于立即出现新旧党争。而且，新皇们很清楚，中国历史几千年，历朝历代都没有出现把前朝遗臣全部清理的状况，只要自己 Hold 住，冯道这样的人不会乱来，更何况谋权害命的事情，冯老头做不来。

再次，越是改朝换代时期，越需要一批擅长歌功颂德的马屁精。开朝的新皇们心里有数，自己的江山是抢来的，法理法统不合，但他们绝不会承认这一点。所以，冯道这样善于领会意图的人就有了发挥特长的舞台，每句话都能讲到皇帝的心坎里去，直至相信不偷不抢命中注定当了皇帝。事实证明，冯道的政治命运，最后没有葬送在开国之君手中，被后周的第二任皇帝柴荣给免了太师之职，但是几个月后冯道病逝，仍然追封瀛王，谥号文懿，这算是非常高的政治荣誉。

李鸿章的是非功过

作为洋务运动的代表人物之一，李鸿章无疑是中国近代工业革命和军事变革的先驱，几乎所有军事工业和民用工业，背后都有他的影子，而新式军队、新式学校、新式人才等，都是由他一手创立和推动而生。让李鸿章成为历史罪人的直接原因，是代表清廷与外国列强签订了《马关条约》和《辛丑条约》，从签字那一天起，被国人唾骂了一个多世纪。

平心而论，这两个条约派谁去都是签，而且未必会在谈判桌上争得更多彩头，军事上的失利早已决定条约的不平等性。但话又说回来，难道地球离了李鸿章就真的不转？他真的就是大清的唯一"救世主"？仔细想想，其实有一些值得回味的东西。

1. 奕䜣哪儿去了？ 洋务运动还有一个铁杆代表人物，就是慈禧的小叔子奕䜣。就是他帮助嫂嫂登上权力巅峰，而在同治四年（1865 年）罢免议政王职务，光绪十年（1884 年）罢免一切职务，闲在家里养老。《马关条约》签订时，奕䜣尚在人世，慈禧宁可让他闲死，也不让他出山"挽救"大清王朝，这于情于理有些说不通，毕竟奕䜣跟外国人打了几十年交道，算得上"主和派"的元老级人物，更何况他还是大清宗室。

2. 慈禧在干吗？ 光绪十五年（1889 年）开始，慈禧名义上放过几年权，似乎想让光绪单干，自己退居二线，直到光绪二十四年（1898 年）发动戊戌政变复出。这就是说，《马关条约》签订时，是光绪拍的板，至少幕前代表是他。实际上，光绪是坚决的主战派，他一开始拒绝签字画押，最后还是幕后老佛爷给定了调。以光绪的"战士"脾气，肯定不愿意重用李鸿章这样"调停"的人，也就是说，打压奕䜣和重用李鸿章，都是慈禧的主意。

3．荣禄咋躲了？荣禄是清朝最后一任皇帝溥仪的外公，也是慈禧执政后期身兼将相、权倾朝野的实力派，据清史记载，慈禧事无巨细都要找他来商量。而且，荣禄还是戊戌变法的实际执行者，他一手提拔的袁世凯成为压垮清朝的最后一根稻草。作为慈禧最为倚重的皇亲国戚，为什么他没有代表清廷去签那几个卖国条约呢？原因很简单，傻子才去。

很不幸，李鸿章偏偏当了这个"傻子"。而且，作为"谈判专家"的李鸿章，一生之中与外国人签订了 30 余个条约，其中不平等条约有 12 个以上。真正让他找骂的《马关条约》和《辛丑条约》，是近代史上最为丧权辱国的不平等条约。在签订《马关条约》时被日本杀手行刺过，签订完《辛丑条约》没多久，就在一片骂声中病死。不管李鸿章是真假卖国，被日本首相伊藤博文评价为"优秀"谈判对手终归不是好事，但凡换位思考，这里边总会有点鲜为人知的猫腻。

明朝第一奸相

在江西宜春的打铁坑介桥村（时称，现称"大连坑"村），明清时期人才辈出，仅明朝永乐至天启年间的 200 年左右，全村出了 150 多个秀才（含以上学历职称），有 8 个人当到一品官。62 岁当上首辅的严嵩，就是其中佼佼一员。

把明朝的丞相和首辅们往前推、往后算，真正最坏的人可能未必是严嵩。之所以说严嵩是明朝第一奸相（首辅），主要有三个原因：一是登顶时年岁已高，62岁才爬到这个位置，既说明不折不挠，也说明官瘾十足，大有白发不让须眉之势；二是在位时间比较长，趁着嘉靖皇帝20年不让朝的机会，严嵩把持朝政20年，基本上整个国家就他和儿子说了算，能够守住位置20年，没点真材实料挺难的；三是基本得到善终，免职退休两年后，严嵩在家乡病逝，从这个位置掉下来还能寿终正寝本身不太容易，而且他干的坏事的确有不少。

既然背上骂名，他干了哪些坏事呢？**首先，冤杀夏言。**夏言是江西贵溪人，中进士那年严嵩是考官，算有师生同乡之谊。不过，夏言入仕晚发育快，从正七品的都给事中升到正二品的礼部尚书，只用了一年时间，让当考官的严嵩坐运载火箭也追不上，而且，严嵩能当上礼部尚书，还是时任首辅的夏言推荐的。由于夏言压根瞧不起严嵩，最终被严嵩网织罪名所杀。陷害有提携之恩的人，这在士大夫间是最为不齿的，其罪名可能仅次于叛乱。除了夏言，其他政敌更加不容放过，凡是跟严嵩唱反调的，都没有好下场。**其次，卖官鬻爵。**严嵩对朝廷和官场最大的破坏，不光是杀了一批能人，更源于卖了一批官帽。买官的人能力再强，上位后首先考虑的问题恐怕不是报效朝廷，而是要把花出去的再弄回来，由此，能力越强的人买到官位后，对吏治和廉政建设的破坏性越强。为了让贪婪能够持续下去，严嵩和这些买官的人穿着一条裤子，也恐怕是严嵩20年不倒的重要原因。那个时候，张居正这样的官员只能静静蛰伏，等候时机出现。**再次，废弛边防。**嘉靖年间，倭人经常在沿海一线掠夺骚扰，这才有了一代抗倭名将俞大猷、戚继光。然而，前方吃紧、后方紧吃，将士们在前线打仗，严嵩不但不管不问，而且纵容儿子严世蕃与敌勾结成奸，导致倭人屡剿不绝，打完福建的广东冒出来，收拾完广东的浙江又生新患。这种被动情况从嘉靖朝一直延续到万历年间，形势稍有好转。当然，皇帝不可能允许里通外国的恶劣行为，20年不倒的严嵩，也正因为儿子勾结倭人而垮庄，最后能保全自己性命，算是祖上积了大德。

被杖死的哈麻

元朝的迅速灭亡，跟朱元璋、张士诚、陈友谅起兵反元有莫大关系，但堡垒是从内部最先攻破。元朝最后那点气数丧失殆尽，与哈麻这个人密切相关。哈麻的发迹，源于他母亲是元宁宗的奶妈，这个短命皇帝还比较重义气，不但自己爱屋及乌，还影响到末代元朝皇帝惠宗特别待见哈麻和他的兄弟雪雪。然而，错误就这么悄然启程了。

元惠宗是公元1333年即位，真正掌权是凭借7年后发动政变，扳倒权臣伯颜，并启用了政变功臣，伯颜的侄子脱脱为相。这个脱脱是个能臣，开启的"脱脱更化"让元朝看到点复苏迹象，但这种回光返照很快让哈麻给扑灭。刚开始还知道励精图治的元惠宗，自从宠信了哈麻，就变得不可理喻，而且，他竟然在脱脱率军剿灭张士诚的关键时刻（公元1354年），下令削夺脱脱兵权，并全家流放各地。次年，在哈麻矫旨下，脱脱在流放途中被杀。

脱脱是元朝末年唯一一个文武全才，上马能统兵，下马能治国，无论从临阵换将来看，还是乱世被诛来看，他跟后世的袁崇焕有很多相似之处。首先，他们俩都是大厦将倾时挺身而出，站在挽救朝廷危亡的最前沿；其次，他们都是文治武功样样精通，一度享有较高威望和声誉；再次，他们都是陷落于奸臣之口，忠心耿耿而不得善终。

反观哈麻，上不得马治不了国，身前身后全凭一张嘴，要么把皇帝逗乐，要么把政敌说死。这样的人，为什么元惠宗那么喜欢并给予信任呢？有三个原因不容忽视：

第一，元惠宗靠政变掌权。 虽然是被拥立为帝，但元惠宗仍然坐了 7 年冷板凳，这让他对权臣特别痛恨，也潜移默化地萌生了防范之心。脱脱作为参与政变的功臣，刚开始得到信任肯定没问题，随着政权进一步巩固，皇帝的心思就从揽政亲政转移到预防夺权上来。哈麻能够献谗言，并且让皇帝言听计从，无非是看透了元惠宗的心思。

第二，脱脱有拥兵自重嫌疑。 从脱脱在前线自觉接受免职来看，应该没有拥兵发动政变的异心，但是，他的内心深处已经开始跟皇帝产生了隔阂，起因就是立皇太子。立储是国事，更是家事，自古以来皇帝们都对这个话题特别敏感，总觉得大臣们是在"买马""留后路"。从脱脱辞职到复出为右丞相，大部分时间在统兵剿乱，元惠宗有理由担心，脱脱会因为立储的事情随时调转枪口。

第三，哈麻与脱脱是死对头。 如果说脱脱是元朝的忠臣，那么作为奸臣的哈麻，没道理能与脱脱尿到一个壶里，事实也是如此。脱脱复出后，与哈麻同为中书重臣，因为政见不合经常争吵不休，于是脱脱找机会把哈麻贬到宣政院当个三把手，这样的仇恨哈麻怎么可能咽得下去？故人的敌人就是朋友，在元惠宗不需要脱脱时，选择哈麻理所应当。

狡兔死，走狗烹，元惠宗当然清楚脱脱因何而死，在需要找人顶包时，哈麻就难逃厄运，被廷杖打死也算是为脱脱报了一箭之仇，了却两人的恩恩怨怨。不过，在失去脱脱这位杰出人才之后，元朝再也无力抵御反元洪流，公元 1368 年，朱元璋建立明朝，元亡。

不敢吃药的杨素

杨素是隋朝的名臣名将，先后得到杨坚和杨广两个皇帝的重用，而且做到位极人臣，成为南北朝以来最显贵的臣子，这个待遇，就连北周的宇文护都没享受到。虽然杨素死后因儿子谋反而被夷族，但唐宋两朝都把他奉为名将而设庙享奠。这样的人物，身上有数不清的传奇事迹，除了战功显赫外，最值得说道的有那么四个。

1．下笔成章。杨素被后世奉为武将，但其实算得上文武全才，他的书法和文采也是响当当的牛。还在周武帝时期，杨素为皇帝宇文邕起草诏书，能够下笔成章而且言词华丽，字看起来也不错，以至到了隋文帝时期，还干过几天这个买卖。杨素死之前，还写过一篇七百字的五言诗，堪称上乘佳作。

2．见风使舵。能够见风使舵的人，首先得益于看准天候和风向，杨素就有这个本事，总能抢先投靠，夺得一个舵手席位。公元580 年，杨素看到周静帝宇文衍年幼而丞相杨坚专政，马上卖身投靠，对杨坚寄予厚望，从而当上了隋朝的开国功臣；公元 600 年，杨素看准了杨广的野心，又投到晋王杨广门下，成功烧旺了这窝冷灶，并随后参与了废太子杨勇，助杨广登基的关键行动。

3．口无遮拦。杨素年轻时有个坏毛病，就是敢讲，心里怎么想就怎么说，有几次差点要了他的命。第一次是北周时期，杨素想给已故的父亲杨敷争取个名分，反复给皇帝写奏章，而且敢于在皇帝发脾气时狂言，给无道昏君做事，死是应该的。这句话，反而救了杨素，并让他实现愿望。还有一次是跟夫人郑氏吵架，杨素竟然说，就算我当了皇帝，你这样的人不能当皇后。这次杨素运气没那么好，被老婆告发后，保了命丢了官。

4. 临病拒医。 杨素最大的聪明，就是知道功高震主的结局是什么，在位极人臣之后，他无时无刻不在思考着怎么为一家老小保全富贵。而他选择的方式，就是让自己病死算了，不显山不露水，还不让皇帝和其他人猜忌。因此，生病之后，杨素就拒绝求医问药，直至病死家中。可惜的是，他的如意算盘终究还是落空，长子杨玄感并没有继承杨素遗志，起兵反叛失败后，连累整个家族成员一起遭了殃。

无论在北周时期，还是侍奉隋朝两任皇帝，杨素都称得上一个有作为的能人，但是，他又是一个包藏私心而且私欲第一的人。从为父亲争取名分就可以看出，杨素真正需要的是什么，而他一生鞍马劳顿所争取的，无非是满足权欲和私心。杨素为北周攻灭过北齐，为隋朝攻灭过南陈，打过突厥，剿过匪患，每次都是主力中的主力，实乃一员猛将虎将。可惜，杨素当武将期间能够不惜命，当文臣时却过于贪婪，最终逃不脱历史规律，只保住了昙花一现的虚华。

刘备的江湖地位

受《三国志》和《三国演义》的影响，刘备这个角色在后世心目中一直不错，压过了文治武功略高一筹的曹操和孙权。但细细品味刘备走过的路，总觉得这位蜀汉开国皇帝的江湖地位与现实表现有很大差距，被历史和演义捧得过高。

首先，投靠加背叛。 在谋取荆州之前，刘备没有自己的根据地，也没有多少与军阀抗衡的实力，为了保全自己，他只能多次"良禽择木而栖"。第一次投靠，起因于鞭打督邮弃官逃亡，刘备加入到大将军何进麾下效力，但不久因兵败再次流亡，投奔了老同学公孙瓒。由于公孙瓒经常拿同窗当枪使，刘备趁着救援徐州的时机，率部投靠了陶谦，这次他当上了豫州刺史，算是个比较大的地方官。一年后，陶谦病死，刘备当上了徐州太守，又转而成为豫州牧，成为真正的封疆大吏。可是好景不长，刘备被吕布击败，只能投靠曹操，一年后又反曹，投在袁绍门下。为了躲避曹操的围攻追杀，刘备擅自离开袁绍，跑去荆州投靠了汉室宗亲刘表。从公元 184 年投靠何进部队开始，到公元 201 年投靠刘表，17 年时间刘备六易其主，还不算一些没有加官晋爵的临时依附。

其次，借力加篡夺。大家都知道刘备是个动不动哭鼻子的人，说明他比较能装。从骗取陶谦信任开始，他第一次尝到伪装的甜头，也正因为陶谦的信任和提携，刘备从名不见经传的草莽，成了众所周知的刘豫州。要说刘备走运，他确实走运，能遇到陶谦这样的好人，但是运气并不是一如既往地偏向于他，在枪打出头鸟的军阀混战时期，没有根深蒂固的实力，注定时常面临挨打。在被各路军阀尤其是曹操追得无路可逃时，刘备选择了本家宗亲刘表当靠山，站稳脚跟后，又借刘璋引狼入室的机会，夺取了益州，终于建立了长治久安的大本营。陶谦、刘表、刘璋这三步棋，刘备走得很巧妙，以至人家被卖了还有人帮着数钱，这是刘备与众不同的地方，也是让他江湖地位长盛不衰的重要原因。在外人看来，这个爱哭的大耳朵的确比较厚道。

再次，信任加防范。刘备最亲近最信任的人，一定是桃园结义的关羽和张飞，为了关羽的死，他甚至不惜亲征东吴，最终兵败而托孤白帝城。这个时候，关羽和张飞都先刘备而去，刘备只能信赖诸葛亮，并说了让诸葛亮可代刘禅称帝的话。这样的话听得暖烘烘，让托孤大臣感恩涕零，但是不要忘了，刘备还安排了另外一个人李严，托付同样使命。李严是刘备攻打益州时的降将，按道理出身与诸葛亮不可同日而语，跟单骑救回刘禅的赵云也没有可比性，可是，刘备却选择李严当托孤大臣，很明显是对诸葛亮进行钳制。诸葛亮真要动了取而代之的异心，李严必定会高举刘备遗诏，当上护国护法先锋。

赵高的异想天开

导致大秦迅速崩盘的直接"杀手"，非赵高莫属，正是他这么一个身体残缺的人，完成了很多心智和身体健全人力所不及的事。很多人都知道"指鹿为马"的赵高，却不知道，这种异想天开，是赵高的看家本领，有些事情没人想得到，但他做得出。

比如始皇驾崩，一般人想着怎么治丧，怎么拥立新帝，但赵高不这想，他觉得以自己的聪明才智，应该换个人来当皇帝。其实，那时的赵高名声还没差到那个地步，虽然跟蒙氏家族有点磕碰，但以扶苏之仁，应该不会拿他怎样。能够在嬴政这个暴君身边生存的人，本事自然少不了，更何况对付一个扶苏。然而，赵高就是"高"，他不但敢想而且敢做，关键是还可以把想法变成办法，办法变成做法，做法变成说法。

赵高的办法就是矫诏。胡说八道一通，然后让扶苏、蒙恬自杀。这种诡计，是个正常人都会怀疑，这一点，无论是赵高，还是扶苏、蒙恬都可以想到。赵高当然知道他们二人可以想到，但他预判，扶苏一定想不到赵高他们敢于做到。这个时候，相当于抛给扶苏"1+1=？"的问题，明明知道是愚弄，却不由自主陷入圈套。说实话，没有点异想天开的本事，赵高根本不可能蒙混过关，而他这步棋相当于自寻死路。但是，他赢了，扶苏的循规蹈矩，最终输给赵高的异想天开。

赵高的做法就是杀戮。除去扶苏、蒙恬这样的心头巨患后，赵高直接把屠刀架在皇室宗亲和蒙氏家族身上，一次就杀了秦二世胡亥 12 个兄弟、10 个姐妹，可谓心狠手辣令人发指。尔后，赵高又杀了一同谋逆的李斯，逼死了对自己言听计从的胡亥。杀其他人，可以想得通，秦二世和赵高的政权来路不明，最好的巩固方法就是杀除异己。然而，赵高再一次异想天开，亲自把胡亥捧上天，又亲手把他打下地狱，准备自己当皇帝，只不过没人响应，不得不临时改主意让给子婴。

赵高的说法就是忠孝。从除去扶苏开始，赵高就高举忠孝旗号，在忠孝面前，秦始皇的大批忠臣孝子死于非命。总而言之，听赵高的话就是忠孝于始皇帝，不听就是不忠不孝。等到赵高大权在握，不需要胡亥这个傀儡时，赵高再次祭出忠孝旗帜，扮演了除暴安良的角色。这种想法，也只有赵高这么"身残志坚"的人想得出，明明自己矫诏乱政，却贼喊捉贼，而且贼心不死。除了脸皮够厚、心够黑以外，不得不再次领教赵高凡事都敢异想天开。

像赵高这样明目张胆的乱臣贼子，结局自然好不了，子婴上位才 40 几天，唯一来得及做的事情，就是把赵高铲除。世事没有如果，真要让子婴多干几年，说不定能当个力挽狂澜的一代圣君。

第八辑

名人轶事

苏秦其人

苏秦，战国末期的合纵家。他人生最精彩的篇章，不是获得六国相印，而是制造和驾驭敌人。拿到六国相印，苏秦凭借三寸之舌；制造和驾驭敌人，苏秦用的是头脑和智慧。

张仪是苏秦的好朋友好同学，两人曾经有过"以沫相濡"的盟誓。但是，苏秦却在飞黄腾达后，以羞辱式的激将法，把张仪逼去大秦与己为敌，并暗中资助了路费。苏秦真的疯了，他为什么要这样做？张仪来投靠他，苏秦不肯出钱出力；张仪要投奔敌国，苏秦反倒暗中资助，这根本不合常理。

"兔死狗烹""鸟尽弓藏"的寓言，苏秦最懂。联合起来的六国太强大了，强大到秦国望而却步，吞并六国的野心逐渐萎靡。这怎么能行，苏秦合纵学说的假想敌，就是人人畏惧的大秦，如果假想敌不存在了，他的合纵学说也就不攻自破。从这个角度看，这有点像当今的美国政府，为了合纵议会的出资人，时不时设置一两个假想敌。没有这些假想敌，美国的军火商和石油大亨们日子立马就会难过。从第一次世界大战到二次大战，再到当代，美国经济的起步、腾飞和维持，都离不开军火和石油。苏秦也是一样，他需要一个强大的假想敌，哪怕不惜成本亲手扶植一个。

苏秦能成功，得益于他能成功控制这个假想敌。在他这样的政客眼中，没有永恒的敌人，只有永恒的利益。苏秦把老同学张仪看透了，这是个厚道之人。如果苏秦直截了当让张仪去秦国，张同学一定不会答应，他不是那种宁可我负天下人的悍臣。所以，苏秦只好用了自己吃肉同学喝汤的激将法，让张仪负气出走。但是，苏秦并不是真的想与张仪为敌，在张仪成为大秦相国之后，他让中间人向老同学透露了真相，并且成功得到"只要苏秦在世，秦人不攻六国"的政治保证。

这看起来有点像电影狗血剧情，但的确是历史事实。这么狗血的办法，也只有苏秦这样的人能想得出来。关于苏秦的狗血故事，其实还有不少。比如头悬梁、锥刺股的故事，主人公就是这位苏先生。其实再怎么发奋读书，也没必要采用这么自虐的方式，历史上也只有他做得出来。再比如，苏秦之死源于刺客，临死之前，他竟然要齐王宣布自己是个坏蛋，要奖励刺杀勇士，从而帮助齐王成功抓获刺客。这办法不但狗血，还把刺客气溅一地血。

看到这里，我们终于明白，苏秦其实是一个实践主义的哲学家，他把事物的因果关系参透悟透，再择其利害而使用，这是一个从理论到实践的过程。只可惜，在那个历史年代，还没人能够找到一条从理论到实践再回到理论的路。苏秦已经作古两千多年，他是一个好人抑或坏人并不重要，重要的是我们现代人能从他身上看到什么、学到什么。

管鲍之交的启示

春秋时期的五霸之首是齐桓公，助他成就 40 年霸业的两大功臣，一个是管仲，一个是鲍叔牙。历史上所说的"管鲍之交"，就是他哥俩。仅就名气和地位而言，管仲在鲍叔牙之上，他们之间就像现在电影主角与导演的关系，主角可以一夜爆红，而导演必须有一系列高难度作品，才会被观众熟知和认可。

让"管鲍之交"成为历史美谈的，主要是管仲和鲍叔牙在推荐谁当丞相时说的话：

1. 辅佐齐桓公初期，鲍叔牙在推辞相位，力荐管仲时说，"臣之所不若（管）夷吾者五：宽惠柔民，弗若也。治国家不失其柄，弗若也。忠信可结于诸侯，弗若也。制礼义可法于四方，弗若也。执枹鼓立于军门，使百姓加勇焉，弗若也。"

2. 在30多年后，管仲病重待死，齐桓公再次想用鲍叔牙为相，这次管仲建议说："鲍叔，君子也。千乘之国，不以其道予之，不受也。虽然，不可以为政，其为人也，好善而恶恶已甚，见一恶，终身不忘。"

其实，以鲍叔牙之才，绝不是他自己谦虚那样，干啥都不行，让管仲为相，一方面说明他慧眼识人，另一方面说明他大公无私。本来，管仲应该投桃报李，临死前把相位还给鲍叔牙。但是，管仲选择的报恩方式，谁都想不到，在恩泽鲍叔牙后人同时，他坚决反对鲍叔牙为相，因为他知道，鲍叔牙太仁慈了，终究会被小人所害，把他推上相位无异于推向断头台。而实践证明，管仲的判断非常正确，就连齐桓公本人也被活活饿死。

历史就是一面镜子，管鲍之交给予后人诸多启示：

第一，争的越少，得到的越多。刚开始管仲和鲍叔牙是生意伙伴，管仲因为家贫，鲍叔牙在利润分成上总是让着他，即使管仲赔了钱，鲍叔牙从来没有责怪，一如既往地给予信任和支持，这是他们结下深厚友谊的信任基础。所谓舍得，有舍才有得，鲍叔牙舍去商业合作的一时小利，得到一个真心可交的朋友，还换来了恩泽十几代的大利，这"买卖"实在做得划算。试想，如果鲍叔牙见钱眼开，为几个铜钱撕破面子，即使将来他同样推荐了管仲为相，也未必坐收渔翁之利。

第二，扶人上位，能得到地位。鲍叔牙及子孙后代的地位，与其说是齐桓公小白给的，还不如说是管仲给的。因为小白同志五毒俱全，唯一的优点就是用对了几个人，他自己最后都没善终，自然考虑不到鲍叔牙的结局。在春秋霸业这场大戏中，小白只是个出资商。但作为主角，管仲知道是谁扶他上位，他应该怎样演好这出戏，从而报答扶他上位的导演鲍叔牙。这里演绎的是君子之交淡如水，是滴水之恩涌泉相报，绝对没有任何潜规则。

第三，积善行德，厚德方载物。从历史事实分析，管鲍之交的核心其实是鲍叔牙。只有他一辈子在坚持做好事，并乐此不疲。反观管仲，在当齐国丞相之前，人品看起来不咋地，做生意时喜欢争个长短，当兵时多次当了逃兵。但管仲至少做了两件天大的好事：于公，他辅佐齐桓公开创霸业，让齐国百姓做到"仓廪实而知礼节，衣食足而知荣辱"，实现了民富国强的目标；于私，他临死前挽救了鲍叔牙，让恩人及后代免受小人之祸，用十世荣华富贵报了知遇知己之恩。所谓近朱者赤、近墨者黑，有鲍叔牙这样积善行德的好知己，管仲想坏也坏不到哪去，他最终能够成为厚德载物的千古名臣，源于鲍也生于己。

韩信有话说

跟西汉开国大将韩信有关的历史典故和成语特别多，比如说"胯下之辱""月下追韩信"和"明修栈道暗度陈仓""四面楚歌十面埋伏""成也萧何败也萧何"。这几条线索，基本上勾勒出韩信的成长历程。

胯下之辱，说的是韩信投军之前，钻了一个屠夫儿子的裤裆，那时他这样做，并不是害怕打不过这个无赖，而是不想跟他计较，从而两败俱伤，影响到理想的实现。虽然当时被嘲笑，但比起卧薪尝胆的越王勾践，这点隐忍算得了什么？勾践那时虽然是亡国之君，但出身比平民百姓的韩信强多了，这位越王不但尝胆，还替夫差尝过粪便。两人处境一对比，韩信这点委屈实在划算。

月下追韩信，说的是替项羽扛兵器的虾兵蟹将韩信，翻山越岭跑去投奔汉王刘邦，结果同样不受待见，只好一走了之。萧何是个伯乐级星探，趁着月光跑了一晚上，总算追上韩信，好说歹劝地把韩信拖回汉营。这件事情刘邦起初很不爽，觉得萧何脑子有问题，跑了十几个将军没见他去追，一个钻裤裆的人凭什么贴上热脸。后来事实证明，萧何脑子没有任何问题，而是刘邦眼神不太好。好在眼神不好的人耳朵更加灵光，刘邦这次听了萧何的话，把小虾兵直接提拔为大将军。

明修栈道暗度陈仓，是韩信第一次在刘邦面前展现天才般军事禀赋，派了一支万人小部队假装修复栈道的同时，秘密把主力部队开进陈仓。一路上，汉军应该吃了不少苦头，但比起丢命，那点苦头就是甜头。项羽手下的章邯也是一员猛将，没那么草鸡，能够迅速击溃章邯，凭借的是突然性和不可预见性。

四面楚歌十面埋伏，是韩信与项羽的最后决战。虽然韩信手里掌握的汉军是楚军的五倍，但韩信没有完全依靠强攻，而是围起来一边打消耗战，一边打心理战，促使楚军从将军到士兵大批逃亡，包括季布、钟离昧这样征战多年的名将。等项羽一觉醒来，剩下的仅仅是一千来号子弟兵。

成也萧何败也萧何，说的是萧何伙同吕后谋害韩信。民间有个传说，刘邦曾经许诺韩信"三不死"，一是见天不死，二是见地不死，三是见金（属）不死。如果这个承诺属实，那么韩信被布袋包起来吊在梁上，然后被竹刀刺死应该也是真的。

其实，传说就是传说，没什么更多考证的必要性。以韩信之才，不会算不到自己大限已到，如果有机会让他开口说话，他绝不会说刘邦与他有"三不死"的约定，这明显是比废话还要无聊的屁话。所谓人之将死，其言也善，韩信临死前的遗言，跟他冒险来皇宫的目的是一致的，就是想以一人之死保全家族性命。只可惜，"斩草不除根，春风吹又生"这样的道理，混混出身的刘邦最懂，他毫不犹豫夷平韩信三族。三族都不肯放过，还谈什么"三不死"呢？

汉武帝的中国心

汉武帝在后世褒贬不一，主要原因之一是专制残酷，尤其是对身边最亲近的人十分残忍，晚年几乎到了亲者痛仇者快的地步。但是，作为一位代表中原文化的皇帝，汉武大帝刘彻的中国心值得赞赏和褒奖。正是他改变了几百年来靠修长城抵御外侮的历史，也正是他开疆拓土，让汉朝版图东至朝鲜、南至云贵、西进青海，勾勒出目前大部轮廓。至于北边的匈奴，是汉朝最大的敌人，更是刘彻最想解决的对手。

还在景帝时，童年的刘彻就埋下心结，因为匈奴人时不时侵扰边境，还伸手向汉朝要钱粮要公主。父亲的忧心忡忡让刘彻从小立志，长大后一定要把匈奴人彻底打趴下，真正臣服于汉朝这个泱泱大国。执掌国家机器后，汉武帝不遗余力地准备汉匈战争，变消极防御为主动反击和进攻，从元光六年（公元前129年）首仗开始，历时44年，取得了决定性胜利，基本解决匈奴南下侵扰问题。尤其是四次战略反击，收复很多中原失地。

第一次：河南之战。元朔二年（公元前 127 年），卫青引兵出击，收复河南，并在河南设置朔方、五原两个郡，移民戍边。这次反击的意义在于，抽去匈奴进犯中原的跳板，基本解除了京城长安面临的直接威胁。

第二次：漠南之战。元朔五年（公元前 124 年），车骑将军卫青再次出击，进入漠南（今内蒙古），突袭匈奴王庭，取得较大战果，迫使匈奴主力退到漠北一带，彻底解除了首都的安全顾虑。

第三次：河西之战。元狩二年（公元前 121 年），霍去病采取大纵深穿插奔袭的闪电战，用六天时间连续击破匈奴五王，尔后会同多路并进，在祁连山取得决定性胜利，全部占领河西走廊。在那里，汉朝又多了武威、酒泉、张掖、敦煌四个郡，并打通了西域丝绸之路。

第四次：漠北之战。元狩四年（公元前 119 年），卫青与霍去病分别领兵两路出击，力求全歼匈奴主力。卫青歼敌一万余人，霍去病歼敌七万余人，匈奴元气大伤惨败，而汉军也付出很大代价，算是惨胜。

很多人会认为，前三场仗打得无可厚非，确实意义重大很有必要，但第四场漠北之战完全没必要打，也的确可以避免打。首先，这本是匈奴诱汉军深入的诡计，想好好捞上一票，只是他们没想到汉武帝会将计就计，倾全力应对这场决战，如果汉朝不接招，就可以不打；其次，打这场战役耗费巨大，损失也巨大，伤亡官兵不算，光马匹就损失 80%以上，费效比实在不可观；再次，虽然这次战役重创匈奴，但杀敌一千自损八百，汉朝自己也没有短期内组织大会战的实力，即便想宜将剩勇追穷寇，也只能遥望漠北而兴叹，汉武帝死后，匈奴人又卷土重来，干起了打家劫舍的勾当。

所以，虽然打了胜仗，但汉武大帝被扣上了穷兵黩武的帽子，不少史学家认为这是导致汉朝走向衰败的转折。不可否认，汉武帝是个好大喜功的人，执政 54 年几乎拼光前面父辈祖辈 70 余年攒下的家底。但是，有一点同样很重要，刘彻不光是一位皇帝，还是一个普通的中国人，他和后世很多民族英雄一样，有着一颗朴素的中国心，那就是"犯我中华者，虽远必诛"。还有一点，我们千万不能忘记宋朝，经济再繁荣有什么用，没有强大的国防，老百姓只会过得更加颠沛流离。从民族气节的层面看，这个仗必须打。

盖棺看匡衡两面性

凿壁借光的故事，上过小学的人都知道，那时看到一个励志版的匡衡，影响了一代又一代的学子们。读了点历史书后，发现匡衡似乎没有想象中那么高尚，总觉得这人一辈子以借度日，隐藏着鲜为人知的另外一面。

1．读书借光。匡衡家里贫穷，喜欢读书，就打短工借，晚上无聊想看书，就在墙上掏洞借。这种故事太辛酸太励志了，所以没有人会换个角度审视。既然如此，就继续维护这段美丽的童话，对于教育子孙后代，多树立一个榜样总是好的。

2．出仕借势。匡衡喜欢读书不假，但有点偏科，虽然西汉还没有科举制度，但时不时组织"六经"考试，帮助遴选和推荐人才。考试范围定下了，但匡衡想恶补已经来不及，除了失传的《乐经》，另五经中他只精通《诗经》。因此，他毫不意外屡败屡战，第九次考试勉强得到丙等评价，任命为太原郡的文学卒史。当然，把学问做到极致，同样有机会获得成功，尤其是不需要五花八门的考试时。匡衡的名气，还是凭借对《诗经》倒背如流且见解深邃，从而引起朝廷关注，可是，偏科的他最终还是拜倒在太子老师萧望之的面试下，直到被萧老师的政敌史高一手扯进核心政治圈，终于重新尝到"借"的甜头。借着这次机会，他终于有机会跟皇帝面对面接触，而《诗经》再一次帮助了匡衡，因为汉元帝也是个诗粉，并为《诗经》网红匡衡大开方便之门，还让他在仕途一路高歌猛进，从当郎中、博士、给事中开始，一直做到光禄大夫、太子少傅、御史大夫和丞相。

3．封侯借地。汉元帝、汉成帝不愧是个铁杆粉丝，对匡衡那个好真是让人没话说，在一次次原谅碌碌无为小错不断的老学究同时，还晋封他为乐安侯，赏赐了大片土地。可是，匡丞相"借"心不死，明知地图出错多出几百顷，竟然笑纳囊中。这一次，皇帝是真伤了心，把他贬为庶民，一竿子撸到底。

由此可见，匡衡的"借"，与孔明借东风那个借完全不是一个概念，纵观一生都透射着利己主义，杜甫就有"匡衡抗疏功名薄，刘向传经心事违"的评价。这个老学究当丞相期间，确实没干过什么坏事，但也没有做过多少好事，尤其是在中书令石显权倾朝野期间，长时间不敢作正面抗争，直到元帝驾崩、成帝即位，才联合御史大夫甄谭共同弹劾并扳倒石显。选择新皇即位的时机出手，匡衡明显是算计好的，这说明，他不是不想扳倒石太监，而是担心引火烧身，被石显倒打一耙，毕竟太监们跟皇帝朝夕相处，递个小话更加方便。从这个角度看，匡衡还有些正义感，只不过，当无势可借的时候，他需要认真权衡，做得，还是做不得。

皇家之乱

在皇帝队伍中，荒淫无度的大有人在，公主中也有不少色狼级别的人物，尤其在南北朝至五代十国这几百年，乱伦的事情时有发生。比如南北朝时期的刘宋（区别于赵宋），就出了一双好色如命的姐弟俩，姐姐是孝武帝的女儿刘楚玉，弟弟是孝武帝接班人前废帝刘子业。

刘子业好色属于色胆包天、雁过拔毛，只要看上谁都不肯放过，近亲关系亦不在话下。孝武帝的妹妹新蔡公主本来嫁给将军何迈，只因进宫请安就被扣留不出，被逼与侄子乱伦。而他的亲姐姐刘楚玉属于送上门的，两人一拍即合，同吃同睡俨然夫妻模样。为了满足姐姐的性欲，刘子业专门挑选了30名美男子"面首"给她，可没想到刘楚玉仍然欲壑难填，又盯上了自己的姑父、南郡公主的驸马褚渊。

褚渊这样的美男子，应该和宋玉那个款不一样，属于成熟稳健型，看一眼就有亲切感和亲和力，以至于大臣们下朝时，要目送褚渊走后才肯散去。这样的美男，刘楚玉当然不肯罢手，哪怕他是自己的姑父。可是没想到，褚渊不光是"宋玉"，还是个"柳下惠"，被骗到公主府上调戏引诱十几天，愣是没上套，就算被侄女骂成不像男人，也没有违背伦理道德。

话又说回来，刘楚玉和刘子业这双活宝这么淫乱，难道就丝毫没有王法吗？答案是，确实没有。魏晋南北朝以来，开启了最为黑暗的伦常时代，君不君臣不臣，父不父子不子，直到宋朝后才慢慢开始修复。那段黑暗主要表现在：

1. 君臣无序。从东汉末年到魏晋时期，就已经是权臣当道，对皇帝想立就立想废就废，皇帝这个职业一度成为最危险最短命最容易失业的行当。这个道理，权臣们心里比皇帝还明白，但是忍不住还想试一试，换皇帝厌倦了，就干脆自己当。刘宋的开国皇帝刘裕，就是废掉东晋的恭帝司马德文；而刘裕指定的接班人长子刘义符，当了三年就被辅政大臣徐羡之假借皇太后之命废掉。

2．**攻伐无序**。接下来的第三任皇帝刘义隆，算是比较有出息的一个，在位 30 年干了不少漂亮事，开创的"元嘉之治"是东晋至南北朝最为强盛的历史时期。但是，偏偏他这个"好皇帝"不是"好父亲"，被儿子刘劭发动政变所杀。而刘劭只当了三个月的短命皇帝，就被弟弟刘骏率兵讨伐所杀。为了巩固政权，刘骏将兄弟们几乎全部杀害；后来，刘骏的接班人刘子业，还是被遗留的兄弟刘彧所杀。末代接班人刘准被齐高帝萧道成逼退时说了一句有名的话："愿生生世世，再不生帝王家。"大家看看，几乎没有哪次政权交接，不带有血腥味。

3．**人伦无序**。要说刘子业和刘楚玉这姐弟俩乱伦，还带点遗传基因。他们的父亲刘骏，才是史上最为乱伦的人，竟然睡了自己生母路太后，又因宠爱的堂妹病死而哀伤过度，结束了荒乱不堪的一生。到了刘子业执政江山，除了淫乱更加灭绝人性，任意杀戮之外，还把几个叔叔抓到京城，把胖子们关进笼子，每天供应猪食，而最大的胖子刘彧更是被命名为"猪王"。刘彧也不是省油的灯，翻盘政变后，吸取兄长刘骏的教训，把众多刘氏亲戚剪杀殆尽，只为给自己儿子后废帝刘昱清理门户。但是，刘昱仍然逃不过被弑命运，由傀儡刘准替他当了末代皇帝。

魏徵的生前死后

魏徵的名声，来源于"以人为镜可以明得失"这句话，大多人熟知的魏徵，即是跟唐太宗李世民犟嘴的他。要说魏徵的仕途，在辅佐李世民之前，实在不怎么样，能够听得进逆耳忠言的，也就李世民这么一个。

公元 617 年，那时魏徵已经 37 岁，还只是在武阳郡丞元宝藏手下当差，官运起步比较晚，层次也比较低。让他改变命运的，是瓦岗军领袖李密，然而，那时的魏徵太渺小了，他给李密提出的壮大瓦岗军建议没有被采纳。不过，李密还是比较欣赏魏徵，并于 619 年带着一起投了李氏唐朝。但就在那年，魏徵被农民军领袖窦建德俘虏，凭借瓦岗军的任职经历，谋了个差事。两年后，李世民击败窦建德，魏徵回到唐朝，被太子李建成任命为太子洗马，已经当上三品大员。可惜，李建成重用魏徵，却没有重视他的话，导致在玄武门兵变中被杀。

要说李世民年轻时胸怀确实可以，明明知道魏徵经常挑唆李建成要防范他，不但不杀，刚当皇帝就任命魏徵为尚书左丞，官升两级当上正二品，从而正式开启一段君臣直谏纳谏的佳话。虽然唐太宗有时也会很不爽，觉得魏徵老儿话太多，但仔细想一想，觉得老魏话糙理不糙，最终还是从善如流。

不过，魏徵死后，李世民做了件令人大跌眼镜的事，把魏徵的墓碑都给砸了，为什么会这样？难道唐太宗在魏徵活着的时候一直在忍气吞声的做戏，故意制造这么一桩美谈？原因肯定不是如此。有人说，是因为李世民得知，魏徵曾经把写好的奏章给史官看，让李世民有点恶心，觉得魏徵在沽名钓誉。很明显，这跟李世民做戏与否是一个道理，怎么可能是这个原因？

真正的原因是皇帝变了，变得得意忘形，变得不可理喻。没错，大唐的贞观之治是李世民一手开创，但也是他一手毁灭。贞观十七年（公元 643 年），太子太师魏徵刚死，太子李承乾就以谋反罪被废，虽然李世民经常口口声声说，舍不得废了长孙皇后所生的嫡长子。史书上记载，唐太宗爱子心切，只废不杀，不过是一种粉饰太平的方法。为了支持这种说法，可以引入一个旁证，与篡夺大唐江山的武则天有关。这个奇女子，就是李世民在贞观十一年引入宫，并封为五品才人。

皇帝讨个小妃嫔，按理说没什么，但是这个武才人不是一般的人，曾经对李世民说驯服烈马的三个物件"铁鞭、铁挝、匕首"，很明显，这是一个心肠毒辣的女人。李世民如果仍然是个明君，就不应该容许这样的女子呆在身边，更不会坐视儿子李治与武才人偷情而不管不问。或许有人会说，既然是偷情，皇帝未必知道嘛，这怎么可能？皇宫大院不是谁想来就来、想呆就呆，更没有地方随便开个房间，对这样的事情都能睁一眼闭一眼，只能说皇帝已经老糊涂了。

宁鸣而死的文武全才范仲淹

刚知道范仲淹的人，大多因为"先天下之忧而忧，后天下之乐而乐"这句话，没办法，中学语文考试经常出这道填空题。后来慢慢知道，范仲淹是大宋王朝不可多得的一位文武全才，是一位著名的思想家、政治家、军事家、文学家，在他的身上，可以看到很多闪光点。

1. 孝顺。由于父亲范墉早逝，母亲谢氏带着两岁的范仲淹改嫁朱文翰，并给范仲淹改名朱说，直到公元 1011 年，23 岁的范仲淹才得知身世。4 年后，范仲淹以朱说之名考取进士，委任为九品广德军司理参军。有了俸禄后，范仲淹立即接母亲到身边奉养，直到母亲去世，恢复范仲淹本名。

2. 严谨。为母守孝期间，范仲淹已经辞官，住在应天府，受应天知府晏殊邀请，执掌应天书院教鞭。在他主持教务期间，能够严于律己以身作则，令书院学风焕然一新，也让他享有很高的声誉。为此，宋仁宗第二年召范仲淹入京，专门负责皇家图书典籍的校对和整理，由此可见，老范做事是认真的。

3. 耿直。从另外一个层面看，耿直就是认死理，不会搞变通。比如，宋仁宗 19 岁时，章献太后仍然把持朝政，没有让皇帝亲政，范仲淹即上书太后，请求还政仁宗。这一上书不打紧，把曾经举荐过他的晏殊吓个半死。由于性情过于耿直，范仲淹为官期间多次被贬，好朋友梅尧臣曾经写文章《灵乌赋》劝他少说话少管闲事，但老范回了一篇同名作，表明自己"宁鸣而死，不默而生"的心迹。

4. 大义。公元 1033 年，章献太后驾崩后，23 岁的仁宗终于亲政，再次把范仲淹召入京城，提拔为右司谏。这时，很多以前不敢开口的大臣议论太后在位期间的过错，唯独受到打击贬谪的范仲淹帮老太后说好话，建议仁宗掩饰太后过失，成全她养护儿子的美德。什么叫以德报怨？这就是活生生的以德报怨。就连范仲淹都想得开，作为儿子的宋仁宗不可能想不通，何况，从那个"仁"字也能看出，他本身就是个善良的人。

5. 爱兵。作为一个文官派去统兵，这在重文抑武的宋朝并不罕见，但罕见的是大多文官啥都干不了，而范仲淹的积极防御战略思想，却在较短时间内，让西夏的元昊议和称臣。除了卓越的军事才能外，从美德层面理解，范仲淹是一位知兵爱兵的模范将领，跟着这样的带兵人打仗，宋军的士气和战斗力大幅提升。解决与西夏之间的战争危机后，范仲淹再度入京，被提拔了枢密副使，当上了朝廷的副军事长官，半年后，再次提升为参知政事，当了副宰相。

6. 恤民。 由于屡遭贬谪，范仲淹大部分时间在当地方官，这一点跟苏东坡同志有点像，都是走到哪儿干到哪儿，好事做到哪儿名声留在哪儿。比如，在泰州时，范仲淹修了一条长达 200 华里的海堤，横跨通州、泰州、楚州三个地界，不仅保障生活，还可以捍患御灾，被当地人们命名为范公堤。当然，范仲淹还做了很多好事，这里就不一一列举了。

苏东坡被贬之启示

苏轼，字子瞻，号东坡居士，宋代文学最高成就代表之一。现代人对苏东坡记忆最深刻的事情，应该有两件，一是文学成就，二是官场浮沉。文学上的造诣，古今享誉，无需多言，今天探讨一下他的跌宕人生。东坡先生一生有 5 次被贬，但每次被贬都干得津津有味、任劳任怨，堪称劳模。

第一次是公元 1071 年，因看不惯王安石变法和新党，自请出京到杭州当通判，干了 3 年后，又先后调到密州（山东诸城）、徐州、湖州当知州，干出不少政绩。

第二次是公元 1079 年，因给宋神宗写了封《湖州谢表》，被污为愚弄朝廷、妄自尊大，被押解进京，出狱后贬为黄州团练副使，写下了 3 篇关于赤壁的千古名作。

第三次是公元 1089 年，因看不惯旧党打击新党，而新党早就得罪完了，他再次自请离京到杭州当知州。这次他没白去，顺手修了条西湖苏堤，给现在的景区增加一景。

第四次是公元 1094 年，因新党死灰复燃，被贬为远宁军节度副使，到了广东惠州。在这里，他自己掏腰包，给老百姓疏浚惠州西湖，又修了条长堤。

第五次是公元 1097 年，还是上头原因，被贬为海南儋州别驾。在这里，他开始办学堂、搞教育，当起了苏老师。

东坡同志被贬的原因，史说纷纭，没有定论，但大多人习惯于把责任推给新党旧党之党争。这种说法很有道理，但不敢完全苟同。

新党的代表是王安石，旧党的代表是司马光。这两个人，先不说能力水平如何，但人品官德在当时绝对是数一数二。就说东坡同志被抓入狱那次，最后还是已经退休赋闲的王安石，帮他说了好话，这才全身而退，换作有些人，不落井下石才怪。司马光也是个道德君子，他当官近 40 年，而且位高权重，夫人在世时不能生育，坚持不纳妾，夫人去世之时没有银子，竟然要典地葬妻。

现在我们平心而论，这样的两个人如果也成为东坡同志一生坎坷的罪魁祸首，说得过去吗？如果这样，历史上那么多大奸大恶之人执政时，人们还有活路吗？换言之，你我穿越到那个时代，能够做得像人家那么地道吗？显然这里有问题。近读怀谨先生文章，说起党祸乱像，颇有感悟，对东坡同志多次被贬，心有启迪。

启示一：没有统一的思想，就没有统一的意志。大宋之乱，首先乱在思想上。这不是哪一个人的错，既不是皇帝，也不是宰相，而是盗版的孔孟之道，所谓的儒宗理学。发展学术思想本身是好事，但打着孔孟旗号写着个人文章，就未必是好事，一不小心就成为披着羊皮的狼。最要命的是，这种伪儒学最后被朱熹同志发扬光大，祸害古代读书人近一千年。

1. 先从道德说起。比如朱熹这个人，这人有学问那是公认的，没得说。但有道德吗？没有，一个跟儿媳妇扒灰的人，你能说他有道德吗？有人会辩护说，那李世民、李治和武则天这乱七八糟的事情应该怎么算？不用算，辛亥革命一声炮响，早已结束了封建皇权。权力是权力，道德是道德，这是两个问题。

2. 再说孔孟之道。孔孟学说的核心是仁义，因为春秋战国年代打来打去，太缺这个了，所以他们才会不停地倡导和坚持。宋朝人长着一副生意人嘴脸，他们是不太讲仁义的，所以从宋真宗开始就学会跟外国人做政治交易，用银子买平安。像寇准、岳飞这样精忠报国的主战派，一个个被生意人给出卖。小时候看杨家将很带劲，到现在才明白，为什么一群寡妇还要带兵出征。

3. 理学是伪儒学。所谓的理学，没那么复杂，其实就是天理、伦理、道理的简称。不管这个"理"是否成立，反正是谁说谁有理，谁嗓门大谁有理，谁位高权重谁有理。因此，王安石为代表的新党和司马光为代表的旧党，才会政权交替，你方唱罢我登场，这么看起来，有点像美国民主党和共和党轮流执政。但现在的美国佬比当年的宋朝人要聪明，他们搞的是换汤不换药，不管谁当总统，坐庄的永远是资本家。而宋人推崇的理学不是这样，他们喜欢公说公有理、婆说婆有理，打流氓口水仗、玩政治游戏，真正像东坡同志这样干点实事的人，反倒不入"清流"。

因此，宋人的思想，就是被伪儒学搞乱的，说起来大家都是孔子孟子的徒子徒孙，其实没有哪天思想是能够统一的。所幸，我们伟大的党早就认识到这个问题，从七大开始就高度重视思想统一，从而凝聚成为打败侵略者的意志，成为推翻三座大山的意志，成为建设新中国的意志，成为实现中国梦的意志。

启示二：**用人要德才兼备，以德为先。**实事求是讲，宋朝皇帝不都是蠢货，至少干的不都是蠢事，像欧阳修、王安石、司马光、范仲淹这样的人才，没有完全被埋没。但是，我们反思历史可以看出，宋朝用人标准存在严重问题。

1. 重用文官。宋朝是中国历史上唯一一个富得流油，却天天挨打受气的朝代。刚才说了，宋人长了一副生意人嘴脸，发展国民经济的确不赖，最后钱太多了不方便怎么办？宋人在全世界率先发明了纸币"飞钱"，兜里揣着纸就敢走遍天下，藏在袜底还有助于防盗。但是，开国皇帝赵匡胤是个"人才"，他自己陈桥兵变谋朝篡位也就算了，还担心后人复制粘贴，从而用文官打压武将，让武将永远抬不起头。据统计，宋朝武官品级总共有 52 级，18 岁开始当兵，一年调一级都 70 岁了，谁能熬得起？但文官品级只有 9 品18 级，18 岁入仕，两年一调也才 54 岁，这就是赤裸裸的不公平。

2. 文官贪财武将怕死。岳飞同志感叹：文官不爱财，武将不惜死，则天下太平矣！可惜，历史正好相反，宋朝的文武官员大多既贪财又怕死，像王安石、司马光、岳飞这样的真的很少。最典型、大家最熟悉的就是秦桧，如果不是这家伙在赵构面前胡说八道，而且里通外国，鹏举同志不会那么早死。抗辽初期，宋真宗如果不是听信谗言，订城下之盟，也不至于让金国同时盯上大宋的肥肉。同样的历史在清朝、民国时期反复重演，第一次鸦片战争没打赢，马上接着就第二次；八国联军区区几万人跑到北京杀人放火，马上接着就是"甲午战争"；"九一八事变"没人搭理，马上接着就是"卢沟桥事变"。

3. 风花雪月害死人。宋朝皇帝出了几个书法家、画家，最具代表性的就是宋徽宗。这位老先生治国理政狗屁不懂，玩起琴棋书画那叫一绝，时不时还要幽会名妓李师师。说白了，跟南陈和南唐的后主陈叔宝、李煜有的一拼。但皇帝的专业是治理国家，天天搞副业就叫不务正业。结果好了，上有所好下必效焉，在朝廷里搞了一大堆专业不对口的官僚，字写得好的也有，歌唱得好的也有，球踢得好的也有。把林冲逼上梁山的高俅，就属于这种货色。

因此，宋朝用人的标准是没有标准，一切看皇帝老儿高兴，这怎么行。我们现在强调用人标准，强调德才兼备、以德为先，既是一条红线，也是一个过滤器。德，就是红线，有德之人站进来，无德之徒踢出去，不管你学术上有造诣，还是会多少发明创造，不讲道德谈都不要谈；才，就是过滤器，先用大眼筛子滤一遍，再换上小一号的，从而把各级各类人才过滤筛选出来，这就是标准。

启示三：官大官小无轻重，鞠躬尽瘁有名声。回到说东坡同志，让我最最最感动鼓舞的，不是他的才华，不是他几起几落的坚忍不拔，而是他走到哪儿、干到哪儿、把名声留在哪儿。概略统计，东坡同志工作过的县市级单位不下十几个，无论受多大委屈，无论是不是自己的选择，他都能干出名堂，做出政绩，留下名声，这才是响当当的人品官德。

1．沉浮有如蛙泳，吸到空气就可以继续游下去。大多数人的一生，不可能一帆风顺，做官做生意，都会有起起浮浮，关键看需要什么，坚守什么。在东坡同志身上，我们看不到任何做官的官瘾，反倒是做事很来瘾，五次被贬有两次是他自己主动申请的。为什么呢？因为他想做点事，踏踏实实做点有利于老百姓的事。这就像蛙泳，如果他不沉下去，就不能手脚协调产生前进推力，不到基层他做不了任何事情；反言之，如果他不浮上来，就不能呼吸空气让自己活下去，没有平台他同样做不了任何事情。官大官小对东坡同志来说真的无所谓，沉浮对他来说只是状态和姿势，生存下来、战斗下去才是最终目的。

2．钱财有如粪土，生不带来死不带去。除了贾宝玉含了块通灵宝玉出生，好像没听说有人出生就带着财富到世界上。当然，这是小说写的。同样的道理，人死后，能够享受到的，仅仅是一百块钱可以买上一大堆的冥国纸币，最终还是带不走一片云彩。苏东坡不是土豪，但他舍得花钱，前面提到过，惠州西湖工程，就是他自己掏钱弄的。如此看来，东坡同志还是一位早期慈善家。历史上有多少这样高尚觉悟的人，我不知道，但是我知道老一辈无产阶级革命家中，有一大批这样的人。比如彭湃，一位拥有千名雇工的地主，一位把房契地契付之一炬的革命家。

3．没有职业精神，哪有职业道德。东坡同志是把为老百姓做事当作毕生职业的人，只不过在士农工商的阶级社会，做事必须先做官。最可贵的是，在他 62 岁高龄还被发配到海南岛时，东坡同志仍然有兴趣办起了教育。那时的他应该已经没了钱，否则，说不定早把海南开发成景区。大家要知道，宋朝开国有定例，不杀士大夫，但发配海南，在宋朝是仅次于全家抄斩的量刑。林冲被高俅如此迫害，也仅仅发配到河北充军。没有点职业精神，是撑不下去的，何谈"大江东去，浪淘尽""明月几时有，把酒问青天"，况且在荒岛上办起人民教育。东坡同志是一位有职业精神的人，这种精神就是鞠躬尽瘁孜孜不倦；他还是一位有职业道德的人，这种道德就是当官不为民做主不如回家种红薯。

东坡之悲在于，他生长在宋朝，只能成为一位文学家，没有人给他评劳动模范。如果在当代，他应该早都成为像焦裕禄、孔繁森这样的英模人物。不管怎样，历史不能说过去就过去，站在历史长镜头前，我还是要为一千年前的爱民模范苏轼同志，点上一百个赞。

李岩哪儿得罪了李自成

李岩，是李自成创建大顺政权的重要谋士，而且可以身兼张良、韩信二者功能，上马可带兵，下马可安民。这么重要的人物，在乱世应当成为统帅的左膀右臂，怎么就被李自成杀了呢，而且还是在兵败北平、退出京城的用人之际？简单把责任推给献谗言的牛金星，道理很难说得通，还没到争名夺利的时候，牛金星何必非要把李岩置于死地？因此，李岩的死跟牛金星应该扯不上直接关系，这个牛先生顶多会看相，早就看透了李自成的心思。

本来，李自成起兵就以山大王自居，从来没有想到能够推翻明朝，更没想过要给穷苦老百姓过上好日子，他手下带的人不是流寇就是土匪，一边反抗朝廷，一边祸害百姓。自从李岩加入后，情况大有好转，闯王军队一度军纪严明，受到老百姓的拥戴和热爱。李自成能够这么顺利进军北平城，跟整肃军纪和做好群众工作密切相关。那个时候，李自成尝到了甜头，对李岩能够言听计从，因为他看到皇帝的宝座在向自己招手。

打进北平后，从李自成开始往下算，流氓和土匪们一个个迫不及待撕去伪装，进了城就开始抢房子抢银子抢娘子，恨不得一夜之间就能五子登科，哪里还能顾得上李岩约法三章。有人说，李自成是因为抢到皇帝宝座就开始屠杀功臣，其实不然，功臣何止李岩一人，而且，李岩被杀是在退出北平城之后。也就是说，李岩之死另有原因。

按照这个思路推敲，如果李自成能够守住北平城，继续安安稳稳坐在宝座上，说不定李岩不会死，除非他过分啰嗦劝谏，自己找死。退出北平城就不一样了，李自成和将士都会反思，为什么刚刚到手的一切转眼间就没了？穷人不怕受穷，不怕致富，就怕富了再次变穷。如果他们意识到，失败起源于贪婪，起源于没有听李岩的忠告，那么就必须找领头的李自成算账。很明显，上梁不正下梁歪，就是李自成带了头，下面才会乱，这个账，李自成肯定不会受领。而掩盖过错最好的方式，就是杀掉李岩，甚至还可以把兵败如山倒的责任推给他。

这种想法，看起来似乎荒谬无理，但只要了解李自成的身世和秉性，就不难得到这个结论。李自成年少时吃过很多苦，也杀过很多人。前面两个都是他的债主，一个是文举人，另一个是艾举人；第三个被杀的，是李自成的老婆，原因是与人通奸；发动兵变前，又杀了自己的直接领导参将王国。虽然这些人都有该杀的理由，但平常人很难做得这么极端，至少有的人罪不至死。这说明，李自成这个人受不得半点委屈，也从来没把杀人偿命当回事，只要他认为需要，就会手起刀落。因此，诛杀李岩，李自成不需要更多理由，即便李岩处事小心谨慎，从来没有得罪过他。

第九辑

另类史话

"三嫁"公主，府上家奴一个比一个牛

平阳公主，是汉景帝刘启与皇后王娡的长女，汉武帝刘彻的同胞姐姐。起初，平阳公主封地在阳信，所以叫阳信公主；因为嫁给开国功臣曹参的曾孙、平阳侯曹寿，又称平阳公主。曹寿死后，她改嫁汝阴侯夏侯颇；夏侯颇自杀后，再改嫁长平侯、曾经的家奴卫青。因此，她的传奇性不光是因为三次下嫁（反正皇帝女儿不愁嫁），而是府上的几个家奴，一个比一个牛，成为西汉中期的风云人物。

第一个牛人是卫子夫，一个差点政变成功的皇后。卫子夫本是平阳侯曹寿府上的歌女，专门安排服侍平阳公主，所以，汉武帝去姐姐、姐夫家串门时，卫子夫有机会被临幸，并带进皇宫，演绎一段活生生的灰姑娘故事。当然从夫人到皇后再到被废，她走的路并非一帆风顺，卫子夫最终选择反抗刘彻，原因错综复杂，只叹息终败于不自量力。

第二个牛人是卫青，一个名垂青史的骁勇战将。卫青跟卫子夫是一个母亲，但不是一个父亲，原因是他们的母亲出轨。后来由于卫青在亲生父亲郑季家里不受待见，跟着母亲在平阳侯府上讨食，做了平阳公主的一个骑奴。卫青的显贵，首先肯定是因为卫子夫，但真正让他位极人臣声名远播的原因，是出击匈奴七战七捷，成就一代名将。

第三个牛人是霍去病，一个敢作敢为的天妒英才。霍去病是卫子夫的姐姐卫少儿的私生子，17岁首次出征匈奴就以八百骑兵深入腹地，斩杀数千，因战功封为冠军侯，19岁当了骠骑将军，20出头就跟舅舅卫青平起平坐，一同成为最高军事长官，只可惜天妒英才，不到24岁就因病身亡。霍去病导演的闪电战和大纵深大迂回战役战例，堪称经典之作，对后世仍具有借鉴意义。

第四个牛人是霍光，一个辅佐有功的托孤重臣。霍光是霍去病同父异母的弟弟，他们的父亲霍仲孺原先也在平阳侯府当个小吏。霍光的发迹，源于兄长霍去病的栽培和提携，21 岁的霍去病得胜回朝时，把弟弟带到长安，并安排在自己部队屡受提拔。两年后霍去病逝世，霍光因兄受宠，当了奉车都尉，成为汉武帝的警卫司令，逐渐成长为汉武帝最倚重的托孤重臣，辅佐汉昭帝刘弗陵 13 年，在昭帝驾崩后，先废立刘贺，再拥立汉宣帝刘病已，汉朝江山又回到卫子夫的儿子刘据这一脉。

这四个人，有三个共同点。一是同出平阳侯府，或者说同出于平阳公主门下，只不过曹寿英年早逝，后代连拍影视剧都懒得涉及。二是同样位极人臣，有的是最高权力的女人，有的是最高权力的武将，有的是最高权力的宰辅。三是同样能找出一个爹或者一个妈来当亲戚，卫子夫与卫青和霍去病与霍光，要么同父要么同母。霍家与卫家，又因为卫少儿联系起来，结成了剪不断理还乱的亲戚关系。离开这个，恐怕这些牛人大都要埋没在历史尘烟当中。

"承天门"改称"天安门"

今天人们所知道的"天安门"，是明朝永乐年间的工程师蒯祥设计的，属于皇宫的正门。不过，那时叫"承天门"，沿用了唐朝皇宫正门旧称，表示皇帝"承天启运""受命于天"，于公元 1420年竣工。刚开始，承天门是黄瓦飞檐三层楼式的五座木牌坊，于 1457年因雷击被烧毁；1465 年重修的不再是牌坊，而是九开间门楼，明末再毁于战火。清顺治八年，即 1651 年，再次重修城楼，并于 10 月 31 日这天改名为天安门，取的是"受命于天，安邦治国"的意思。现在，天安门已成为中国的象征，并设计入国徽。

作为皇室正门，天安门（承天门）意义非凡，在明清两朝都是皇帝颁发诏令的地方，称为"金凤颁诏"。遇有新皇登基、大婚等重大庆典活动，包括祭天地、五谷时，皇帝都要启用此门，而且这里还是金殿传胪的重要所在。可是，这么重要的大门，1457 年明英宗在位时期烧毁了，八年后明宪宗时期才重修，真让人匪夷所思。

这里边应该有故事，而这个故事就是"夺门之变"。景泰八年（1457 年）正月，明代宗朱祁钰病重，石亨、徐有贞、曹吉祥准备趁机拥立太上皇朱祁镇复辟。正月十六日晚动手时，天气忽变，伸手不见五指，很多人害怕有违天意，会遭到天谴，只有精通天象的徐有贞站出来说没事，于是大家将信将疑把朱祁镇接进皇宫再次登基，并改元天顺。可是，谁也没想到，天顺年号并没有带来顺利，复辟当年，承天门就因为雷击给烧毁了。朱祁镇可能觉得自己在复辟中有些事情做得过头了，这是老天对他的惩罚，所以到死都不提重修此门的事。皇帝不说，大臣们更加不敢说，反正承天门就只有皇帝才用得着，其他人根本没机会走上两步，否则都会被视为叛逆行为。

到明英宗的儿子明宪宗朱见深即位，首先为叔叔朱祁钰恢复皇帝名号，并给于谦平反后，这才开始重修"承天门"。为了避免雷击烧毁，这座门修成了门楼式样，直到明末李自成攻入北京，放火烧毁承天门。这里又有一个民间传说。话说李闯王攻到承天门时，拉弓搭箭往承天门的"天"字连射几箭，都没有射正，后来迅速败退或许就跟天运不济有关。至于大清入关八年不修门的原因，会不会跟这个有关，就不得而知了，反正可以肯定一点，不是钱的事。

慈禧政变

公元 1861 年 8 月 22 日，咸丰皇帝病死于热河行宫，遗命由不满六岁的儿子载淳继位，并选了肃顺、载垣、端华等八个顾命大臣，准备次年起用"祺祥"年号。但没想到，西宫太后慈禧早就与奕訢密谋篡权，并于 11 月 2 日凌晨发动政变，让载垣、端华自尽，将肃顺斩首，其他五个顾命大臣分别罢黜或充军。3 日，封奕訢为议政王，11 日，载淳登基改年号"同治"，慈禧开启垂帘听政长达 48 年。

八个钦命的顾命大臣，玩不过一个 20 多岁的后宫女子，要杀要剐悉听尊便，似乎事情进展得过于顺利过于简单了。反思一百多年前这场政变，其实内幕没那么简单。

首先，法统问题。所谓母以子贵，慈禧是同治皇帝载淳的生母，五六岁的小屁孩肯定是跟着母亲站在母亲那一方，这是慈禧挟天子以令众臣的资本。虽然还有东宫慈安太后排位在她之上，但嫡母跟生母完全不同，何况慈禧一直把慈安忽悠得还不错，大方向上两姐妹基本保持一致。拥有了皇帝，就拥有了一切，小载淳在慈禧那里，只是一道法统屏障和法理道具，需要时拿出来展示一下，不需要时，隔着帘子照样指点江山。

其次，肃顺轻敌。肃顺是开国功臣济尔哈朗的七世孙，也是咸丰皇帝最信任倚重的三驾马车之首，与载垣、端华互为倚重，显赫一时。这位先生优点跟毛病一样多，样样两头冒尖。比如，他才疏学浅却很有远见卓识，出身满族贵族却重用汉臣。他和奕訢不可调和的矛盾主要有两个：一是宫廷权力之争，二是对外主战主和之争。可以说，肃顺是一个坚定不移的主战派，对奕訢的议和投降行为深恶痛绝，根本不承认与沙俄签订的《瑷珲条约》。从这个层面来看，咸丰托孤算是选对了人，只是咸丰和肃顺都没想到，年纪轻轻的慈禧会发动政变，更没想到会一败涂地，毕竟大清朝此前没有先例。就肃顺自身查找原因，最大的教训就是轻敌。刚开始，慈禧在热河行宫就提出垂帘听政，被肃顺一帮人坚决抵制住。他满以为一切尽在掌控当中，谁成想护送灵柩走到密云就被秘密捉捕。

再次，先入为主。肃顺还算错一步棋，以为谁守着咸丰的灵车，谁就是忠君爱国的人，谁就可以发号施令。殊不知，宫廷政变往往都是先入为主，谁先占据皇宫这个象征最高权力的地方，谁就有不可替代的发言权。咸丰已经死了，说不了话，在守着一具尸体还是先入皇宫问题上，慈禧的选择显然更加英明。那个年代没有手机，没有录音，没有电视电话会议，慈禧怎么说都有可能是对的，而肃顺那时还在路上拉车，就快掉脑袋了都不知道。

最后，扶植亲信。与小叔子奕䜣的勾联，是慈禧取得成功的关键一步棋。可以说，没有奕䜣的鼎力相助，慈禧恐怕动都不敢动。奕䜣是洋务运动的重要领导者，手里掌握着一帮颇有实权的洋务派，又跟英法等国关系密切，所以，有奕䜣帮忙，慈禧如虎添翼，而且，事实上奕䜣是这场宫廷政变的实际执行者。通过辛酉政变，慈禧和奕䜣都达到了自己的目的，至于后来的功过是非，历史自有评判。

公主也有愁嫁时

自古有句老话，叫"皇帝女儿不愁嫁"。诚然，作为皇室宗亲，公主们天生手握重要资源，就是跟皇帝们沾亲带故，娶公主是当驸马乃至当官的直通车，很多士子们都可遇而不可求。不过，在唐朝相当长的时期内，当驸马并不是最佳选择，尤其是名门望族的后生们，更不愿意娶公主为妻。

至于说原因，早先很多人分析过，讲的很有道理，大致有三条：

一因服丧之礼，令人望而却步。 公主去世，驸马们必须服丧三年，这在总体上男尊女卑的年代，似乎不通情理。

二因门第有别，担心坏了规矩。 所谓国有国法家有家规，名门望族是个大家庭，自己内部总会有些传统特色的家法家规，娶了公主进门，这些家规还能不能传承延续是个大问题。

三因贞洁妇道，害怕戴绿帽子。 唐朝风气过于开化，女人的地位相对前朝比较高，而公主们骄奢淫逸的典型比较多，士族家庭最怕这个。

其实，应该还有一个重要原因人们很少提及，就是名门望族瞧不上李唐皇族。说起这些望族，首先要介绍纵横二百余年的关陇军事贵族集团，共创造西魏、北周、隋、唐四个朝代，再怎么改朝换代，其利益集团始终是望族中的"八大柱国"。分别是：

1．宇文家族。 杰出代表宇文泰，北魏分裂后，任西魏太师、大丞相、柱国大将军，是"府兵制"的创立者，北周的奠基人。在八柱国中，地位和影响力都是响当当。

2．元氏家族。 杰出代表元欣，北魏广陵王元羽之子，西魏宗室中官位最高，任太傅、录尚书事、大丞相，本来就是皇族血脉，地位自然不可同日而语。

3．陇西李氏。 杰出代表李虎，是西凉开国君主李暠五世孙，西魏年间官至左仆射、太尉，受封陇西郡公。北周建立后，宇文氏皇帝追封李虎为唐国公，他就是唐朝开国皇帝李渊的祖父。

4. 辽东李氏。杰出代表李弼，曾经率部投靠宇文泰，帮助宇文泰夺取关中霸权，成为西魏和北周的柱国，受封魏国公，他的曾孙就是隋末年间一代枭雄李密。

5. 赵氏家族。杰出代表赵贵，跟李弼差不多，也因拥立宇文泰有功，而受提携，官拜柱国大将军。不过，宇文泰死后，他因屈居宇文护之下不满，想杀掉宇文护当辅政大臣，事败被诛。

6. 于氏家族。杰出代表于谨，他也是宇文泰的粉丝，而且是忠实的那种。与赵贵不同，他不但自己支持宇文护辅政，还劝说别人服从领导，因此，于氏家族在于谨死后，历经周隋两朝更加昌盛。

7. 独孤家族。杰出代表独孤信，他打仗能力一般，但比较讲信义，跟宇文泰又是老乡，所以得到信任和重用。不过，他最杰出的成就是育有四个皇后（太后），北周两个皇后、隋文帝杨坚的皇后和唐高祖李渊的母亲，全都是独孤信的女儿，历史罕见。

8. 侯莫陈氏家族。首先说明的是，侯莫陈是个比较复杂的姓。这个家族的杰出代表是侯莫陈崇，因为跟着宇文泰混出名声，到北周受封梁国公，因为传播宇文护死了的小道消息，受到皇帝公开责备，之后被监国大臣宇文护逼死。

这样一分析，就明白了，八大柱国中，有七支是起源北魏（虽然最后都是跟着宇文泰混），只有陇西李氏一支出身西凉，这在当时应该也算个外国人，至少他们不把陇西李氏当成正统。因此，李虎传至李渊、李世民这一代，虽然当了唐朝皇帝，不受其他七大派系待见实属正常。

古人之环保，今人须汗颜

根据《韩非子》记载，我国商代就有立法"弃灰于公道者断其手"，意思是随地乱倒垃圾要被砍手；另据《汉书·五行志》记载，"秦连相坐之法，弃灰于道者黥"，意思是乱倒垃圾的要在脸上刺字，然后涂上墨炭。这就是说，至少商代开始，统治阶级和老百姓就开始重视环境保护问题，并且采取立法的形式加以规范。在路上倒垃圾，就要被砍手，或者是脸上刺字，谁还敢以身试法？此法如果沿用至今，恐怕全世界一大半环卫工人会下岗失业。

不光是对城镇路面，对山林和水源的保护，古人们尤为重视，也相运而生一些事关环境保护的理论和思想。荀子说："树成荫而众鸟息焉，硫酸而蟥聚焉。川渊深而鱼鳖归之，山林茂而禽兽归之。川渊枯则龙鱼去之，山林险则鸟兽去之"，对生物与环境间的依存关系作了深入浅出的比喻。他还说："草木荣华滋硕之时，则斧斤不入山林，不夭其生，不绝其长也"，意思是草木开花结果时，不能砍伐山林，并且把这种环保治国理念称为"圣王之制"。

古代最早的环保法实物，是 1975 年出土于湖北云梦县的一座秦墓中的一批秦简，并整理出 18 种秦律，其中的环保条令就记录在《田律》中。据此律记载，除了春季不得乱砍滥伐外，还规定不得堵塞河道，不得在夏季以外烧草木灰为肥料，牵涉到对大气、植被、水源的保护。

在汉代，为了防止道路上尘土扬起，有损人体健康，要求路旁百姓以水洒道；没有住户的地方，就由政府的洒水车进行洒水。《后汉书·张让传》有记载，"作翻车渴乌施于桥西，用洒南北郊路，以省百姓洒道之费"，说不定这是我国最早的洒水车。为了保护环境，汉代还发明了类似"雁鱼灯"这样的环保产品，外形如大雁，衔住一条肥鱼，背上驮着灯盘、灯罩，油灯点燃后的油烟被灯罩挡住，通过鱼体进入大雁腹腔，最后自然溶入大雁腹部的清水中。这样的发明创造，在当时称得上巧夺天工之作。

说那么多，只想证明环保的重要性，它不是工业革命之后的产物，而是老祖宗们早已非常重视的东西。可是，当代的人们恐怕在环保意识上，还比不上古人，至少在实践上喊得多做得少。《私人定制》是部喜剧片，但四位主角在结尾那几分钟的"道歉"颇为令人深思：第一个道歉对象是"阳光"，内容针对"霾"；第二个道歉对象是"森林"，内容针对"滥砍滥伐"；第三个道歉对象是"草原"，内容针对"乱采乱挖"；第四个道歉对象是"河流"，内容针对"水源污染"。当天空总是一片灰色看不到阳光，当山体只剩一片空地不再郁郁葱葱，当草原到处坑坑洼洼面目全非，当河流变成黑的臭的有毒的，我们和子孙后代们还怎么继续生存下去？

汉朝的酷吏

司马迁是首开先河写酷吏列传的史学家，可见西汉开国伊始，酷吏多至成为普遍现象，颇有历史留下名声和足迹的必要。在司马迁能够耳闻目睹的年代，最负盛名的四大酷吏，当属晁错、郅都、宁成和张汤。

1. 晁错，酷于心。晁错成长于文景之治的汉朝盛世，在景帝时期任御史大夫，位列三公，得到皇帝的恩宠和信任。在政治上，力主重农贵粟、移民实边、坚定削藩，为巩固王权、改善民生、防御匈奴等起到积极作用；在文学上，他的政论散文具有战国策士和纵横家风气，被鲁迅先生誉为"西汉鸿文，沾溉后人，其泽甚远"。这么看，晁错胸怀天下，应该是个好官，但却被宠信他的汉景帝腰斩诛杀。从自身查找原因教训，晁错最大的错就错在一个酷字上。司马迁和班固描述他都用了四个字"峭、直、刻、深"，即：严厉，刚直，苛刻，心狠。可以说，除了皇帝，晁错几乎跟所有人尿不到一个壶里，而且在排挤政敌上不遗余力处处杀招。最后，与其说晁错死于七国之乱，还不如说死于朝廷和贵戚的群起攻讦。

2. 郅都，酷于法。郅都主要成长于景帝时代，是西汉最早以严刑峻法镇压豪强、维护封建秩序的酷吏。郅都有多酷，酷名影响有多么深远，看三个故事就知道了。第一，郅都在当济南太守时，整个济南郡老百姓路不拾遗，周边郡守也把他当上级领导来看待；第二，在担任掌管京师治安要职"中尉"期间，列侯和皇族对他十分忌惮，临江王刘荣更是在中尉府自杀；第三，免官归家又被任命为雁门太守后，匈奴人自觉地离开汉朝边境，直到郅都死去，一直没敢靠近雁门，传说匈奴骑兵训练，喜欢拿郅都木偶当箭靶，但没人能够射中。按理说，郅都的酷，几乎没有致命的瑕疵，但最终死于匈奴人的反间计和窦太后的新仇旧恨。除了汉景帝自己心里清楚却又无奈，没有人帮郅都说一句公道话。

3. 宁成，酷于行。宁成成长于景帝、武帝时代，接替郅都担任"中尉"要职，要说这两人还有些亦师亦友的情结。首先，两人同在济南郡开启酷名，郅都是太守，宁成是都尉，郅都离开济南六年，宁成的酷名有过之而无不及，"以狼牧羊"的施政纲领让整个济南平静如昔；其次，两人同为朝廷九卿之中尉，宁成虽然廉洁之名不如郅都，但严酷的手段令京师宗室豪强畏惧不已；再次，两人同样在镇守边关任上结束一生，郅都守的雁门关，宁成守的函谷关，在担任关都尉期间，留有威名"宁见乳虎，无直宁成之怒"，可见宁成行事风格惨绝人寰。不过，宁成还有一项"成就"令其他酷吏望及项背，他当过逃犯，还当了十几年富商豪强，也就是他之前一直致力打击的那一类人，这不能不说是一个讽刺。

4. 张汤，酷于奸。张汤成长于武帝时代，官至廷尉、御史大夫，位列三公九卿，死后留有五百金，算得上难得的清官。与晁错、郅都、宁成不同，张汤不是政治上的独行侠，他比其他酷吏多了一份狡诈，时常玩弄智谋外加驾驭他人。担任小吏时，他虚情假意与长安的富商田甲关系密切，收纳和结交全国各地知名士大夫，虽然心中并不赞许，然而表面上露出敬慕之情。在担任廷尉期间，与同为酷吏的中尉赵禹关系密切；对于朝廷高官，非常小心谨慎，常送给他们宾客小恩小惠；对于旧友的子弟，不论为官的还是贫穷的，照顾得尤其周到。因此，张汤执法严峻而且不公正，但一度声誉不错。真正将他划归酷吏的原因，也恰恰是这个，张汤是一个有法不依、执法不严的人，所有判决完全是揣测皇帝意图，属于先定罪名再找罪责的玩法，皇上欲加之罪则穷治其罪，皇上意欲宽免其罪则减轻其罪状。当然，最后他自己也被莫名其妙的罪名治罪枉死。

由此可见，汉朝的酷吏有个共同特点，即生无朋死有憾。他们永远生活在"皇帝+自己"的圈子里，在当时的社会环境和历史条件下，曾经起到积极作用，成为独裁者掌控国家机器的爪牙和利剑，但个人结局令人深思。

明朝"十大太监"

太监干政，最牛的年代是东汉末年和晚唐，但经久不衰却是在明朝，这是大明开国皇帝朱元璋始料未及的。为了杜绝太监干政，洪武十七年（公元 1384 年），朱元璋特意铸造一块铁牌悬于宫门，上书"内臣不得干预政事，犯者斩"，让太监们的权力跌落历史低谷。但从明朝第三任皇帝朱棣开始，形势悄然发生变化，在后来的 200 多年中，宦官成为领导乃至祸害大明王朝的重要力量。下面，列举 10 个响当当的太监。

1. 七下西洋的郑和。 原名马和，生于洪武四年（公元 1371 年），在洪武十三年时，被明军副统帅蓝玉俘至南京并阉割，随后进入朱棣的燕王府，在"靖难之变"中立有战功。明成祖朱棣政变即位后，赐马和姓郑。永乐二年（公元 1404 年），郑和率 10 万水师到达日本，与之签订《勘合贸易条约》，并促使日本以属国名义对明朝进行朝贡贸易；永乐三年（公元 1405 年）至宣德八年（公元 1433 年），郑和奉旨七下西洋，出使的城邦和国家多达 36 个，甚至还有学者认为，郑和的特混舰队，还到过澳大利亚、美洲和新西兰。而且，郑和下西洋比哥伦布探险早八十几年，无论是规模、航程，还是持续时间和涉及海域，都代表了当时世界最先进的航海技术，今天我们南沙、西沙的诸多岛礁和海域就是那个时代发现和命名的。

2. 偷毁朝纲的王振。 明朝第一个摄政的太监是王振，虽然专权于明英宗朱祁镇时期，但培养他的是"蟋蟀天子"朱瞻基。说实话，朱瞻基算是继朱元璋和朱棣之后，最有作为的明朝皇帝，仁宣之治可圈可点。当这么大领导玩个蛐蛐也算不了什么，他做的唯一傻事，就是举办太监培训班，让本该目不识丁的内宫奴才有文化。

而朱瞻基亲自培养的太监王振，差一点就让大明遭受毁灭性打击。正统七年（1442年），太皇太后张氏去世，王振偷走了朱元璋立的"内臣不得干预政事"的铁牌，明目张胆矫旨摄政，官员的任用、生死都是他一个人说了算。正统十四年，王振怂恿明英宗御驾亲征瓦剌，发生"土木之变"，护军将军樊忠在乱军中杀死王振，称"吾为天下诛此贼"。

3. 进士及第的成敬。 这可能是明朝唯一一个进士出身的掌权太监，于永乐二十二年（1424年）考中进士，选翰林庶吉士，后派到晋王朱济熺那儿当奉祠。由于晋王与汉王朱高煦勾结谋反，成敬受到牵连，被明宣宗朱瞻基施以腐刑，后来派给朱祁钰当侍读先生。谁也没想到，成敬的命运再次发生变化，朱祁钰的哥哥明英宗朱祁镇在土木堡兵败被俘，朱祁钰被于谦拥立为皇帝，成了明代宗。对于教书先生，朱祁钰当然非常信任，并且委以重用，当了内官监太监。不过，成敬毕竟士子出身，当权并不揽权，为人一如既往地谦逊，并且多次拒绝皇帝委任他的亲属做官，他的儿子成凯考中进士，凭借的也是自己实力。这样的太监，在明朝乃至历代都很少见，所以去世后，朱祁钰专门派人护丧修坟，得到善终。

4. 复辟有功的曹吉祥。 这个人原来是王振的粉丝，外派当过几次监军，任职经历比较丰富，受过一些历练，让他跃龙门的是"夺门之变"，迎明英宗朱祁镇复辟。景泰八年（1457年），趁着景泰帝朱祁钰病重，曹吉祥果断抓住时机，与徐有贞、石亨、许彬等人勾连，迎英宗复位，从而升任司礼太监，总督三大营。曹吉祥跟成敬截然相反，有点阳光就会灿烂，在短短的三年内，他门下光养的宦官就千百人，形成尾大不掉一股势力，上至内阁下至言官，谁要不听招呼都会获罪或受贬。1460年，死党石亨因罪受死，曹吉祥担心牵连自己，竟然拥兵谋反，事败后被诛杀。

5．首创西厂的汪直。官至御马监掌印太监，西厂厂公。于成化三年（1467 年）以幼童身份被俘进宫，最初侍奉大名鼎鼎的万贵妃，就是比皇帝朱见深大 17 岁的那个老醋坛子，这姐弟俩没干什么好事，就是谈了场惊天动地的恋爱。汪直最大的"成就"，就是设置和执掌"西厂"，与朱棣同志设立的"东厂"并驾齐驱，互相争宠争斗争权；后来，因为长期镇守辽东，与明宪宗朱见深逐渐疏远，让东厂提督尚铭钻了空子，弹劾多项违法事实，被贬往南京，随后退出历史舞台。

6．人格分裂的张敏。这个人的性格和地位几乎一样，既在司礼监，又在御马监，既冒着生命危险保护后来的明孝宗朱祐樘，又跟千方百计让老公断后的万贵妃这边套近乎。因此，张敏最大的功劳，是帮助朱见深保住了一个亲生儿子，而其他方面鲜有口碑，倒是对他的人品批判比较多，尤其是在明宪宗面前诋毁杨继宗，是张敏的污点。事实证明，脚踏两条船也是靠不住的，万贵妃自然不会放过这样的假忠臣，张敏虽护主有功却落到自杀下场，不能不令人唏嘘。

7．牙尖嘴利的刘瑾。当代人对明朝太监的坏印象，大都源于此人的银幕形象，白脸尖声，一副既奸又贪的狠样。作为司礼监掌印太监，得到明武宗朱厚照宠信并趁机擅政专权，时人称之为"立皇帝"，而朱厚照为"坐皇帝"。刘瑾不但够坏，而且够贪，超过了他的前辈们，也为后辈做了"榜样"。被抓后，在他家里抄出了金银珠宝无数，堪称世界首富，而且还有玉玺、玉带等违禁物品。正德五年（1510 年），朱厚照将这个太监凌迟处死，算死得比较惨的一个。

8．内联外合的冯保。掌权于隆庆和万历初年，他与李太后和张居正结为政治盟友，三人合作期间，算是明朝内阁与内宫比较友好的时期。冯保还有很高的文化修养,书法不错,还造了不少琴。万历元年(1573年),冯保作为小皇帝朱翊钧的"大伴",升为司礼监掌印太监,首先挤走内阁首辅高拱,并与新任首辅张居正结为盟友,协助张居正推行"一条鞭法",开启改革事业,从这事看,有一定的进步性。但是,冯保贪财好货,广收贿赂,就连张居正也不得不同流合污。当然,好景不常在,张居正死后,李太后还政于皇帝,冯保内外靠山全部失去,只能落个被弹劾罢免的下场。

9.中规中矩的陈矩。继冯保后万历年间的又一个权阉,不过,这个陈矩跟别人不太一样,集纠政、监察大权于一身时,能够守法奉贤,廉洁奉公,做人做事都比较正派。比如,陈矩兼掌东厂时,出现"妖书"大案,案情牵涉到宠妃和太子,万历皇帝下令追查到底,很多官员也想把水搅浑陷害异己者,然而,陈矩只抓了少数几个首恶就结案,拯救了大批被无辜牵连的人。在陈矩执掌东厂期间,是东厂抓人最少,京师秩序反倒最平稳的时期。

10.祸国殃民的魏忠贤。他是这十人当中唯一一个成年主动阉割入宫的人,讨的就是阉党这碗饭。他还是明朝最后一个权倾朝野的太监,当着九千岁替木匠皇帝朱由校施政,当着最高太监睡着皇帝的奶妈客氏,打击东林党,陷害守边大将,可谓坏事做绝,从祸国殃民的角度讲,前无古人后无来者,把明朝这辆老套车开在了迅速灭亡的康庄大道上。明朝的末代皇帝朱由检即位后,首先将哥哥的奶妈客氏赶出皇宫,尔后免去魏忠贤礼监和东厂职务,穷途末路的权阉自知大限已到,上吊自杀而死。

明朝为何奸臣当道

翻阅史书，中国历朝历代都有奸臣，思来想去，似乎明朝最为盛产，各式各样大奸大恶可谓物产丰富、不胜枚举；而且，还像朱元璋反贪一样，屡杀不绝屡禁不止，奸佞们大行其道、前仆后继。

先给奸臣定个性。这里所说的奸臣，应当具备两个属性，一是人品官德差，二是出卖皇帝（或者是国家利益）。本来有第二条就行了，但是考虑到可能有前朝遗老，要折腾些类似反清复明的买卖，那得另说。

再给奸臣分个类。明朝的奸臣，在品种上是首富，囊括了全部类型。有当宰辅的，比如中国历史上最后一位宰相胡惟庸，他被朱元璋诛灭九族后，连官名和相制都带进了棺材；有当太监的，比如号称九千岁的阉佬魏忠贤，横行霸道的东厂厂公刘瑾；有当汉奸的，比如似乎冲冠一怒为红颜的山海关总兵吴三桂；最绝的是明熹宗朱由校的奶妈，竟然也堂而皇之加入奸臣行列。以前看过几集《还珠格格》，猜想那里的容嬷嬷，应以客氏为原型。至少，"容"和"客"两个字不仔细看，好像区别不大。

刚才说的那些人，历史上长什么样我不清楚。但从影视剧可以看出，这些人要么獐头鼠目，要么像杀猪佬，就连女同志也绝对一副生命不息克夫不止的形象。导演们选人时，已经注入了人物角色灵魂，让观众第一眼就可以分辨好坏。

长什么样其实不打紧，本身以貌取人就有失偏颇，让人至今疑惑的是，为什么随便拉个角色，都可以成为影响政局国运的风云人物？以前读书少，啥也不懂，现在好像懂了点，赶紧拿出来分享一下。明朝奸佞多，我想可能有以下几个原因：

1．逼出来的。大家知道，明朝皇帝朱元璋小时候经常挨饿，所以一生最恨贪官。等到他当了皇帝，他一不让官员吃饱，发的俸银极少，二又严厉打击贪污，杀声不绝于耳。官员们又想吃饱，又想不被杀头，怎么办？老老实实肯定不行，首先要奸猾一些，才有可能躲过屠刀。

2．惯出来的。元朝一度极为强盛，却是个短命王朝，存世不过百年。所以，宋朝很多遗风得以保留，包括丧权辱国的文官制度，一并承袭而来。大家会发现，明末抗清最了不得的人物是文官袁崇焕，而他的身边永远会站着个不长毛光长刺的太监。虽然明朝的文官不足宋朝那么牛哄哄，但是出了张居正、于谦这样敢跟皇帝说三道四的人物。而且，这种遗风就像传染病，很快把后宫的太监、宫女、奶妈都给感染了，还出现了当朝太子（朱常洛）怕被太监揍的乱象。

3．造出来的。刚才提到的三个人张居正、于谦、袁崇焕，都是大明王朝响当当的人物，可是，他们一度被打进奸臣队伍，有的蒙冤受诛，有的死后受辱。在人物形象非正即反的阶级社会，大家都是有样学样的，既然张、于、袁是奸臣，那他们的反面自然就是忠臣，于是批量生产了一大批"忠臣"。读史时，看到大明百姓争相吃食袁崇焕的肉体，也能想象这个朝代怎么能够不灭亡。原来，逆淘汰自古有之，而悲剧是，上至皇帝下至百姓不自知。

"四大名妈"，教出的孩子就是不一样

每个朝代都有值得一提的母亲们，有这么几位知名妈妈，风格

迥异，培养出的孩子也完全不一样。

1．睿智型：开国太后杜氏。杜氏是宋太祖赵匡胤和宋太宗赵光义的母亲，15 岁出嫁，育有五子二女，治家严谨果毅，很有礼法，乃至赵匡胤陈桥兵变称帝后，仍然对母亲敬爱有加言听计从，包括传位给弟弟赵光义，都是受母亲遗命。当然，这里面有一桩"斧声烛影"的历史谜案，部分学者认为是弟弟篡了哥哥的权，直接证据是赵光义接班后，并没有按照母亲设定的"兄终弟及"的路线走，而是让自己的第三子赵恒当了大宋第三任皇帝，就是与辽国订下"澶渊之盟"这样不平等条约的那位。谜案谁也没办法，但杜太后至少看清了两个问题：一是后周亡国的原因，二是赵光义有野心。所以，在临死前，杜太后让赵普替儿子写下誓书，藏于金匮子里，这就是有名的"金匮之盟"。跟一场兵变两个成语故事有关的女人，无愧于四大名妈之首。

2．坚强型：杨家将佘太君。这是一个颇有争议的人物，争议的焦点在于，佘太君是一个真实的历史人物，还是演义的传说人物。可能从小杨家将的电影电视看多了，不管她争议与否，请上舞台至少证明一点，在民间人们曾经期望过这么一位传奇妈妈。在人们心目中，佘太君是一个坚强的母亲，也是团结杨氏一门的领导核心。在大宋屡遭外辱的年代，杨家将老子战死儿子上，儿子战死孙子上，孙子没了寡妇上，"十二寡妇出征"的故事，是何等的可歌可泣。而且，挂着龙头拐杖的佘太君，那份坚毅果敢，那种不卑不亢，那样丹心侠骨，令后世永远缅怀和纪念。

3．爱国型：精忠报国姚氏。与前面两位母亲不同，姚氏并非出身名门，死前也没有享受过荣华富贵，她只是一个乡下人，但又是一位相夫教子、励子报国的楷模。姚氏最有名的故事，当属在儿子岳飞背上刺了"精忠报国"四个字（又说"尽忠报国"）。历史上支持儿子参军报国的母亲不计其数，但采取这种方式的，恐怕就姚氏一个。也许，正因为她是个乡野之人，只能用这种最朴素最直接的教导方式。岳飞的结局，大家都很熟悉了，他不但没有辜负母亲的教诲，最终还因忠君爱国而含冤风波亭。

4. 严酷型：狠心婆婆谢氏。或许因为 28 岁就开始守寡，谢氏把全部精力用在儿子海瑞身上，亲自教海瑞读书做人，接受中国传统文化熏陶，并鼓励儿子与底层民众交流，切身体察民间疾苦，培养了刚直坚定个性，为将来海瑞成为"海青天"打下思想基础。然而，教育有时也会成为双刃剑，谢氏管教海瑞严厉得近乎残酷，使他打小不敢戏谑，总是一本正经老气横秋，估计患有"恋母症""自闭症"。在这种情况下，海瑞结婚后还和母亲住在一个房间。第一个夫人育有二女，因与婆婆搞不到一块被休；第二个进门不到一个月，就因相同原因被休；第三个更惨，盛年暴毙；据说还有一个妾死于自杀。正所谓过犹不及，有了这样的母亲，儿子还能幸福到哪去；有了这样的婆婆，媳妇们只好认命。

宋人的嘴脸

不喜欢宋朝，是因为天天挨小国揍，还要摆出一副大国形象的嘴脸。就像开超市的商人，表面上很鲜光，背地里给黑社会交保护费。翻遍史书，大宋开朝立国后，就没有主动出击打过进攻战斗。岳飞虽收复很多失地，因为有"复""失"两字，算不上真正意义的进攻。

其它朝代呢？秦朝，直到秦始皇驾崩，他的军队还在征伐岭南；

汉朝，战神刘彻把军队当家建，把汉匈作战当事业干；三国和魏晋南北朝，内线打得昏天暗地，外线打得不亦乐乎，政治上黑暗没错，但军事斗争从来没有消停；隋朝三次出征高句丽；唐朝打过阿拉伯，也征讨过高句丽；元朝不用说了，够得着够不着的，他都想打一竿子，成吉思汗多活5年，整个欧洲都可能被他拿下；明朝派个太监下西洋，征服了一大片岛礁海域；就是被近现代骂得半死的大清，也主动出兵越南、朝鲜，帮过小兄弟。唯独宋朝，一直在挨打，一直在交保护费。

那么北宋南宋加起来共319年，宋朝人在干吗？在造人和造GDP。公元980年开朝之时，全国总人口为3210万，到了1110年达到11275万，人口繁荣说明两个问题，一是不打仗，二是没事干。宋朝第三个皇帝宋真宗在位期间，全国GDP总量达到265.5亿美元，占世界经济总量的22.7%。

仗其实一直在打，实在大国面子难堪，或是京师告急时，宋军也要打仗。然而，为什么总是打不出国威军威呢？其实不是宋军不经打，而是制度太糟糕。宋朝开国就重文抑武，和平时期让武将没地位也就算了，打仗时仍然不相信军队，让文官和太监当统帅，这不是开玩笑吗？诸葛亮这样的文官统帅，几百年才出一个，6次北伐尚且无功而返。更何况，冷兵器时代，统帅不能上阵杀敌，威信没那么容易建立，让绵羊领导群狼，这种傻事只有宋朝一如既往乐此不疲。

由此，我们基本可以看清宋朝人嘴脸轮廓。

首先，皇帝是守财奴，一脸刻薄。宋朝18个皇帝，在军事上始终采取守势，前面9个没守住北方，后面9个只好守南方，守来守去，把半壁江山也守丢了。事实证明，进攻是最好的防守，缺乏进攻的实力，就不会具备防御的条件。能战方能止战，这是亘古不变的真理。

其次，文官是窝里横，一张利嘴。宋朝几百年，很多人评价说没有女祸，没有宦官专权，没有宗室叛乱，没有藩镇之祸，内政建设抓得很好。没错，这几条很多朝代比不上，但这是因为文官太牛了。明朝的文官也牛，但不像宋朝牛气冲天的牛。皇帝一只脚踩住武将，身体肯定很难平衡，他只能依靠文官力量，构建三角力学关系。然而，这些文官有个特点，就是外战外行、内战内行，对外没有苏秦纵横天下的本事，对内没有蔺相如有容乃大的胸怀，成天相互死掐，还形成包装孔孟之道外衣的理学。就是司马光、王安石这样的道德君子，都不能免俗。

再次，百姓是各顾各，一副媚相。山外青山楼外楼，西湖歌舞几时休；暖风熏得游人醉，直把杭州作汴州。这首诗是宋人林升所描绘的宋朝人，一针见血直击要害，把不思亡国之恨、成天吃喝玩乐的宋人揭露得淋漓尽致。宋朝几百年，被人欺负了几百年，竟然连大规模的起义都没有，顶多有宋江、方腊这样的土匪头子挠挠痒，这在历朝历代实属罕见。这说明什么？说明宋人大多没有血性，一盘散沙，各自只想过好自己的日子，不管国家存亡，更不可能管别人死活。

军队和武将就不批判了，无论胜仗败仗，为国家流血牺牲的都是他们。最关键的是，没听说宋军有群体性倒戈投降事件，而且他们打了大部分胜仗，最后输了，不能完全怪他们。

第十辑

战役检讨

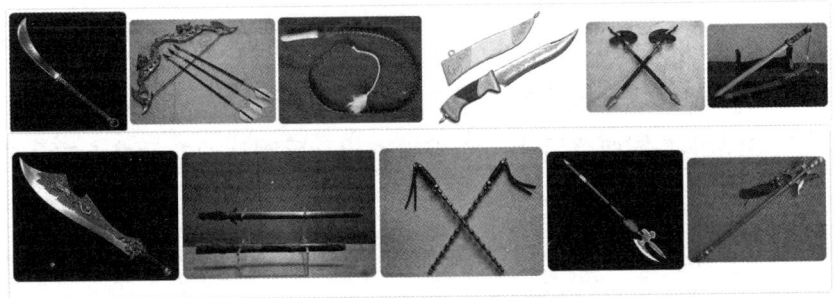

街亭

街亭失守，导致蜀汉第一次北伐虎头蛇尾功败垂成，结果诸葛亮挥泪斩马谡，又自贬三级。反思历史，此次蜀汉北伐犯有四大错，终铸败局。

第一错，北伐时机。公元 222 年的夷陵之败让蜀军大伤元气，刘备抱病憾死白帝城，损兵折将无数。此后 5 年多时间，蜀汉政权基本上处于平叛状态，直至公元 228 年发兵北伐，一直未能休养生息。这个时候出兵，无异于大病初愈的拳手，一出院就上角斗场，岂有不败。

第二错，主帅独断。刘备死后，诸葛亮在蜀汉政权的威望实在太高了，就连皇帝刘禅都要言听计从，否则随时都有可能按刘备托孤所说"取而代之"。然而，诸葛亮没有吸取夷陵之败的教训，犯了与刘备同样的错误，凡事都搞个人说了算，真正的一言堂。

第三错，用人不当。当时蜀营有两员战将，都是当先锋的最佳人选，一个是赵云，一个是魏延。那时的赵云老是老了点，但虎威犹存，结果被派去箕谷当疑兵。魏延正是当打之年，且善谋敢拼，因为平时牢骚怪话多了点没被重用。反倒是刘备没瞧上的马谡，深得诸葛亮赏识，并被委以重任。

第四错，缺少后备。《三国演义》中著名的空城计，就是在这次北伐上演的。我们姑且不讨论历史上是否真有这事（反正很多历史学家说没有），但从主力溃败来看，诸葛亮手里一定没有预备队。刘备败于夷陵，好歹还有赵云率领两万人马救援，吓退了陆逊。诸葛亮双手出拳，根本就不留有后手。

历史不能假设，但可以借鉴。蜀汉街亭之败可以总结三个教训：

　　第一，凡事要量力而行。解放战争三大战役的指挥员中，林彪从来不打无把握之仗，粟裕敢于冒险，但更善于计算成本，没有严抓细抠的精打细算，不可能那么快吃定装备精良的国民党军。饭要一口一口地吃，路要一步一步地走，没跑过百米的人，就别学刘翔练习跨栏，量力而行体现的不是怯懦，而是智慧。蜀汉本来兵少将寡，怎么可能与猛将云集的曹魏较劲，人家不打你就很给面子了，这叫拿鸡蛋碰石头。

　　第二，议事要发扬民主。无论是影视剧，还是留存于世的照片和纪录片，我们都可以清晰地看到，每次大战前，毛主席都会与领导们齐聚一堂，对着地图埋头苦熬共商大计，应该说，每项决策都是集体智慧的结晶。反观蜀汉，一位丞相写封出师表就可以出兵，事先不跟皇帝单独请示，也不跟大臣们一起商量，在群众基础上首先就失了分，难怪另一托孤重臣李严处处给诸葛亮使绊子，心里一不舒服就扯扯后腿。

　　第三，做事要恰到好处。过犹不及这句话，大家都懂，领导干部更应该懂。比如说用人，既要用当其时又要用当其位才比较理想。诸葛亮放着赵云、魏延不用也就算了，一个太老，一个太闹，心里没底，最后能让王平替代马谡也啥事没有啊。但是，孔明同志有个坏毛病，就是爱之深恨之切，他喜欢姜维喜欢马谡，从来不担心别人说三道四，就是把小马杀了，他也把痛失爱将的责任揽在自己身上；而对魏延呢，孔明也是爱憎分明，讨厌就是讨厌，就算临死前，也没忘记找人把他砍了。说实话，同是部将非要区分三六九等，这样做实在太过了。

赤壁

三国时期的赤壁之战，对于孙刘联盟来说是一次伟大的胜利，但对曹操而言就是一场噩梦。曾经擅长以少胜多、以弱胜强的孟德先生，第一次被人以彼之道还施彼身。这虽然不是曹操征战生涯唯一败绩，却是最惨痛的一次教训。交战双方的实力对比很清晰，无须赘述。那时的孙刘联盟，实际上是孙权一家独大，刘备手里根本就没几条枪，而曹操头痛的也仅仅是孙权的水军，根本就没把刘备当成假想敌。

赤壁惨败的根源，正出于此。如果曹操在操练水军的同时，能拨出几千精兵对江夏的刘备穷追猛打，除之而后快，也就不存在所谓的孙刘联盟。轻敌，轻视忽视看似弱小的对手，是曹操犯的第一个错误。一千多年后，希特勒又犯了同样的错误，西欧的屁股还没擦干净，就把脚踏进了东欧的土地。历史没有假设，但如果可以的话，那么改写的不仅仅是历史。

曹操犯的第二个错误，就是多疑。这个性格弱点，被周瑜看得准准的，盯得死死的，略施反间计就让曹营懂得水战专业的将领蔡瑁、张允被杀，从而为将来的连环计、苦肉计顺利实施奠定基础。当然，跟曹孟德同患疑心病的统帅还有不少，明朝的崇祯皇帝就因生性多疑，才会诛杀袁崇焕，把眼看起死回生的江山拱手相让。

最致命的错误，还是战略上失策。首先，没有避实击虚。曹操的几十万兵马，大多是旱鸭子，偏偏还聚在一起耍宝，不懂得明修栈道暗度陈仓，声东击西避开东吴水军锋芒，竟然还幻想在船上跑马，在水上打场陆战。其次，没有各个击破。一方面是因为轻敌，忽略了刘备仍有点实力，另一方面是战略筹划失算，就像希特勒放走了敦刻尔克的英法联军，最终成为西线德军的终结者，要不是关羽放曹操一条生路，就败得一干二净。

历史不可更改，却可以复制和借鉴。赤壁之战给后人的启示有三个：

第一，用人不疑，疑人不用。 封建王朝最容易犯这样的错误，将军领命出征，喜欢安排个文官或者太监随行监军，心胸再豁达的将领恐怕也会觉得如鲠在喉，卖命时总要瞻前顾后。事实上，死于监军之手的将领不在少数。而且，谋反这样的罪名，大致莫须有就足以让皇帝们咬牙切齿，从而不顾一切不计后果不择手段。

第二，打什么仗，选什么将。 再优秀的将领，也不可能包打天下。就像解放战争期间的人民解放军，有的部队擅长攻坚，有的部队擅长坚守，有的部队擅长奇袭，用好了就事半功倍一个顶俩。蒋家王朝短短三年就垮庄，莫不是我党我军高层统帅们知人善用起到重要作用。当年曹操错杀蔡瑁、张允并不足惜，问题在于杀完没有采取补救措施，让外行人指导外行人，结果培养了一帮子专业不对口的水军。

第三，积少成多，积小胜为大胜。 虽然曹操出征前采取了一定巩固后方和侧翼的措施，但他心里仍然很担心后院着火，总想着尽快以一两次战役结束征战，然后班师回朝。拉锯战、消耗战、持久战，曹操想都不愿想。然而当年，我中国人民解放军，恰恰是一个个团、一个个旅、一个个师地歼灭国民党军，直至发起三大战役和渡江战役，才真正打了几场百万规模级的大仗。没有前面的小胜，就很难发展到之后的大胜。

战争自有法则，顺之昌逆之亡。曹操赤壁之败，败在逆法而行。

淝水

公元 383 年，前秦与东晋在淝水（安徽寿县附近）进行了一场战略决战，结果苻坚以 80 万之众，不敌东晋 8 万人马，导致兵败而国裂，继而国灭而人亡，好不容易统一的北方政权，又重新诸侯林立。这场决战，也被史学家奉为以少胜多、以弱胜强的经典战役。前秦之败，应当总结以下教训：

1. 兵庸帅骄。虽然苻坚纠集号称百万大军，但兵士的士气和战斗力并不高。主要原因是，老兵们饱受北方统一战争之苦，早就心生厌战情绪；新兵大多被迫入伍，既没有经过系统训练，又有惧战怯战心结。这样的队伍上战场，就难以抵御草木皆兵、风声鹤唳的袭扰，东晋仅仅凭借故弄玄虚，就涣散了前秦大半战力。而另一方面，作为前秦领袖和最高统帅，苻坚过于骄横，既不知己又不知彼，以为浩浩荡荡把队伍开到淝水，吓也能把东晋吓个半死，并狂言把马鞭丢进河就能阻断水流，结果立足未稳，就被主动出击的晋军把前锋部队杀个七零八落。

2. 君臣异心。苻坚还忘记一个重要因素，他的大军中有一批降兵降将，这些人都是墙头草，思想上没有经过认真改造，不可能死心踏地追随。几十万大军溃败中，前燕叛将慕容垂的 3 万人马竟然毫发无伤，战后，慕容垂借机创建后燕，另立门户。要知道，这个慕容垂可不是一般人，他在当时被誉为一代战神，如果他愿意出手相助，跟东晋至少可以打个平手。然而，慕容垂正需要这样的机会，只有前秦兵败亡国，他才能为慕容氏复兴燕国。苻坚带着这样的将领出征，已经注定败局。同时，像慕容垂这样面和心不和的不止一个，还有一个姚苌，也跟慕容垂一样，于淝水之战后宣布独立，并于 385 年擒杀老主子苻坚，开辟了后秦政权。

3. 指挥不当。苻坚一定忘记了赤壁之战的教训，用步兵、骑兵进攻淝水天险，没有采取适当的兵法战法。早在统一北方之前，苻坚的谋士王猛就善意提醒，千万不要急匆匆南下，就是因为北方将士没打过水战，也不懂水战。结果，几十万人兴冲冲开过河边，只能望江兴叹，满以为可以歇上几天，没想到晋军会主动发起攻击。事实上，80 万大军横竖在这个小地方展不开，以一部扎营牵制，再分几部绕行偷渡，效果会好得多。东晋能够上阵的兵力就那么一点，越分散就越容易各个击破，他们只能孤注一掷，攥紧拳头发力。

4. 师出无名。自古以来，出兵讨伐总要立个名目，拿出一个摆上台面的理由，这样可以最广泛调动和凝聚军民意志。前秦这次出兵，进攻的对象是东晋。那个时候，"晋"朝仍然属于法理上的皇朝，而前秦算是军阀诸侯。诸侯打皇帝形同叛乱，本来就不得民心。反而言之，东晋这边属于保家卫国，军队和百姓能够同仇敌忾，士气斗志旺盛，后勤补给也能够及时到位，占尽了天时、地利、人和的先机。

长平

说起长平之战，可能印象不够深刻，但说起纸上谈兵的赵括，恐怕没人不知道。就是在这场战役中，赵括取代老将廉颇而导致赵国惨败，也是在这场战役中，出现了秦军杀人魔王白起，有几十万赵国降兵被他活埋。

站在赵国角度看，长平之战的失败，是赵括的罪过，正是他指挥不当导致被秦军迂回包围，将赵军主力丧失殆尽。这只是表面现象，长平之战可以检讨的原因有很多，但不能仅仅盯着赵括不放。

1．主要原因：赵王好大喜功。长平之战起因于赵王接受了上党郡，这本来是韩国拿来与秦国议和的资本，由于郡守冯亭不愿意降秦，就自作主张献给了赵孝成王。赵国这样坐收渔利，秦昭王肯定不干，立马出兵攻占上党，并兵指长平。赵国看似白捡一个上党郡，但在手里还没焐热乎，就得而复失，并且还要接收从上党逃来的难民，可谓偷鸡不成蚀把米。同时，秦强赵弱的形势是很明显的，起初，长平赵军由老将廉颇统帅，采取固守的方针也是完全正确的，但赵王觉得处于守势太窝囊，更恨廉颇不争气，于是派赵括替换了廉颇。

2．直接原因：赵括轻敌冒进。由于赵括上任负有赵王重托，主动出击的战略方针已经确立，所以，赵括放弃城池，出兵进攻秦军。出击本来也不是问题，在兵力对比上，双方实力相当，谁胜谁负说不定。然而，赵括被秦军的佯败蒙蔽，带着赵军一口气追到秦军用两年修的堡垒，野战变成攻坚战，形势由此发生实质性逆转。如果赵括仅仅依托长平城池，与秦军寻求野战，即便不胜也有退路可回，但到了秦军大本营，战线远离本土就难受了，粮草供应不上，时不时被小股秦军袭扰，日子越过越紧巴。

3．关键原因：秦国不计成本。历史上真实的赵括，可不是什么夸夸其谈的主，他是被秦昭王忌惮的一颗冉冉上升的将星。虽然他犯有冒进的错误，但这也是被赵王三令五申给逼出来的；虽然他面临远土作战诸多不利因素，但凭借指挥天才给予秦军以重大杀伤；虽然秦军有名将白起统帅，但秦昭王亲临前线征兵征粮进行全国总动员，目的只有一个，干掉赵括。一个年轻将领，让秦王和秦国战神一起出动，谁敢说他没本事？这场战役下来，秦国伤敌一千自损八百，只能算是小胜，但秦昭王却说长平之战是一场大胜，因为赵国不再有赵括。

4. 重要原因：赵国后援乏力。虽然长平之战的延续时间有较大争议，但几个月肯定不止。在赵括孤军深入后，赵王也想过一些办法供应粮草，但是国内已经空虚，派不出更多兵力护送和救援，战争动员机制也没有秦国那么给力，结果只能是眼睁睁看着赵括赤膊上阵，兵败身亡。成王败寇，如果赵括打赢长平之战，"纸上谈兵"这个成语也将不复存在。

马陵

马陵之战，是一场典型的伏击战，也是师出同门的同学智力大比拼。齐国以田忌为主将，孙膑为军师，在马陵设伏大败魏太子申和庞涓统领的魏军。这场战役的主帅看起来是田忌与太子申，但实际上是孙膑和庞涓在发挥调度作用。经历此战，魏国一蹶不振，齐国国力由此蒸蒸日上。

这场战役获胜的战法是伏击，但亮点是计谋。魏军不会主动跳进包围圈，要实现伏击目的，必须斗智斗谋。要说孙膑和庞涓，两人相互间非常熟悉非常了解，智力水平和学术能力都不相上下，孙膑最后能够略胜一筹打败庞涓，主要取决于以下三个原因。

1. 不以物喜，不以己悲。孙膑曾经当过庞涓的俘虏，并且被敲碎膝盖成为残疾，身残志坚用在他身上，再合适不过。孙膑由此磨砺出来的冷静、执着，是老同学庞涓所不可能具备的。战场上比的是谁更狠，战场外就要比谁更冷静。孙膑在面对昔日同学加兄弟迫害时，都可以保持冷静，冷静地哭，冷静地笑，冷静地装疯卖傻，冷静地吃下粪便，这份毅力太强大了，导致庞涓发生误判，没有斩除后患。庞涓也是个聪明人，但是他做事没那么冷静，也学不会"不以物喜，不以己悲"。马陵之战中，看见齐军连续几日减灶，虽然也产生过怀疑，但还是被喜悦之心冲昏头脑，大大方方钻进口袋阵，而面临兵败时，他不想被孙膑以同样的方式羞辱，挥剑自杀，什么"留得青山在，不怕没柴烧"之类的话，他可能想都不会想。

2．上兵伐谋，其次伐交，其次伐兵。齐国这次出兵，是为了救友军韩国，属于帮兄弟忙，所以没有着急上阵。按照孙膑的战略方针，齐国仍然采取"围魏救赵"的办法，没有出兵硬碰硬，而是避实就虚，等着魏韩两国打得兵折将损、疲惫不堪，直到韩国实在撑不下去了，齐国这才挥刀亮剑，兵指魏军主力。这一招，的确是上上之策，既消耗了韩国又救了韩国，这个朋友交定了却不会产生威胁；既牵制了魏国又重创了魏国，用最小的代价换取了最大的利益。在那个时代，也许只有孙膑能够想出这么高明的战法。

3．将帅同心，其利断金。还有一点不容忽视，齐魏两国交兵的背景完全不同。齐国这边，田忌与孙膑相互信任，主帅完全听军师差遣，始终保持一个声音、一样的步伐，这个将帅组合堪称完美，对稳固齐军士气和战斗力起到至关重要的作用。魏国则相反，太子申是魏王派去监督庞涓的，虽然大方向上还是由庞涓说了算，但是作为主帅的魏太子，也不会心甘情愿当傀儡，这样的组合离心离德无法避免。也许，庞涓这么义无反顾地钻进圈套，就是想速战速决，尽快摆脱这种尴尬局面，谁都不想上阵杀敌时，背后还要提防随时可能射来一箭。

高句丽

唐朝对高句丽的战争，从贞观十九年（公元 648 年）开始，一直打到公元 668 年，历时 20 年，分别由唐太宗李世民和唐高宗李治发动，区分三个阶段，取得决定性胜利，百济和高句丽先后灭亡。在大唐之前，隋朝组织过四次对高句丽的战争，历时 14 年，也是父子皇帝杨坚和杨广分别发动，但结果大相径庭。首先，唐朝有胜无败，隋朝胜负参半，尤其是前两次，杨坚的军队大多死于瘟疫或在海上淹没，而杨广的百万大军被杀得只剩下千把人回来。其次，唐朝灭掉了高句丽，隋朝只是将对手迫降臣服，打与没打结果一样，没有实质性的战果，并且，由于长期在东北用兵，导致国内空虚，先后发生杨玄感叛乱和农民军起义，加速了隋朝的灭亡。

反思隋唐两朝用兵，战绩战果截然不同，原因当然要归结到决策者身上，而那次百万大军的覆灭，更值得总结教训。

1．名将凋零。 一般朝代开国时，都是名将云集，谋略武功不好顺次排名，否则谁也不服谁。稳定十几二十年后，开国名将们退休的退休，病死的病死，新一代的将领缺乏战争机制的磨砺，根本没见过世面，自我御敌和掌握军队的能力明显不足。而大唐开国后，一直在进行统一全国的局部战争，对国家经济消耗不大，对军队将领的锻炼不小，老一辈的名将下岗后，又培养出了薛仁贵这样的一代名将。

2．主帅平庸。 隋军的主帅是皇帝杨广，此时的他已经不是昔日战功卓越的晋王。那个年代，晋王身边有杨素、韩擒虎、贺若弼这样的一代名将辅佐，属于躺在行军床上也能立战功。特别是这个韩擒虎，名如其人，带着 500 偷渡的骑兵就敢直接攻打南陈首都，真是有勇有谋、良将奇才，可惜，韩擒虎灭完南陈就病死，杨素和贺若弼先后跟上。没有名将的大隋，已经不再是虎狼之师；缺乏辅佐的杨广，也不再是少年战神。唐朝出兵，只有李世民亲征过一次，其他战役都是选拔优秀将领统帅，从这一点来看，李世民和李治比杨广聪明些，知道什么事情叫"不可为之而不为"。

3. 目的不明。杨广发动战争，只是觉得高句丽不老实，想把他们打怕打服，这样的战略目标直接影响到战役走向，没有步步为营，稳扎稳打。试想，百万大军铺天盖地，如果打一步进一步，下一城屯一城，像蚕吃桑叶一样"爬"向高句丽纵深，就算不把高句丽灭掉，至少可以占领大片土地。显然，最终杨广的军队，陷入了高句丽运动战的泥沼，始终被人牵着鼻子走，时不时中个埋伏，时不时被人偷袭反击，岂有不败的道理。唐军就聪明多了，最后一次战役，从南北两面包抄，排山倒海向中间挤压推进，高句丽就像被夹板夹住，动不得，跑不出，只能接受兵败灭亡的命运。

土木堡

明英宗朱祁镇在土木堡兵败被俘，堪称中原王朝对游牧民族最惨痛的一次失败，战败直接产生三个严重后果：一是皇帝被俘，朝廷乱成一锅粥；二是精锐覆灭，三大营几无幸免；三是京城空虚，二线缺乏战斗力。好在当时京城还有个于谦，能够做到众人皆醉我独醒，大家乱时我不乱，他通过拥立朱祁钰登基解决了没主心骨的问题，通过急调地方部队入京勤王解决了缺兵少粮的问题，通过全民总动员解决了作战能力低下的问题。就这样，一个临时教练率领国家二队"踢"赢了乘胜追击的瓦剌（军）队。

"二队"都能赢的战争，"一队"怎么就全军覆没了呢？主要原因在"贪"字上。

1．皇帝贪玩。明英宗也许小时候骑马打仗的游戏玩多了，长大了觉得不过瘾，明明没有治军统兵的才能，非要御驾亲征，谁也拦不住，加上太监王振一挑唆，两人一拍即合，想美美地过一把统兵打仗的瘾。打仗是要死人的，而且没有游戏规则，对付打完就走的游牧民族，更是难以摸清门道。刚刚出师不利，这两个"玩主"就知道大事不妙，打仗实在没那么好玩，刚开始中诱敌之计还在沾沾自喜，锋芒稍挫就急令撤兵，犯了兵家之大忌。

2．权宦贪权。说是皇帝亲征，但真正发号施令的是太监王振，这个人玩弄权术是个老手，但行军打仗完全一窍不通，却还不肯承认，既听不进别人的建议，又要不懂装懂乱拿主意，把真正懂兵法的兵部尚书邝埜丢在一旁看大戏。这还不算，王振在明军败退时，还想了个歪主意，要朱祁镇到他生活的家乡看一看，以显示他的威风。不作死就不会死，明英宗这个时候仍然没有意识到危险逐渐降临，不赶紧跑路回京，还听凭王振折腾摆布，以至于军队被两位雅兴正酣的"游客"拖累得疲惫不堪，军纪也越来越涣散。就在瓦剌军对明军迅速合围时，王振满脑子想的，仍然是怎么让皇帝看看家乡，还不让军士踩坏自家的庄稼。

3．将士贪生。明军作战能力其实并不差，如果不是被王振反复折腾，将士气消耗光，几十万大军足以抵御瓦剌的进攻。可是，仗打起来时，很多将士身心俱疲，对明英宗和王振彻底失望，根本没有心思卖命，有的直接逃亡，有的干脆脱了盔甲等死。据土木之变的当事人李贤在《天顺日录》中所记载："寇复围，四面击之，竟无一人与斗，俱解甲去衣以待死，或奔营中，积叠如山。"作为当事人，目睹了战场惨况，劫后余生的李贤可能在描述时会有些夸张，然而，王振确实是被护军将军樊忠用铁锤杀死，足以体现明军将士对王振的仇恨和愤怒，也映射他们对皇帝的失望与无奈。只不过，没有人敢于冒风险杀害皇帝。

甲午

公元 1894 年爆发的甲午战争，以大清北洋水师全军覆没而告终，给大清王朝和中华民族带来了空前危机。甲午战争的失利，固然有武器装备落后、清廷腐朽不堪的根本原因，但仅从作战层面讲，就有教训值得反思。

1. 未占先机。当时清廷光绪皇帝已经亲政，说话还管点用，慈禧太后也没有管得太紧，因此，这个坚定的主战派一直就想坚决跟日本人打一仗。想法归想法，光绪皇帝只知要战，并不知如何战，更不懂得战役的首要和重要方向在哪里。日本人却早有预谋，算计好以朝鲜为跳板，陆军海军一起上。如果清廷能够预判方向，并在朝鲜派驻重兵，战役开端就不会那么艰难。可惜，清军等到日军控制了朝鲜政府才匆忙出兵，只能得到部分朝鲜官兵民众的支持，丧失了联合作战的主动权。

2. 用人不当。当时入朝作战的清军主师是淮军将领叶志超，这位叶总兵纯属内战内行外战外行，镇压农民起义军是个刽子手，轮到打日本人就是长跑冠军，溜得比谁都快。首先，叶志超指挥上存在严重失误，该打时不打，不该打时就逃跑，把胜仗打成败仗，败仗打成溃逃；其次，叶志超未能利用优势，给日军以决定性打击，虽然日军控制了朝鲜政府，一定程度上削弱了朝鲜抗日力量，但是平安道的军民仍然在积极配合作战，就连汉城的傀儡政府，也在秘密给清军传递情报，叶总兵哪怕有一点战斗意志，也将给予日军重创；再次，叶志超不战而降，给战局带来逆转，朝鲜军民看见清军扔下枪炮向日军投降，愤怒地向拍屁股逃散的清兵打黑枪。这个人是淮军的人，自然也是李鸿章保举的，光绪皇帝没杀这个逃跑将军也是没办法，毕竟这个时候能够上战场的陆军主要是淮军，而海军又是李鸿章一手创办，打赢打输都是李中堂的家底。

3. 统帅愚昧。北洋水师的舰船总吨位，处于明显劣势，舰龄也相对老化，这个劣势已经无法战前弥补，水师的惨败和覆没，主要问题还出在人身上。黄海海战大家在电影里都见过，就是邓世昌率致远舰冲向吉野号那次战斗，虽然北洋水师处于劣势，但仍然在丁汝昌的带领下顽强战斗，靠战斗精神勉强打了个平手，双方各有五艘主力舰受伤或沉没，但英勇顽强地逼退了略占优势的日本海军。这次海战过程很惨烈，但结果不算太差，作为朝廷来说应该可以接受。然而，李鸿章不能接受，从此，北洋水师被关了禁闭，在威海卫海军基地坚守不出，当水上炮台在使用，直到被日本陆军海军两面夹击，26艘舰只要么战沉，要么投降。时过境迁只能臆想，如果丁汝昌对北洋水师有绝对指挥权，这支劲旅就不会被窝囊死。而李鸿章呢，签订《马关条约》未必完全怪得了他，但陆战失利、海军覆灭，他必须担负不可推卸的主要责任。

钓鱼城

发生在（南）宋与蒙（元）之间的钓鱼城之战，是一场典型的山城防御作战，也是蒙古骑兵唯一久攻不下、唯一承诺不屠城的战斗堡垒，为此，蒙古人付出了 36 年，还搭上了大汗蒙哥。南宋向蒙古人投降，实际是 1276 年，但陆秀夫和文天祥在海上搞了个运动小朝廷，躲躲闪闪的又坚持了 3 年，1279 年赵宋皇族 800 余人集体跳海，正式宣告宋朝灭亡。也是在 1279 年，钓鱼城守将王立以保全城中军民为条件，自愿终止抵抗，但所有 30 多名将领全部自刎而死，为南宋尽了最后的忠孝。

一个小小的山城，能够固守 36 年不破，而当年马谡拒守街亭，却败于屯兵山上，这是为什么呢？从魏兵断蜀军水源粮道也可以看出，这是一个扰乱军心的先决条件。而钓鱼城，恰恰没有这个弊端，城中水源充足，城后粮食供应也能自给自足，这是钓鱼城无援也能固守的重要资本，没有这一条，恐怕 6 个月未必能够撑得住。当然，有吃有喝未必就可以打胜仗，这只是个前提，制胜的基础主要有以下几个方面。

首先，地利人和。依山傍水的地理条件易守难攻，让钓鱼城守军占尽地理优势，而蒙古最牛的骑兵，完全派不上用场，战斗力直接打了对折。同时，守城军民在王坚、王立父子的率领下，同仇敌忾，誓死抗战，军队内部很团结，军民关系很融洽，大家都能心往一处想，劲往一处使，没有人贪生怕死，没有人贪图富贵，36 年如一日，可谓亘古少见。在南宋灭亡后，从守军将领集体自刎也能看出，弟兄们思想高度统一，而且为国尽忠前，仍然能顾及老百姓的安危，这种鱼水之情同样可歌可泣。

其次，**配置合理。**好钢必须用在刀刃上，有优势不善于利用也是白搭。王坚父子显然精通兵形地志，在构筑防御体系方面下了不少功夫，而且把劲用对了地方，让钓鱼城进可攻退可守，基本做到物尽其用；同时，还能够跟江上宋朝水军配合作战。说钓鱼城是一座坚不可摧的战斗堡垒，一点都不为过。纵观中国历史，还没有哪座兵城，抗打击能够坚持 30 多年。历朝历代，重兵把守的关隘和国都，照样说破就破，比如函谷关这样的重要关镇。

再次，**战法得当。**钓鱼台守军并没有一味防守，时不时会进行偷袭和发起进攻，把围城的蒙古人折腾得筋疲力尽，吃不好又睡不香，再加上水土不服、疫病流行，战斗力越来越弱。而且，钓鱼城保卫战还取得了意想不到的战果，由于蒙哥大汗在围攻钓鱼城受伤而死，正在进攻湖北的忽必烈着急争夺汗位，立即撤军北还，让南宋政权多坚持了几年。所以说，一味防守不是真正的防守，攻防结合、奇正相合才能够达到最佳作战效能。

白登

白登之围的主角是汉高祖刘邦，事件发生在高祖七年（公元前 200 年），距离楚汉战争结束不到两年。刘邦还是老毛病，喜欢亲自上阵，带领 30 多万大军去修理匈奴，结果抛下主力孤军奋进，被围在白登山上七天七夜，差点就当了俘虏。好在帐下还带着一个诡计多端的陈平，靠行贿匈奴王妃买了条命，解了白登之围。

1. 战败原因。楚汉结束后，刘邦自立为帝，主力部队得到休整，正是兵强马壮、士气和战力旺盛的时候，真要跟匈奴硬碰硬，未必会吃亏。可问题是，主帅和主将有问题。韩信早就当面说过，刘邦只善将将，不善将兵，带兵打仗这样的业务，刘邦专业不对口，如果让韩信上，情况会有极大改观。另外，带去的将领也有问题，汉初三杰萧、张、韩一个都没去，彭越、英布这样的名将也一个没去，刘邦带上的，是诸如陈平、樊哙、夏侯婴这些他日后没想杀掉的人，而这些人，偏偏又不是最能打仗的将领。白登之围后发生的历史事件也证明，除了张良早都主动隐退，其他人全都杀得干干净净。从这个层面看，刘邦那时已经作出杀功臣的决定，这么做，一是划清界限，二是证明实力，他想打个漂亮仗，让这些有异心的功臣们瞧瞧。只不过，这次秀肌肉让人笑跌了眼镜，也更加坚定了刘邦铲除异姓王的决定。

2．战败后果。白登之围的直接后果，就是汉朝制定对匈奴的和亲国策，说白了，跟解白登之围的方式一样，花钱花女人来换取边境平安。只是人心不足蛇吞象，汉朝越是送得多，匈奴人就更加要得多，从公元前200年到公元前129年，大汉朝足足交了71年的保护费，朝廷和边境军民受尽了窝囊气。就这样，匈奴人还经常说翻脸就翻脸，时不时在边境制造事端。那些年，匈奴对中原王朝占尽心理优势，只一场白登之围，就让他们觉得汉朝软弱可欺。这种情况，直至刘邦的曾孙刘彻登基后，才开始改变，从汉武帝元光六年（公元前129年）起，连续发动几次针对匈奴王庭的战略决战，不惜用44年穷兵黩武来穷追猛打，最终以惨胜改变了局势，捍卫了尊严。

3．战败教训。首先，皇帝不要滥用亲征。在特殊环境和条件下，皇帝亲征有利于鼓舞士气，但同时会成为军队沉重的包袱，不敢随时随地放手一搏。假设霍去病陪着汉武帝亲征，恐怕历史上就少了一个闪电战教授。刘邦这个毛病屡教不改，最后也因亲征叛乱死在半道上。其次，能人该用之时还得用。刘邦还有一个毛病，就是不太尊重人才，而且同样屡教不改，当年对待过来投奔的韩信、英布，就是一副不屑的样子，因为萧何力谏，才勉强做出待客之道。不尊重人才的人，同样不会得到人才的敬重，刘邦就是亲征 100 次，韩信同样会说，他只适合带 10 万以下的兵。